*Pocket I*

# Pocket Dictionary of
# BUSINESS SPANISH

VERONICA BAMBER

**Series editor: C. G. Geoghegan**

# Hodder & Stoughton

A MEMBER OF THE HODDER HEADLINE GROUP

*British Library Cataloguing in Publication Data*

Bamber, Veronica
  Pocket Dictionary of Business Spanish
  I. Title
  463.21

ISBN 0 340 59573 6

First published 1995

Impression number   10  9  8  7  6  5  4  3  2  1
Year                1999  1998  1997  1996  1995

Copyright © 1995 Veronica Bamber

All rights reserved. No part of this publication may be reproduced or transmitted in any form or by any means, electronic or mechanical, including photocopy, recording, or any information storage and retrieval system, without permission in writing from the publisher or under licence from the Copyright Licensing Agency Limited. Further details of such licences (for reprographic reproduction) may be obtained from the Copyright Licensing Agency Limited, of 90 Tottenham Court Road, London W1P 9HE.

Typeset by Wearset, Boldon, Tyne and Wear.
Printed in Great Britain for Hodder & Stoughton Educational, a division of Hodder Headline Plc, 338 Euston Road, London NW1 3BH by Cox & Wyman Ltd, Reading.

# INTRODUCTION

This Pocket Dictionary series is designed for the non-language specialist who needs to find the meaning of a common word used in a business context. The series helps the user read a report or business article in the foreign language and is a useful tool in the preparation of brief reports, faxes, telexes or letters. Selected with general business activities in mind, the words have been chosen for their frequency of use in everyday business dealings rather than for their popularity in theoretical or academic business studies. The list of words has been compiled by analysis of the business press and of business documents. Special attention has also been given to terms in marketing, sales, import and export, finance and accounting, personnel management, transport and distribution.

The Spanish to English section gives the translation, or explanation, of words or expressions commonly found in business and general communication in Spain. This section is designed to help the user understand foreign language communications.

The English to Spanish section provides a general purpose business translation for English words used in business activities. The aim of the section is to help the user communicate effectively in Spanish using the most widely acceptable translation for their needs. The translations are selected for their value to the non-specialist user and are sometimes more general than those in the Spanish to English section.

# HOW TO USE THIS BOOK

Where a word has more than one common meaning these are indicated by the numbers 1, 2, 3 and so on. To help make these different meanings clear the common area of use is often indicated in brackets. For example:

**busy** *adj*, **1** (telec), ocupado(-a); **the line is busy**, la línea está ocupada. **2** (person), ocupado(-a); **I have no spare time – I am very busy**, no tengo tiempo libre – estoy muy ocupado

When you are looking for a possible translation of a word you need to check the part of speech. Be wary of *fixed phrases* or standard business phrases, as you might not be able to understand these by translating the individual words. You will generally find standard or fixed phrases listed under one of the key words they contain. For example:

**Intercambio** *nm* **Electrónico de Datos**, EDI, Electronic Data Interchange

It is advisable not to use a translation out of the context indicated, as a word may have a number of special meanings. This is a general business dictionary and for very specialist terms you might need a specialist dictionary, such as a dictionary of accounting terminology and practice, or a dictionary of public relations terminology.

A word can have many different meanings according to the context, part of speech and gender (in the case of nouns). Grammatical and contextual information about the word, or expression, is given in the entry.

## Abbreviations and symbols

Here are some of the abbreviations used to indicate the area of use of a word:

| | |
|---|---|
| **acct** | accounts |
| **admin** | administration |

# How to use this book vii

| | |
|---|---|
| **agric** | agriculture |
| **comm** | commerce |
| **comp** | computer |
| **corr** | correspondence |
| **cv** | curriculum vitae |
| **electr** | electronics |
| **eng** | engineering |
| **fig** | figurative |
| **fin** | finance |
| **gen** | general |
| **geog** | geography |
| **imp/exp** | import/export |
| **ins** | insurance |
| **maths** | mathematics |
| **med** | medicine |
| **mktg, sales** | marketing, sales |
| **naut** | nautical |
| **offce** | office |
| **pers** | personnel |
| **techn** | technical |
| **telec** | telecommunications |
| **transp** | transport (includes distribution) |

## Grammatical abbreviations

| | |
|---|---|
| **adj** | adjective |
| **adv** | adverb |
| **conj** | conjunction |
| **n** | noun |
| **nf** | noun, feminine |
| **nfpl** | noun, feminine, plural |
| **nm** | noun, masculine |
| **nmpl** | noun, masculine, plural |
| **pl** | plural |
| **prep** | preposition |
| **vb** | verb |

Occasionally it is not possible to find an exact translation or equivalent for a word or phrase in another language. Similarly it

## viii How to use this book

can be difficult to find an exact equivalent for certain official organisations or institutions. In all of these cases the symbol ≈ is used to indicate *roughly equivalent to, roughly the same as.*

# SPANISH — ENGLISH

# A

**abajofirmante** *adj*, undersigned; **yo, el abajofirmante, declaro que ...**, I, the undersigned, declare that ...

**abastecedor(-ora)** *nm/f* (gen), caterer

**abastecer** *vb* **(de comida)**, (food), cater

**abierto(-a)** *adj*, open

**abogado(-a)** *nm/f* (law), advocate, solicitor, lawyer, counsel, barrister

**abonado(-a)** *nm/f* (magazines), subscriber

**abonar** *vb* (fin), credit

**abonarse** *vb* **a** (a journal, a service), subscribe to

**abono** *nm* (fin), (payment in) credit; **aviso** *nm* **de abono** (imp/exp), credit advice; **nota** *nf* **de abono** (fin), credit note

**abordar** *vb*, tackle; **quisiera que Vd abordara el problema de ...**, I would like you to tackle the problem of ...

**abrir** *vb*, open; **abrir un programa** (comp), open a program; **abrir el correo** (offce), open the mail; **abrir una sucursal en Murcia**, open a branch in Murcia

**absentismo** *nm* (pers), absenteeism

**abuso** *nm* (gen, misuse), abuse; **abuso de confianza**, abuse of confidence

**acabado** *nm*, finish (on a product)

**acabado(-a)** *adj* (completed), finished; **productos** *nmpl* **acabados** (fin), finished goods/products

**acabar** *vb*, 1 complete (a manufacturing process). 2 (gen), finish. 3 **acabar de ..**, have just ..; **acaban de fusionarse con XYZ Plc**, they have just merged with XYZ Plc

**acatar** *vb* (law), comply with

**accesorios** *nmpl*, accessories

**accidente** *nm* (pers), accident; **ha sufrido un accidente**, he has had an accident

**acción** *nf*, (ordinary share), equity; **acciones** (stock market), stock, shareholding, holding (shares); **la empresa tiene acciones en ..**, the company has a holding in ..; **programa** *nm* **de compra de acciones a cierto precio para el futuro**, share option scheme; **programa** *nm* **de tenencia de acciones por los empleados** (pers), share ownership scheme; **certificado** *nm* **de posesión de acciones**, share warrant

**accionista** *nm/f*, shareholder

**aceite** *nm* (lubricant), oil

**acelerar** *vb*, speed up, accelerate

**aceptable** *adj*, acceptable

**aceptación** *nf*, acceptance; **aceptación condicional**, qualified acceptance; **aceptación contra entrega de documentos** (imp/exp), D/A, documents against acceptance

**aceptar** *vb*, 1 accept. 2 (a point, a figure) agree; **aceptamos las condiciones del contrato**, we agree to the terms of the contract

**acercarse** *vb* (gen, figures), approach; **el tipo se acerca al 3%**, the rate is approaching the 3% mark

**acero** *nm*, steel; **acero inoxidable**, stainless steel; **acero laminado**, rolled steel

**acompañar** *vb*, accompany; **acompañado de**, accompanied by;

## 2 aconsejar

**nuestro gerente irá acompañado de..**, our manager will be accompanied by ...

**aconsejar** *vb* (counsel), advise

**acontecimiento** *nm* (gen), event

**acreedor(-ora)** *nm/f* (fin), creditor; **acreedores** (on balance sheet), creditors

**acta** *nf* (of meetings), minutes

**actividades** *nfpl* (of company) operations

**activo** *nm* (on balance sheet), asset; **activos fijos**, fixed assets, capital assets

**actual** *adj* (now), current

**actualmente** *adv*, currently

**acuerdo** *nm*, agreement; **llegar a un acuerdo**, reach agreement; **no estar de acuerdo**, disagree; **no estamos de acuerdo con su análisis**, we disagree with your analysis; **acuerdo amistoso**, compromise

**acumulación** *nf*, accrual

**acumular** *vb*, stockpile

**acusación** *nf*, accusation

**acusar** *vb* **de**, **1** (gen), accuse (of). **2** (crime), charge someone with. **3 acusar recibo de**, acknowledge receipt of; **acusamos recibo de su carta del 20 de junio**, we acknowledge receipt of your letter of 20 June

**acuse** *nm* **de recibo** (imp/exp), AR, advice of receipt

**adaptar** *vb*, adapt, tailor ... to; **podemos adaptar nuestro servicio a sus exactas necesidades**, we can tailor our service to your exact needs; **adaptar a nuestras necesidades**, adapt to our needs

**adelantarse** *vb*, get ahead

**adelanto** *nm* (move forward), advance

**adicional** *adj*, supplementary; **un cargo adicional**, a supplementary charge

**aditamento** *nm* (law), rider

**adjuntar** *vb* (corr), enclose, attach, include; **adjunto una copia de nuestro folleto**, I enclose a copy of our brochure; **adjuntamos..**, we attach ..; **sírvase adjuntar ...** please include ...

**adjunto(-a)** *adj* (pers), deputy, assistant; **jefe adjunto de ventas/jefa adjunta de ventas**, assistant sales manager

**administración** *nf*, administration

**admitir** *vb* (allow to enter), admit

**adquirir** *vb* **experiencia** (CV), gain experience

**adquisición** *nf* (of company); takeover; **adquisición de una empresa por sus propios directivos**, management buyout

**aduana** *nf* (imp/exp), customs; **despacho** *nm* **de aduanas**, customs clearance

**aduanero(-a)** *nm/f* (imp/exp), customs officer

**ad valorem**, ad valorem

**advertencia** *nf*, warning; **recibir una advertencia sobre ...** receive a warning about ..; **enviar una carta de advertencia a ..**, send a warning letter to ...

**aéreo(-a)** *adj*, air; **flete aéreo** (transp), air freight; **conocimiento** *nm* **aéreo** (imp/exp), air waybill; **transferencia** *nf* **por vía aérea** (fin), AMT, Air Mail Transfer

**aeropuerto** *nm*, airport; **terminal** *nf* **de aeropuerto**, airport terminal

**afectado(-a)** *adj* **por**, affected by; **ser afectado por ..**, be hit by ..; (affected), be influenced by; **los precios han sido afectados por el precio alto del combustible**, prices have been hit by the high price of fuel

**afectar** *vb* (have an effect on), affect

**aficiones** *nfpl* (CV), interests, hobbies

**afirmación** *nf* (gen), statement

**afirmar** *vb*, 1 state; **el informe afirma que...**, the report states that... 2 claim to be true

**aflojarse** *vb* (rates, trends), slacken

**agencia** *nf*, agency; **agencia de colocación**, recruitment agency; **agencia de empleo**, recruitment agency

**agenda** *nf* (offce), diary; **agenda de despacho**, desk diary; **agenda de despacho de hojas sueltas**, desk diary (loose leaf)

**agente** *nm/f*, agent, broker; **agente de bolsa** (fin), stockbroker; **agente de cambio** (fin), currency dealer; **agente de transportes** (transp), shipping agent (arranging transport); **agente de viajes**, tour operator; **agente exclusivo** (mktg, sales), sole agent; **agente inmobiliario**, estate agent

**agotado(-a)** *adj*, out of stock; **estar agotado**, be out of stock

**agresivo(-a)** *adj* (mktg, sales), aggressive

**agricultor(-ora)** *nm/f*, farmer

**agricultura** *nf*, farming

**aguantar** *vb* (put up with), bear

**agujero** *nm*, hole

**ahorrar** *vb*, (reduce expenditure, use less, put money into savings account) save; **ahorrar electricidad**, save electricity; **ahorrar £3000 en el costo de los materiales**, save £3000 on the cost of materials

**ahorros** *nmpl*, savings

**aire** *nm* **acondicionado**, air-conditioned; **habitaciones** *nfpl* **con aire acondicionado**, air-conditioned rooms

**aislado(-a)** *adj*, 1 (gen), isolated. 2 (electr), insulated

**aislamiento** *nm*, insulation

**ajustar** *vb*, adjust

**ajuste** *nm*, adjustment; **ajuste financiero**, adjustment of the figures

**alcance** *nm*, range (of a vehicle or machine)

**alcanzar** *vb*, reach (a level), catch up with; **alcanzar el punto de equilibrio** (fin), reach break even; **alcanzar una meta**, meet a target; **no alcanzar los objetivos**, fall behind target

**alguacil** *nm* (law), bailiff

**aligerar** *vb*, lighten

**almacén** *nm*, 1 department store. 2 warehouse; **almacén de depósito** (imp/exp), bonded warehouse; **gastos** *nmpl* **de almacén**, warehousing charges

**almacenaje** *nm* (transp), 1 warehousing. 2 storage; **almacenaje a granel** (transp), bulk storage; **almacenaje frigorífico** (transp), cold storage

**almacenamiento** *nm* **masivo** (comp), bulk storage

**almacenar** *vb*, 1 store (keep in warehouse). 2 (comp), save

**almacenista** *nm*, warehouseman

**alojamiento** *nm* (hotel, flat), accommodation

**alojar** *vb* (hotels etc), accommodate

**alquilado(-a)** *adj* (fin), hired

**alquilar** *vb*, 1 rent; **alquilar un stand**, rent a stand; **alquilar espacio en un stand**, rent stand space; **alquilar oficinas en Valladolid**, rent offices in Valladolid. 2 Let (property to someone). 3 (equipment), hire

**alquiler** *nm*, 1 money paid in rent. 2 rental; **coche** *nm* **de alquiler**, hire car

**alquitranado** *nm* (transp), tarpaulin

**alrededor de** *adv*, (approximately) about; **han gastado alrededor de £3000 en equipo nuevo**, they have spent about £3000 on new equipment

**alterar** *vb*, change; **sin alterar**, unchanged

**alto(-a)** *adj* (gen), high; **un alto nivel (de)**, a high level (of)

**altura** *nf* (buildings), height

**alza** *nf*, upswing; **con tendencia al alza** (mktg, sales), buoyant; **el mercado tiene tendencia al alza**, the market is buoyant

**amarradero** *nm*, mooring, (in harbour), berth

**amarrar** *vb* (transp), moor

**amenaza** *nf*, threat

**amenazar** *vb*, threaten

**amigable** *adj*, user-friendly

**amontonado(-a)** *adj* (transp), stacked

**amontonar** *vb* (transp), pile up, stack

**amortiguador(-ora)** *adj*, shock-absorbent; **material** *nm* **amortiguador**, shock-absorbent material

**amortización** *nf*, amortization, depreciation

**amortizar** *vb* (acct), write off (progressively); **esta maquinaria ha sido amortizada**, this machinery has been written off

**amortizarse** *vb* (fin), pay for itself; **la máquina se amortizará en dos años**, the machine will pay for itself in two years

**análisis** *nm* (figures, results), analysis; **un análisis de las cifras indica que..**, an analysis of the figures indicates that..; **análisis del camino crítico**, critical path analysis (CPA); **llevar a cabo un análisis del camino crítico**, carry out a CPA

**analista** *nm/f*, analyst

**analizar** *vb* (figures), analyse, break down

**ancho(-a)** *adj*, wide; **la caja mide 16 cm de ancho por 12 cm de largo**, the box is 16 cm wide by 12 cm long

**anchura** *nf*, width

**andén** *nm* (railway), platform

**anexo** *nm* (corr), enc, enclosure

**anillo** *nm*, ring

**animarse** *vb* (sales), take off; **las ventas han empezado a animarse**, sales have begun to take off

**antecedentes** *nmpl*, record (eg company results), background; **la empresa tiene muy buenos antecedentes**, the company has a very successful track record

**antemano** *adv*, **de antemano**, in advance

**antes** *adv*, before; **antes del 5 de junio**, before 5 June; **antes de colocar un pedido..**, before ordering...

**anticipado(-a)** *adj*, (before time) early; **jubilación** *nf* **anticipada**, early retirement; **pago** *nm* **anticipado**, early repayment

**anticipo** *nm*, 1 (part payment), advance. 2 advance payment

**antieconómico(-a)** *adj*, uneconomical

**antiguo(-a)** *adj* (former), past; **un antiguo presidente de la compañía**, a past president of the company

**anual** *adj*, annual; **sobrepaga** *nf* **anual** (pers), annual bonus; **Junta** *nf* **General Anual**, Annual General Meeting

**anunciante** *nm/f* (mktg, sales), advertiser

**anunciar** vb, advertise; **anunciar una vacante**, advertise a post

**anuncio** nm, advertisement, commercial; **poner un anuncio**, place an advertisement; **responder a un anuncio**, reply to an advertisement; **anuncios breves** (mktg, sales), small ads

**añadir** vb a, add to; **sírvanse añadir a nuestro pedido**, please add to our order

**año** nm, year; **al año**, per annum; **año civil**, calendar year

**apagar** vb, 1 (electr), switch off. 2 (comp), close down

**apagón** nm (gen, comp), power cut

**apalancamiento** nm (fin), gearing

**aparato** nm (equipment), device, gadget; **aparato vendedor automático**, vending machine

**aparcamiento** nm, 1 (act), car parking. 2 (place), car park

**aparcar** vb, park

**apartado** nm **de correos**, P.O. box

**apelar** vb **(contra)** (law), appeal (against)

**apertura** nf, (of a sales point, of an event), opening

**aplazado(-a)** adj, deferred

**aplazar** vb, 1 (a meeting), defer, postpone, put off; **la reunión ha sido aplazada hasta el 5 de septiembre a las dos**, the meeting has been put off until the 5 September at 2 pm; **aplazar una decisión**, defer a decision; **aplazar el pago**, defer payment; **aplazar indefinidamente un proyecto**, shelve a project. 2 (fin, repayments), reschedule

**aplicación** nf (comp), application (use of a product); **nuestro nuevo producto tiene numerosas aplicaciones**, our new product has many applications; **esta es una nueva aplicación para el tratamiento de textos**, this is a new application for word processing

**aplicar** vb, apply

**aplicarse** vb **a**, deal with, address; **aplicarse a un problema/una tarea**, deal with, address a problem/a task

**apoderado(-a)** nm/f, chief clerk

**apoyar** vb, 1 (support), back. 2 (meetings), second; **apoyar una moción**, second a motion; **apoyar una idea/una propuesta**, second an idea/a proposal

**apoyo** nm (gen), support; **el proyecto goza del apoyo de ...**, the project has the support of ...

**apreciar** vb (appreciate), value

**apremiado(-a)** adj, pressurised; **estar apremiado**, be under pressure

**apremio** nm **de trabajo**, pressure of work

**aprender** vb, learn

**aprendiz** nm, apprentice, trainee

**apretado(-a)** adj (gen), tight

**apretar** vb, tighten up, squeeze

**aprobación** nf, approval; **tenemos la aprobación del Director de Márketing**, we have the approval of the Marketing Manager

**aprobado(-a)** adj, approved; **no aprobado**, unapproved

**aprobar** vb, 1 pass (an exam). 2 approve. 3 endorse

**aproximadamente** adv, around, roughly; **el precio es de aproximadamente 5000 libras**, the price is around £5000

**apuntar** vb, make a note of

**aranceles** nmpl (customs), duty; **con aranceles pagados**, duty paid

**arbitraje** nm (pers), arbitration

**archivador** nm (offce), filing cabinet;

**archivador de anillas** (offce), ring binder

**archivar** vb (offce), file

**archivero(-era)** nm/f (offce), filing clerk

**archivo** nm, 1 (container for storage files), file. 2 (comp), file; **gestión** nf **de archivos**, file management; **servidor** nm **de archivos**, file server

**archivos** nmpl (offce), records

**argumento** nm (reason), argument

**armario** nm (offce), cupboard

**arrancar** vb (comp), boot up

**arreglar** vb (make arrangements, repair), fix, **arreglar una cita**, fix an appointment; **arreglar para que..**, arrange for...; **hemos arreglado para que los bienes le lleguen mañana**, we have arranged for the goods to reach you tomorrow

**arreglo** nm, compromise

**arrendador(-ora)** nm/f, lessor

**arrendar** vb, 1 (to someone), lease. 2 (from someone), lease

**arrendatario(-a)** nm/f, lessee

**arriendo** nm, lease; **ceder en arriendo**, (to someone), lease; **tomar en arriendo**, (from someone), lease

**arriesgar** vb, risk

**artesanía** nf, handicraft

**artículo** nm (goods), item; **artículo de lujo**, luxury item; **artículo de reclamo** (mktg, sales), loss leader **artículos que faltan**, missing items

**artificial** adj (gen), man-made

**asalariado(-a)** adj (pers), salaried

**ascender** vb 1 (someone), promote; **ha sido ascendida al puesto de gerente**, she has been promoted to the post of manager. 2 **ascender a**, total; **asciende a £373**, it totals £373

**ascensor** nm, lift

**asegurado(-a)** adj, insured; **estar asegurado (contra)**, be insured (against)

**asegurado(-a)** nm/f ('the insured') insured

**asegurador** nm, insurer

**asegurar** vb, 1 underwrite. 2 guarantee; **podemos asegurarles que..**, we can guarantee that... 3 **asegurar (contra)**, insure (against)

**asentar** vb (figures in acct), post

**asesor(-ora)** nm/f (ins), assessor; **asesor jurídico** legal adviser

**asesorar** vb, (as paid adviser), advise

**asesoría** nf, firm of consultants

**asignación** nf (balance sheet), appropriation

**astillero** nm, dockyard

**asunto** nm, subject; (of crime, problem), case; **el asunto del camión robado**, the case of the stolen lorry

**atascar** vb (mech), jam

**atención** nf, attention; **a la atención de**, 1 for the attention of. 2 (transp), C/O, care of

**atender** vb attend to, look after; **atender algo**, see to something; **atender a** (gen) (take into account), cater for; **el plan atiende a los minusválidos**, the plan caters for disabled persons

**aterrizar** vb (aeroplane), land

**atornillar** vb (techn), screw

**atracar** vb (transp), dock, berth

**atractivo(-a)** adj, attractive; **disponible en colores atractivos**, available in attractive colours

**atraer** vb (be attractive to

customers), attract

**atrasado(-a)** *adj*, outstanding, late

**atrasar** *vb*, delay, fall behind; **atrasar la fecha**, backdate

**atrasos** *nmpl*, arrears

**auditar** *vb* (fin), audit

**auditoría** *nf*, audit; **realizar una auditoría informática**, carry out a computer systems audit

**aumentar** *vb*, put up, speed up; **aumentar los precios**, put up prices; **aumentar rápidamente**, snowball; **aumentar a** (gen, fin), increase to; **el precio ha aumentado a £5000**, the price has been increased to £5000; **aumentar en** (gen, fin), increase by ..; **el costo del alquiler ha aumentado en un 8%**, the cost of hire has been increased by 8%

**aumento** *nm*, rise; **un aumento fuerte**, a steep rise; **un aumento de precios**, a rise in prices; **aumento brusco**, sharp rise; **aumento (de)**, increase (of/in); **aumento de valor**, increase in value

**autobús** *nm* (transp), bus; **estación** *nf* **de autobuses**, bus station

**autocar** *nm* (transp), coach

**autoedición** *nf* (comp), desk top publishing

**autofinanciación** *nf*, self-financing

**autofinanciado(-a)** *adj*, self-financing

**automóvil** *nm*, car; **seguro** *nm* **de automóvil**, motor insurance

**automovilista** *nm/f*, motorist

**autónomo(-a)** *adj*, 1 autonomous. 2 freelance; **trabajador(-ora)** *nm/f* **autónomo(-a)**, self-employed worker, freelancer

**autopista** *nf* (transp), motorway; **cruce** *nm* **de autopista**, motorway junction

**autorización** *nf*, go ahead; **obtener la autorización**, get the go ahead; **autorización para atracar** (imp/exp), dock warrant

**autorizado(-a)** *adj*, approved; **distribuidor** *nm* **autorizado**, approved retailer

**autorizar** *vb*, warrant, authorise; **no autorizado**, unauthorised; **autorizar a hacer algo**, authorise to do something

**autoservicio** *nm*, self-service restaurant

**auxiliar** *adj*, junior; **ejecutivo(-a)** *nm/f* **auxiliar**, junior executive/manager

**avalar** *vb*, 1 (fin, written guarantee), back; **la letra ha sido avalada por ..**, the bill has been backed by ... 2 (ins, share risks), underwrite. 3 guarantee

**avalista** *nm/f*, financial backer

**avería** *nf*, 1 (ins), average; **avería gruesa**, general average; **con avería particular**, with particular average. 2 (mech), fault; **creemos que el problema se debe a una avería en el sistema**, we believe the problem is due to a fault in the system. 3 damage. 4 failure. 5 (of car) breakdown

**averiado(-a)** *adj* (mech), damaged

**averiarse** *vb*, (car), break down

**aviación** *nf*, aviation

**avión** *nm* (transp), plane; **en avión**, (travel) by air; **por avión**, (send) by air; **ir en avión**, fly

**avisar** *vb*, notify, warn; **avise a su conductor de que hay una huelga en el puerto**, please warn your driver that there is a strike at the port

**aviso** *nm*, 1 (warning of future action) notice. 2 notification; **recibir aviso de**, receive notification of. 3 warning. 4 (corr), advice; **aviso de ..**, advice of ..; **aviso de**

**envío**, advice note; **aviso de pago**, advice of payment

**ayuda** *nf*, help; **gracias por su ayuda**, thank you for your help

**ayudante** *nm/f* (gen), assistant; **ayudante del gerente**, manager's assistant

**ayudar** *vb*, help, assist; **nuestro agente en ... podrá ayudarle**, our agent in ... will be able to help you; **mucho le agradeceríamos nos ayudara a ..**, we would be grateful if you could help us to ...

# B

**Bachillerato** *nm*, ~ A Level, Advanced Level; **Bachillerato elemental**, ~ O Level, Ordinary Level

**baja** *nf* (fin), slump, drop, fall; **una baja rápida de precios**, a rapid fall in prices; **una baja en los pedidos**, a fall off in orders; **esperamos una baja del tipo hasta el 3%**, we expect the rate to fall to 3%

**bajar** *vb*, **1** (gen, fin), fall (off), ease; **la demanda empieza a bajar**, demand is beginning to fall off; **los tipos han bajado**, rates have eased; **los precios han bajado este año**, prices have fallen this year; **haber bajado** (fin, results), be down; **bajar a**, go down to; **la inflación bajará al 5%**, inflation will go down to 5%; **bajar en** (rates, prices), go down by ..; **las ventas han bajado en un 2%**, sales have gone down by 2%; **las ventas han bajado en un 15%**, sales have fallen by 15%; **bajar repentinamente** (mktg, sales), slump; **los beneficios han bajado repentinamente a ..**, profits have slumped to ... **2** (a train), get off

**bajo(-a)** *adj*, low; **préstamo** *nm* **de bajo interés** (fin), low interest loan; **precio** *nm* **bajo**, low price

**bajo** *prep*, under

**bala** *nf* (imp/exp), bale

**balance** *nm* (fin), **1** balance. **2** balance sheet; **balance general**, financial statement

**balanza** *nf* **commercial**, trade balance

**banca** *nf*, banking, the banking sector

**bancario(-a)** *adj*, bank; **gastos** *nmpl* **bancarios**, bank charges in a particular transaction; **déposito** *nm* **bancario**, bank deposit; **tipo** *nm* **bancario**, bank rate

**bancarrota** *nf*, bankruptcy

**banco** *nm*, bank; **banco mercantil** (fin), merchant bank; **Banco de Operaciones Internacionales**, Bank for International Settlements

**bandeja** *nf* tray; **bandeja de entrada** (offce), in-tray; **bandeja de salida** (offce), out-tray

**bar** *nm*, bar (for drinks)

**barato(-a)** *adj* (cost), cheap

**barcaza** *nf* (transp), barge

**barco** *nm* (transp), ship, boat

**barras** *nfpl*, columns (of a bar chart)

**barril** *nm*, barrel

**barrio** *nm*, quarter, suburb, district; **el barrio comercial**, the business quarter; **Pedralbes es un barrio de Barcelona**, Pedralbes is a district of Barcelona

**basado(-a)** *adj* **en**, based on; **la evaluación se basa en..**, the assessment is based on...

**básico(-a)** *adj*, basic; **equipo** *nm* **básico**, basic equipment; **lo básico**, basic point

**batería** *nm* (large, multicell), battery

**bebida** *nf*, drink; **bebidas no alcohólicas**, soft drinks

**bello(-a)** *adj* (appearance), fine

**beneficiario(-a)** *nm/f*, payee

**beneficio** *nm*, **1** (gen), benefit; **uno de los beneficios de nuestro servicio es..**, one of the benefits of our service is..; **en beneficio de** (fin), on behalf of. **2** profit; **beneficio bruto/neto**, gross/net profit; **un alto nivel de beneficios**, a high level of profits; **un nivel bajo de beneficios**, a low level of profits; **obtener unos beneficios récord**, make record profits; **beneficios por acción** (fin), profit/earnings per share; **unos beneficios del 10%**, a profit of 10%; **margen** *nm* **de beneficio**, profit margin; **participación** *nf* **en los beneficios** (pers), profit sharing; **beneficios** (fin), trading profit; **beneficios extrasalariales**, fringe benefits; **beneficios indirectos**, (positive), spin off

**biblioteca** *nf*, library

**bidón** *nm* (imp/exp), drum

**bienes** *nmpl*, goods; **bienes de consumo de venta fácil** (mktg, sales), FMCG, Fast Moving Consumer Goods; **bienes de equipo**, capital goods; **bienes de lujo**, luxury goods; **bienes duraderos**, durables; **bienes importados**, imported goods; **bienes manufacturados**, manufactured goods; **bienes muebles**, personal property

**billete** *nm*, **1** banknote. **2** (travel), ticket; **billete abierto** (transp), open ticket; **billete de ida**, single fare; **billete de ida y vuelta**, return ticket; **billete de ida y vuelta en un día**, day return ticket; **precio** *nm* **del billete**, fare; **el precio del billete a Londres es de £14**, the fare to London is £14; **billete de segunda clase**, second-class fare

**blanco(-a)** *adj*, white

**bloc** *nm*, writing pad; **bloc de notas**, note-pad

**bodega** *nf* **de carga** (of ship), hold

**boletín** *nm* (**informativo**) (mktg, sales), newsletter

**boletín** *nm* **de inscripción** (at exhibitions etc), registration form

**bolígrafo** *nm*, biro

**bolsa** *nf*, bag

**Bolsa** *nf* (fin), stock market

**bomba** *nf* (techn), pump; **extraer con una bomba** (transp), pump out

**bombo** *nm* **de diapositivas** (slide projector), carousel

**bonificación** *nf*, 1 (mktg, sales), rebate. 2 (ins), no claims bonus

**boom** *nm* (mktg, sales, fin), boom; **hemos visto un boom de las ventas**, we have seen a boom in sales

**bordo, a bordo** *adv*, aboard

**borrador** *nm*, 1 board rubber. 2 (document), draft; **borrador de un informe**, draft report

**bosquejo** *nm* (plans), draft

**bricolaje** *nm* (mktg, sales), DIY

**bruto(-a)** *adj* (fin), gross; **Producto Interior Bruto (PIB)**, Gross Domestic Product (GDP); **Producto Nacional Bruto (PNB)**, Gross National Product (GNP); **beneficio** *nm* **bruto**, gross profit; **beneficios** *nmpl* **brutos**, gross earnings; **ingresos** *nmpl* **brutos**, gross revenue; **peso** *nm* **bruto**, gross weight

**buena voluntad** *nf* (gen), goodwill

**bueno(-a)** *adj*, kind, good

**buque** *nm* (transp), vessel, ship; **documentación** *nf* **del buque**, ship's papers; **sobre buque** (imp/exp), Ex Ship; **buque contenedor**, container ship

**buscar** *vb* **posibles clientes** (mktg, sales), prospect, canvass

**butaca** *nf* (offce), armchair

**buzón** *nm*, letter box

**C y F, coste** *nm* **y flete** *nm* (imp/exp), C & F, cost and freight

**caballos** *nmpl* **de vapor**, horsepower

**caber** *vb* (be the right size), fit

**cabida** *nf*, capacity; **tener cabida para**, (volume), take; **el depósito tiene cabida para 5000 litros**, the tank can take 5000 litres

**cable** *nm*, cable

**cabo** *nm* (the end of something), tip

**cadena** *nf*, chain; **cadena de montaje**, production line; **cadena de tiendas**, chain store

**caer** *vb*, 1 (comp), crash. 2 (gen), drop; **caer a plomo** (gen, fin), plummet; **caer en picado** (figures, rates), plunge

**caja** *nf*, 1 case; **una caja de vino**, a case of wine; **caja de cartón** (imp/exp), cardboard box, carton. 2 cash desk, checkout; **pagar en caja**, pay at the cash desk. 3 casing; **caja de cambios** (mech), gearbox. 4 box; **caja de caudales**, safe, strong box. 5 (fin), fund; **caja de ahorros**, savings bank

**cajero(-a)** *nm/f* (fin), cashier; **cajero automático** (fin), Automatic Teller Machine, cash dispenser

**cajón** *nm* (offce), drawer; **cajón para documentos pendientes**, pending tray

**calculadora** *nf* (offce), calculator

**calcular** *vb* (calculate), work out, estimate; **calcular el coste de**, (calculate expenditure), cost; **el coste del proyecto se ha**

**calculado en £200.000**, the project has been costed at £200,000

**cálculo** nm **aproximado**, (rough calculation), estimate

**calefacción** nf, heating; **calefacción central**, central heating

**calendario** nm (offce), calendar

**calentado(-a)** adj, heated

**calidad** nf, 1 quality; **la mejor calidad**, best quality; **un producto de alta calidad**, a high quality product; **de mala calidad**, of poor quality; **calidad media buena** (mktg, sales), fair average quality; **círculo** nm **de calidad** (pers), quality circle; **control** nm **de calidad** (gen), quality control. 2 capacity (role); **en la calidad de**, in the capacity of; **actúa en su calidad de**, he is acting in the capacity of

**calor** nm, heat

**calle** nf **de sentido único**, one-way street

**cama** nf bed; **cama y desayuno**, B+B, Bed and Breakfast

**cámara** nf, room; **cámara acorazada**, strong room; **Cámara de Comercio**, Chamber of Commerce

**camarote** nm (ships), sleeping compartment

**cambiar** vb change; **¿me puede cambiar £50?** have you got change for £50? **cambiar (por)** (gen), exchange (for); **cambiar totalmente**, (a trend) reverse; **la tendencia ha cambiado totalmente**, the trend has reversed

**cambio** nm, change

**cámera** nf **(de vídeo)**, video camera

**camino** nm, path; **análisis** nm **del camino crítico**, critical path analysis

**camión** nm, (transp), lorry; **conductor** nm **de camión**, lorry driver; **camión con remolque** (transp), articulated lorry; **camión de gran capacidad**, HGV, heavy goods vehicle; **camión portacontenedores**, container lorry

**camión-cisterna** nm (transp), (road) tanker

**campaña** nf (campaign), drive; **hacer una campaña**, campaign

**campo** nm, 1 (figurative), field; **un especialista en el campo de ..**, a specialist in the field of ... 2 (out of town), country; **estar en el campo**, to be in the country

**canal** nm (transp), canal, channel; **canal de distribución**, channel of distribution

**cancelación** nf (of reservation), cancellation

**cancelar** vb, cancel; **cancelar una deuda incobrable**, write off a bad debt

**cantidad** nf, quantity; **una cantidad pequeña/importante**, a small/large quantity; **en grandes cantidades** (transp), bulk (quantity); **compras** nfpl **en grandes cantidades** (mktg, sales), bulk buying

**capacidad** nf (volume held, potential) capacity; **capacidad productiva**, production capacity; **tiene la capacidad de ..**, he has the capacity to ...

**capataz** nm, foreman

**capital** nm (fin), capital; **intensivo de capital**, capital intensive; **inversiones** nfpl **de capital**, capital investment; **gastos** nmpl **de capital**, capital outlay; **capital cuyo desembolso se ha solicitado**, called up capital; **capital autorizado**, authorised capital; **capital circulante**, working capital; **rotación** nf **de capital circulante**, working capital turnover; **capital de explotación**, operating capital; **capital desembolsado**, paid-up capital; **capital nominal**, registered capital; **capital riesgo**, venture capital

**capitán** *nm* (transp), captain

**captar** *vb* (radio, TV), receive

**carácter** *nm*, 1 (personality), character; **un carácter agradable**, a pleasant character. 2 (comp), character

**carecer** *vb* **de**, be short of

**carencia** *nf*, shortage

**carga** *nf*, load (on a vehicle), cargo, lorry load; **una carga de ..**, a load of ..; **recoja la carga de ..**, please collect the load from ..; **para cargas pesadas**, heavy duty; **carga, almacenamiento y entrega** (imp/exp, transp), LSD, loading, storage and delivery; **carga de regreso** (transp), back load; **carga útil** (transp), payload

**cargador** *nm*, cargo handler; **cargador de transporte combinado**, CTO, combined transport operator

**cargar** *vb*, 1 (transp, comp), load. 2 (load cargo onto a ship), embark. 3 **cargar algo en cuenta** (fin), debit an account

**cargo** *nm* **adicional**, additional charge

**carnet** *nm* **de conducir**, driving licence

**caro(-a)** *adj* (cost), dear

**carpeta** *nf*, 1 (containing documents), folder. 2 (binder to hold documents), file

**carrera** *nf* **professional** (pers), career

**carretera** *nf* (transp), road; **transporte** *nm* **por carretera**, road haulage

**carretilla** *nf*, truck; **carretilla de horquilla elevadora** (transp), handling truck; **carretilla elevadora**, forklift (truck)

**carril** *nm* **de acceso**, slip road

**carta** *nf*, letter; **carta de crédito** (fin, imp/exp), letter of credit; **carta de crédito renovable** (imp/exp), revolving letter of credit; **carta de crédito irrevocable** (fin), irrevocable letter of credit; **carta de porte** (imp/exp), waybill; **carta de solicitud** (pers), letter of application; **carta recordativa**, follow-up letter; **enviar una carta recordativa** (mktg, sales), follow up contact who has not responded

**cartel** *nm* (mktg, sales), poster; **campaña** *nf* **de carteles** (mktg, sales), poster campaign

**cartelera** *nf* (mktg, sales), billboard

**cartera** *nf*, 1 portfolio. 2 briefcase

**cartero(-a)** *nm/f* (offce, gen), postman, postwoman

**cartón** *nm* (imp/exp), crate

**casa** *nf*, 1 home. 2 house; **de la casa**, in-house; **una revista de la casa**, an in-house magazine. 3 **casa matriz**, parent company

**casado(-a)** *adj* (CV), married

**cash-flow** *nm* (fin), cashflow (pre-tax); **problemas** *nmpl* **de cash-flow** (fin), cashflow problems; **proyección** *nf* **de cash-flow** (fin), cashflow projection

**casi** *adv*, almost, nearly; **la inflación ha alcanzado casi el 9%**, inflation has reached almost 9%; **su pedido casi está listo**, your order is almost ready

**casilla** *nf*, (on form), box; **poner una señal en la casilla apropiada**, tick the appropriate box

**caso** *nm* (gen), case; **un estudio de casos**, a case study; **hacer caso**, take notice; **no le haga caso**, don't take any notice of him

**catálogo** *nm* (mktg, sales), catalogue

## claramente 13

**causa** *nf*, cause

**causar** *vb*, cause

**cazaejecutivos** *nm*, headhunter

**CD-ROM** (comp), CD-ROM

**celebrar(se)** *vb*, take place; **el congreso se celebrará el día ... a las ... horas**, the conference will take place on ... at ...

**censor(-ora)** *nm/f* **de cuentas** (fin), auditor; **censor(-ora) jurado(-a) de cuentas** (fin), Chartered Accountant

**centímetro** *nm* **cúbico**, cc, cubic centimetre

**central** *adj*, central

**centralita** *nf* (offce), switchboard

**centralizar** *vb*, centralise

**centro** *nm*, centre; **centro comercial** (mktg, sales), shopping arcade, shopping centre; **centro de autoedición** (comp), DTP centre; **centro de jardinería**, garden centre

**CEOE, Confederación** *nf* **Española de Organizaciones Empresariales**, Spanish Confederation of Employers' Organizations (= Spanish CBI)

**cerca de** *prep* (location), near; **cerca del aeropuerto**, near the airport

**cero** *nm* (figures), nil; **cero defectos** (quality management), zero fault

**cerrado(-a)** *adj*, shut

**cerrar** *vb*, close; **cerrar una empresa**, shut down a company, cease trading; **cerrar un trato**, close a deal

**certificación** *nf*, certification

**certificado(-a)** *adj*, certified; **copia** *nf* **certificada**, certified copy; **certificado de calidad del Instituto Británico de la Estandarización**, BS 5750 certified

**certificado** *nm*, certificate; **certificado de origen** (imp/exp), certificate of origin; **certificado de depósito** (imp/exp), warehouse warrant

**certificar** *vb*, certify

**cesión-arrendamiento** *nf*, leaseback

**CI, cociente** *nm* **intelectual**, IQ, Intelligence Quotient

**cíclico(-a)** *adj*, cyclical

**ciclo** *nm*, cycle; **ciclo de conferencias**, series of lectures; **ciclo de duración de un producto**, product life cycle

**cierre** *nm* **de ejercicio**, year end

**cifra** *nf*, (for figures in accounts, results), number

**cifrar** *vb* (encode), code

**cinta** *nf* tape; **cinta (de grabación)**, (for sound recording), tape; **cinta adhesiva** (offce), sellotape; **cinta de vídeo**, (for video recording), tape

**circuito** *nm*, circuit; **circuito interno de televisión**, CCTV, closed circuit television

**circulación** *nf*, 1 traffic. 2 (distribution of a newspaper), circulation

**circulante** *adj* (fin), current; **activo** *nm* **circulante**, current assets; **pasivo** *nm* **circulante**, current liabilities; **razón** *nm* **del circulante**, current ratio

**circular** *vb*, circulate; **hacer circular (una carta)**, circulate (a letter)

**circunstancias** *nfpl*, circumstances

**cita** *nf*, appointment

**citación** *nf* (law), summons

**citar** *vb* (a figure, a name), quote

**citarse** *vb* (offce), make an appointment

**ciudad** *nf*, town, city

**claramente** *adv*, definitely

**claro(-a)** *adj*, **1** (transparent, obvious), clear; **está claro que..**, it is clear that..; **un aumento/descenso claro** (trends), a clear increase/decrease. **2** definite; **tener muy claro que..**, be definite about...

**clase** *nf* (quality), grade

**clasificar** *vb*, **1** (comp), sort. **2** (quality of goods), grade

**cláusula** *nf*, clause

**clave** *adj*, key; **una parte clave**, a key part; **una característica clave**, a key feature; **un factor clave**, a key factor

**cliente** *nm/f*, customer, client; **lealtad** *nf* **del cliente** (mktg, sales), customer loyalty; **departamento** *nm* **de atención al cliente** (offce), customer services; **base** *nf* **de datos de clientes** (mktg, sales), client database

**climatizado(-a)** *adj*, air-conditioned

**clip** *nm* (offce), paper clip

**clon** *nm* (comp), clone

**cobertura** *nf* (fin, ins), cover; **tener cobertura para... riesgos** (ins), be covered for... risks

**cobrar** *vb* (fin), charge for; **le tendremos que cobrar..**, we will have to charge you for...

**cociente** *nm* **intelectual**, IQ, Intelligence Quotient

**coche** *nm*, car; **alquiler** *nm* **de coche**, car hire

**coche-cama** *nm* (in train), sleeper

**código** *nm*, **1** (reference), number; **el código del producto es el..**, the product number is... **2** (of practice, security of software), code; **código de barras** (gen, comp), bar code

**coeficiente** *nm* **de endeudamiento** (fin), leverage

**coger** *vb* (gen), seize; **coger un tren/un avión**, catch a train/plane

**cola** *nf*, **1** glue. **2** queue

**coleccionar** *vb* (as hobby), collect

**colocación** *nf*, placement; **colocación de empleados despedidos en otras empresas** (pers), outplacement

**colocado(-a)** *adj* (gen), located

**colocar** *vb*, place; **colocar un pedido** (mktg, sales), place an order

**columna** *nf* (of figures), column

**coma** *nf*, comma; **coma decimal**, decimal point; **23 coma cero tres (23,03)**, 23 point zero three (23.03)

**combinado(-a)** *adj*, combined; **conocimiento** *nm* **de embarque para el transporte combinado** (imp/exp), combined transport bill of lading; **cargador** *nm* **de transporte combinado** (imp/exp), combined transport operator

**combinar** *vb*, **1** combine. **2** pool; **combinar equipo**, pool equipment

**combustible** *nm*, fuel

**comentar** *vb*, **1** comment (on). **2** discuss

**comenzar** *vb* (gen), start

**comercial** *adj*, trade; **marca** *nf* **comercial**, trade mark

**comercialización** *nf*, merchandising

**comerciante** *nm/f* (mktg, sales), dealer

**comerciar** *vb* **(con)**, do business (with); **comerciar en**, trade in; **la empresa comercia en plásticos**, the company trades in plastics

**comercio** *nm*, trade, business; **comercio al por menor**, retail trade; **comercio de exportación**, export trade; **comercio exterior**, foreign trade; **comercio**

**internacional**, international trade; **comercio por menor**, retail outlet

**comestible** *adj*, edible

**comestibles** *nmpl*, food products

**comida** *nf*, food

**comisión** *nf* (sales, fin), commission; **cobrar una comisión por**, charge commission (on)

**comité** *nm*, committee; **comité de empresa**, works council

**cómodo(-a)** *adj*, convenient

**compañía** *nf*, company; **compañía fiduciaria**, trust company; **compañía inversionista**, investment company

**comparación** *nf* (gen, fin), comparison; **en comparación con ...**, in comparison with ...

**comparar** *vb* **con**, compare with; **comparado con**, compared with

**comparativo(-a)** *adj*, comparative

**compartir** *vb*, share, pool; **compartir un coche para ir al trabajo**, to car pool

**compensar** *vb*, 1 offset; **compensar los gastos**, offset costs. 2 **compensar (una pérdida)**, make up (a loss)

**competencia** *nf* (mktg, sales), competition; **competencia desleal**, unfair competition

**competidor(-ora)** *nm/f*, rival; **el competidor más importante es ...**, the main rival is ...

**competir** *vb* **con**, rival

**competitivo(-a)** *adj*, competitive; **precio** *nm* **competitivo**, competitive price

**complementos** *nmpl*, fringe benefits

**completo(-a)** *adj*, 1 (research, report), thorough, comprehensive; **un informe completo**, a comprehensive report. 2 (trains, aeroplanes, containers, time), full; **contenedor** *nm* **completo** (transp), full container load; **a tiempo completo** (pers), full time; **un puesto a tiempo completo**, a full-time job/position. 3 complete; **un juego completo de documentos**, a complete set of documents

**comportamiento** *nm* (of company), performance

**compra** *nf*, procurement, purchasing; **jefe/jefa** *nm/f* **de compras**, procurement manager; **compra a plazos**, hire purchase; **se ofrece compra a plazos**, hire purchase terms are available; **compra apalancada de empresas** (fin), LBO, leveraged buyout; **compra apalancada de la empresa por sus propios directivos**, leveraged management buyout; **compra de componentes**, outsourcing, sourcing; **compras**, outsourcing

**comprador(-ora)** *nm/f*, purchaser, buyer

**comprar** *vb*, buy, (company), take over; **la casa Martínez Hermanos ha sido comprada por ..**, Martínez Hermanos have been taken over by ..; **comprar la parte de**, buy out; **compramos la parte de W en XYZ en 1994**, we bought out W's share in XYZ in 1994; **estar dispuesto a comprar ..**, be in the market for ...

**comprender** *vb*, understand; **comprendo el problema**, I understand the problem

**comprensión** *nf*, understanding; **agradezco su comprensión del problema**, I am grateful for your understanding of the problem

**comprobar** *vb* (make sure), check

**compromiso** *nm*, commitment; **honrar sus compromisos**, meet one's commitments

**compuesto(-a)** *adj*, **estar compuesto de ..**, be made up of ...

**comunicación** nf, communication; **comunicación empresarial** (pers), corporate communication

**comunicar** vb, communicate

**con** prep, with; **con avería particular** (ins), wpa, with particular average, **con experiencia**, experienced; **buscamos gerente con gran experiencia**, we are looking for an experienced manager; **con fines no lucrativos**, non-profit; **con tal de que ..**, on the understanding that ..; **aceptamos con tal de que ..**, we accept on the understanding that ...

**conceder** vb, concede; **conceder un descuento**, give a discount

**concentrado(-a)** adj (acids), strong

**concentrarse** vb en, (gen, non-techn), focus on

**concesión** nf (mktg, sales), franchise; **otorgar concesión de**, franchise

**concesionario(-a)** nm/f, (exclusive) dealer, concessionaire

**concurso** nm (mktg, sales), invitation to tender

**condición** nf, 1 (general state), condition; **las condiciones de mercado son ..**, market conditions are ... 2 (law, agreements), condition, proviso; **condiciones de venta**, conditions of sale; **a condición de que ..**, on condition that ..; **con la condición de que ..**, with the proviso that ...

**condiciones** nfpl, 1 (sales), terms; **condiciones especiales**, special terms (for the customer); **condiciones atractivas**, attractive terms; **condiciones de pago**, terms of payment; **según las condiciones de ..**, under the terms of ... 2 (gen), position; **estar en condiciones de ..**, be in a position to ... 3 (pers), conditions; **condiciones de trabajo**, working conditions; **sin condiciones**, unconditional

**conducir** vb (car), drive

**conductor(-ora)** nm/f (gen), driver

**conectar** vb (comp), connect

**conector** nm **en serie** (comp), serial connector

**Confederación** nf **de la Industria Británica**, CBI, Confederation of British Industry

**confianza** nf (gen), trust, confidence; **tenemos completa confianza en nuestro agente el Señor García**, we have complete trust in our agent Señor García; **tener confianza en**, have confidence in

**confiar** vb en, trust; **puede confiar totalmente en la Sra. Smith**, you may trust Mrs. Smith completely

**confidencial** adj, confidential; **un documento confidencial**, a confidential document

**confirmado(-a)** adj, confirmed; **no confirmado**, unconfirmed

**confirmar** vb, confirm

**confiscar** vb (law), confiscate

**conflicto** nm **laboral**, industrial dispute

**conformarse** vb con, (meet legal requirement), correspond to

**congelar** vb (food, prices, rates), freeze

**congreso** nm, conference; **sala** nf **de congresos**, conference hall

**conjunto(-a)** adj, joint; **decisión** nf **conjunta**, joint decision; **empresa** nf **conjunta**, joint venture

**conjunto** nm, 1 set; **conjunto de piezas**, kit. 2 (fin), a financial package; **un conjunto de retribuciones**, salary package

**conocer** vb, meet someone (for first time)

**conocido(-a)** *adj* **por ..**, noted for ..; **conocido por su calidad excelente**, noted for its excellent quality

**conocimiento** *nm*, **1** knowledge; **conocimientos**, knowledge; **buenos conocimientos del mercado**, a good knowledge of the market. **2 conocimiento aéreo** (imp/exp), air consignment note, air waybill. **3 conocimiento de embarque** (imp/exp), bill of lading; **conocimiento de embarque directo**, through bill of lading; **conocimiento de embarque abreviado** (imp/exp), short form (bill of lading); **conocimiento de embarque para el transporte combinado FIATA/FBL** (imp/exp), FIATA combined transport bill of lading; **conocimiento de embarque sin objeciones**, clean bill of lading; **conocimiento de embarque completo** (imp/exp), long form (bill of lading); **conocimiento de embarque declarando que la mercancía está en perfectas condiciones y embarcada** (imp/exp), shipped bill of lading

**conseguir** *vb*, achieve; **conseguir hacer algo**, manage to do something

**consejero(-a)** *nm/f*, member of the board of directors; **consejero(-a) delegado(-a)**, managing director

**consejo** *nm*, advice; (information, help), tip; **Consejo de Administración**, Board of Directors

**considerar** *vb*, consider, (reflect on something), think; **consideraré la cuestión de distribución e intentaré sugerir un agente idóneo**, I will think about the question of distribution and try to suggest a suitable agent

**consigna** *nf*, left luggage

**consignador(-ora)** *nm/f* (transp), consignor

**consignatario(-a)** *nm/f* (imp/exp), consignee

**consorcio** *nm*, consortium, syndicate

**constante** *adj*, steady

**construcción** *nf*, (activity), building; **industria** *nf* **de la construcción**, construction industry; **construcción naval**, shipbuilding

**construir** *vb*, build

**consultor(-ora)** *nm/f* (gen), consultant; **consultor gerencial**, management consultant

**consultoría** *nf*, **1** a firm of consultants. **2** consultancy; **a base de consultoría**, on a consultancy basis

**consumidor** *nm* (fin), consumer; **protección** *nf* **al consumidor**, consumer protection

**consumo** *nm* (fin), consumption; **bienes** *nmpl* **de consumo** (gen), consumer goods

**contabilidad** *nf*, accounting; **empleado(-a)** *nm/f* **de contabilidad**, accounts clerk

**contable** *nm/f*, accountant

**contactar** *vb*, contact; **contácteme en este número, por favor**, please contact me on this number; **contacte a nuestra oficina en ..**, please get in touch with our office in ..; **contactar por radio**, contact by radio

**contacto** *nm*, contact; **ponerse en contacto con** (gen), contact; **póngase en contacto con nuestra oficina**, contact our office

**contador** *nm*, meter

**contador(-ora)** *nm/f* **público(-a)**, chartered accountant (Lat. Am.)

**contaminación** *nf*, pollution

**contaminar** *vb*, pollute

**contar** *vb*, count; **contar con**, count on

**contenedor** *nm* (transp), container;

**buque** *nm* **contenedor**, container ship; **contenedor frigorífico**, refrigerated container; **contenedor precintado**, sealed container; **contenedor completo** (transp), FCL, full container load

**contenerizado(-a)** *adj* (transp), containerised

**contestación** *nf* (a), answer (to); **en contestación a**, in answer to

**contestador** *nm* **automático**, telephone answering machine/ansaphone

**contestar** *vb*, answer; **sin contestar**, unanswered; **nuestra carta de reclamación queda sin contestar**, our letter of complaint has remained unanswered

**continuará**, cont, be continued

**continuo(-a)** *adj*, 1 steady. 2 continuous; **producción continua** (gen), continuous production; **papel** *nm* **continuo**, continuous stationery; **corriente** *nf* **continua** (electr), direct current

**contra** *adj*, against (opposed to, opposite direction); **el consejo ha decidido en contra del proyecto**, the board has decided against the project

**contraer** *vb*, contract; **contraer un empréstito**, raise a loan

**contraseña** *nf* (comp), password

**contratación** *nf* (pers), recruitment

**contratado(-a)** *adj*, contracted

**contratar** *vb* (pers), take on staff, appoint

**contratista** *nm/f* (gen), contractor

**contrato** *nm*, contract; **contrato temporal**, temporary contract; **contrato a plazo fijo** (pers), fixed-term contract; **contrato de compraventa** (fin), bill of sale; **contrato de fletamento** (imp/exp), CP, charter-party; **contrato de empleo** (pers), contract of employment; **incumplimiento** *nm* **de contrato** (law), breach of contract; **estar en incumplimiento de contrato**, be in breach of contract; **terminar un contrato**, terminate a contract

**contravenir** *vb* (law), contravene

**contribución** *nf* **neta**, net contribution

**control** *nm*, control; **bajo control público**, state-controlled; **control de calidad**, quality control; **control infrarrojo**, infra-red control

**controlar** *vb*, monitor; (monitor regularly), check, control

**convenido(-a)** *adj*, agreed

**conveniente** *adj*, 1 convenient; **ser conveniente**, be convenient; **¿cuándo sería conveniente empezar el trabajo?**, when would it be convenient to start the work? 2 suitable; **una ubicación conveniente**, a suitable location

**convenir** *vb* (action), agree to; **en la reunión convenimos . .**, at the meeting we agreed to . . .

**convocar** *vb*, call; **convocar una reunión de la junta**, call a committee meeting

**cooperativa** *nf*, cooperative

**copia** *nf* (photocopy, carbon copy), copy; **copia firmada** (documents), signed copy; **sírvase devolvernos las copias firmadas**, please return the signed copies; **copia impresa** (comp), hard copy; **copias múltiples** (imp/exp), multiple copies

**copiar** *vb* (offce), duplicate, copy; **copiar algo a . .** , copy something to . . .

**copyright** *nm* (law), copyright; **registrar como copyright** (law), copyright

**correcto(-a)** *adj*, correct, right, accurate

**corregir** *vb*, correct; **sin corregir**, uncorrected

**correo** *nm*, 1 (letters delivered), post; **tarifa** *nf* **de correo**, postage (rate). 2 mail; **casa** *nf* **de ventas por correo**, mail order company; **enviar por correo**, mail; **(oficina de) correos**, post office; **correo certificado**, registered mail; **correo electrónico** (comp), E-mail, electronic mail; **correo expreso**, express mail; **correo por vía terrestre/marítima**, surface mail

**correr** *vb* **un riesgo (con)**, gamble (on)

**corresponder** *vb* **a** (equivalent to), correspond to

**corriente** *adj*, 1 ordinary. 2 (period), current; **cuenta** *nf* **corriente** (fin), current account

**corriente** *nf*, 1 (electr), current; **con corriente**, live; **corriente alterna**, AC, alternating current; **corriente continua**, DC, direct current. 2 (gen), trend; **ir contra la corriente**, be against the trend

**cortar** *vb* (gen, comp), cut; **órdenes** *nfpl* **de cortar y pegar** (comp), cut and paste commands

**corto(-a)** *adj*, short; **contrato a corto plazo** (pers), short-term contract

**costar** *vb* (price), cost; **la maquinaria costó £40.000**, the machinery cost £40,000

**coste** *nm*, 1 (gen, informal), price tag; **el coste de este tipo de operación es muy elevado**, the price tag for this type of operation is very high. 2 (fin, gen), cost; **coste y flete** (imp/exp), C&F, cost and freight; **coste, seguro y flete** (imp/exp), CIF, cost, insurance, freight; **coste, seguro, flete y gastos de cambio y negociación (CIF&E)** (imp/exp), CIF & E, cost, insurance, freight and exchange variations/or banker's charges; **coste de vida**, cost of living; **índice de coste de vida**, cost of living index; **precio de coste** (fin), cost price; **coste por mil** (mktg, sales), CPT, cost per thousand; **costes repentinamente altos** (fin), soaring costs; **costes de explotación** (fin), operating costs; **costes de personal**, labour costs

**costo** *nm*, cost

**costoso(-a)** *adj*, costly

**cotidiano(-a)** *adj* (usual, everyday), day-to-day; **la gestión cotidiana de . .**, the day-to-day management of . . .

**cotización** *nf*, 1 quotation/quote; **enviar una cotización de precio**, send a quote. 2 **cotización de seguridad social**, national insurance contribution

**cotizar** *vb* (prices, rates), quote; **cotizar un precio/una tasa**, quote a price/rate; **cotizado en la bolsa**, quoted on the stock exchange

**creación** *nf* (gen, artistic), creation

**crear** *vb* (gen), create; **creado especialmente para**, tailor-made for

**crecer** *vb*, grow

**crecimiento** *nm*, growth

**crédito** *nm* (fin), credit; **tarjeta** *nf* **de crédito**, credit card; **límite** *nm* **de crédito**, credit rating; **a crédito**, on credit; **crédito al fabricante con respaldo de un crédito exterior** (fin), back to back credit; **crédito de exportación**, export credit; **crédito renovable** (fin), revolving credit; **arreglar un crédito renovable**, arrange revolving credit; **obtener un crédito renovable de . .**, obtain a revolving credit of . . .

**creer** *vb* (have point of view, belief), think; **creo que sería útil reunirnos el mes que viene**, I think that it would be useful to meet next month

**crimen** *nm*, (serious) crime

**crisis** *nf*, crisis; **pasar por una crisis**, go through a crisis; **estar en crisis**, be in a crisis

**criticar** *vb*, criticise

**cruce** *nm*, crossroads

**crudo(-a)** *adj*, raw

**cruzar** *vb* (cheque), cross

**cuadrado(-a)** *adj*, square; **el logotipo de la empresa es cuadrado**, the company logo is square; **la tarifa es de £15 por metro cuadrado**, the rate is £15 per square metre; **el stand cubre 15 metros cuadrados**, the stand covers 15 square metres

**cuarto** *nm*, 1 quarter (fraction 1/4). 2 (accommodation), room

**cuatricromía** *nf*, **en cuatricromía** (mktg, sales), four-colour; **un anuncio en cuatricromía**, a four-colour advertisement

**cubierta** *nf* (transp), deck; **cubierta de carga**, cargo deck; **carga** *nf* **de cubierta**, deck cargo

**cubrir** *vb* (gen), cover; **cubrir gastos** (fin), break even

**cuenta** *nf* (fin), account; **cuenta corriente**, current account; **ejecutivo(-a)** *nm/f* **de cuentas** (mktg, sales), account executive; **cuenta de**, account of; **a cuenta** (financial statements), on account; **a cuenta de** (fin), on account of; **comprar a cuenta**, buy on account; **ingresar dinero en una cuenta**, pay money into an account; **cuenta a plazo fijo**, deposit account; **cuenta comercial**, trading account **la cuenta comercial arroja un pequeño déficit para el mes de . .**, the trading account shows a small deficit for the month of ..; **cuenta de depósito**, deposit account; **cuenta de pérdidas y ganancias**, profit and loss account; **cuenta de ventas**, Account Sales

**cuentas** *nfpl*, **cuentas por cobrar en compras** (fin, acct), accounts receivable to purchases; **cuentas por cobrar en ventas**, accounts receivable to sales; **cuentas publicadas**, published accounts

**cuero** *nm*, leather; **de cuero**, (of) leather; **artículos** *nmpl* **de cuero**, leather goods

**cuestión** *nf* (subject of discussion), issue; **tenemos que comentar la cuestión del mantenimiento de la maquinaria**, we must discuss the issue of maintenance of the machinery; **en cuestión**, at stake, in question

**cuestionar** *vb* (order, figure), query

**cuestionario** *nm* (mktg, sales), questionnaire; **rellenar un cuestionario**, fill in a questionnaire

**cuidado** *nm*, care; **con cuidado**, with care

**cuidar** *vb* (protect), take care of

**culpa** *nf* (mistake), fault; **nos disculpamos, la culpa fue nuestra**, we must apologise, the fault was ours

**cumbre** *nf* (highest point, results), top

**cumplir** *vb*, fulfil; **cumplir las condiciones**, satisfy conditions; **cumplir el plazo**, keep to a deadline

**cuota** *nf*, 1 (imp/exp), quota; **imponer una cuota**, impose a quota. 2 (regular contribution, to club), fee; **la cuota anual de socio incluye . .**, the annual membership fee includes ...

**cupón** *nm* (mktg, sales), coupon

**cupón-respuesta** *nm* (mktg, sales), reply coupon

**currículum** *nm* **vitae** (pers), CV, curriculum vitae

**curso** *nm* (education), course; **un curso de . .**, a course in ...

**curva** *nf*, **1** (line plotted on the graph), curve. **2** (in road), bend

# CH

**chalet** *nm* (gen), detached house; **chalet adosado**, semi-detached house

**chapa** *nf*, badge

**chapucero(-a)** *adj* (finish on goods), rough

**charla** *nf*, talk; **dar una charla sobre**, give a talk on

**chatarra** *nf*, **1** scrap (metal). **2** scrap iron

**cheque** *nm* (fin), cheque; **cheque cruzado**, crossed cheque

**chisme** *nm* (unflattering), gadget

**chófer** *nm/f*, lorry driver

**choque** *nm* (vehicle), crash; **el camión que llevaba su pedido ha tenido un choque**, the lorry carrying your order has had a crash; **a prueba de choques**, shockproof

# D

**dañado(-a)** *adj* (gen), damaged

**daño** *nm* (gen), damage; **daño accidental**, accidental damage; **daños y perjuicios** *nmpl* (ins), damage

**dar** *vb* (gen), give; **dar crédito** (fin), give credit; **dar una charla a...**, give a talk to...; **dar a**, (look down on), overlook; **dar marcha atrás**, (car), reverse

**datos** *nmpl* (comp), data; **base** *nf* **de datos**, data base; **recogida** *nf* **de datos**, data capture; **proceso** *nm* **de datos**, data processing; **protección** *nf* **de datos** (law), data protection; **transmisión** *nf* **de datos**, data transmission; **jefe/jefa** *nm/f* **de base de datos**, database manager; **software** *nm* **de base de datos**, database software; **datos adicionales** (CV), other information

**de** *prep* (on the subject of, be about), about; **la reunión tratará del lanzamiento del nuevo producto**, the meeting will be about the new product launch

**debajo de**, *prep* below; **debajo del 5%**, below 5%

**debe** *nm*, debit

**deber** *vb*, owe; **deber dinero** (fin), be in the red

**debido(-a)** *adj* (gen), due

**débil** *adj*, weak

**debilitar** *vb*, weaken

**decidir** *vb*, decide; **decidir por la mejor solución**, decide on the best solution

**decisión** *nf*, decision

**declaración** *nf*, 1 (gen), declaration. 2 (law), statement in court. 3 **declaración aduanal** (imp/exp), B/E, bill of entry

**declarar** *vb* (a result), declare, **declarar siniestro total** (ins), write off; **declarar suspensión de pagos**, declare suspension of payments

**declararse** *vb* **en huelga**, (stop work), walk out

**declararse** *vb* **en quiebra** (fin), go bust (file for bankuptcy)

**declinar** *vb* (trends, results), slip back

**declive** *nm* (fin), slump

**dedicado(-a)** *adj* (for special use) dedicated; **una impresora dedicada**, a dedicated printer; **software** *nm* **dedicado**, dedicated software

**deducción** *nf*, deduction; **deducción en origen** (fin), deduction at source

**defecto** *nm*, defect; **defecto escondido**, hidden defect; **cero** *nm* **defecto**, zero fault

**defectuoso(-a)** *adj*, faulty, defective

**defender** *vb* **(contra)** (law), defend (against)

**defensa** *nf* (gen, law), defence

**defensor(-ora)** *nm/f*, counsel for the defence

**déficit** *nm*, deficit

**dejar** *vb*, leave behind; **sírvase dejar una copia del informe en nuestra oficina**, please leave a copy of the report at our office; **dejar de** (doing something), stop; **dejar de trabajar** (strike), stop work

**deletrear** *vb* (word), spell

**delito** *nm* (law), crime, offence; **cometer un delito**, commit an offence

**demanda** *nf*, demand; **X tiene mucha demanda**, X is at a premium; **demanda (de)**, demand (for); **demanda de indemnización por siniestro** (ins), insurance claim

**demandar** *vb* (law), sue; **demandar a alguien en juicio** (law), issue a writ against someone

**demostración** *nf* (of product), demonstration

**demostrar** *vb*, 1 (product), demonstrate. 2 prove

**denegación** *nf*, denial

**denunciar** *vb* **un préstamo**, call in a loan

**departamental** *adj*, departmental

**departamento** *nm* (gen), department; **departamento comercial**, sales department; **Departamento de Garantía de Crédito a la Exportación**, ECGD, Export Credit Guarantee Department

**depender** *vb* **de**, depend on

**dependiente(-a)** *nm/f*, salesperson

**deporte** *nm*, sport; **deportes**, (CV), sports

**depositar** *vb* (fin), deposit

**depósito** *nm*, storage space; **certificado** *nm* **de depósito** (imp/exp), warehouse warrant

**depreciación** *nf* (acct), depreciation

**depurar** *vb* (comp), debug

**derecho(-a)** *adj* (direction), right

**derecho** *nm*, right; **tener el derecho a..**, have the right to..; **derecho intelectual**, copyright; **derechos de autor** (law), copyright; **derechos** (imp/exp), tax; **derechos de aduana**, customs duties; **derechos portuarios** (transp), port charges

**derivados** *nmpl* **del petróleo**, petroleum products

**desaceleración** *nf*, slowdown

**desafiante** *adj*, challenging

**desafiar** *vb*, challenge

**desafío** *nm*, challenge

**desarrollar** *vb*, develop

**desarrollo** *nm*, development; **desarrollo de relaciones comerciales**, (cooperation between companies), networking; **desarrollo del producto**, product development

**descanso** *nm*, coffee break

**descargar** *vb* (transp), 1 shed a load. 2 unload

**descartable** *adj* (disposable), non-returnable

**descender** *vb* (fin), downturn

**descenso** *nm* (fin, mktg, sales), downturn, decline, fall; **un descenso continuo de ventas**, a steady fall in sales

**descontable** *adj*, 1 (taxes), deductible. 2 (fin), discounted

**descontar** *vb*, deduct; **sírvase descontar el costo de ... de ...**, please deduct the cost of ... from ...

**descripción** *nf*, description; **descripción de los bienes** (imp/exp), description of the goods

**descubierto(-a)** *adj*, **en descubierto** (fin), O/D, overdrawn

**descubrimiento** *nm*, discovery

**descuento** *nm*, 1 discount; **conceder un descuento**, give a rebate; **descuento** *nm* **por pronto pago** (mktg, sales), cash discount. 2 deduction

**descuidar** *vb* (not look after), neglect

**desechar** *vb* (a plan), scrap

**desecho** *nm*, waste; **desechos**, waste products

**desembalaje** *nm*, unpacking

## desembalar

**desembalar** *vb*, unpack

**desembarcar** *vb* (cargo), land

**desembolso** *nm* (initial capital spent), outlay

**desempaquetado** *nm*, unpacking

**desempaquetar** *vb*, unpack

**desempleado(-a)** *adj*, unemployed

**desempleo** *nm*, unemployment

**desestibar** *vb* (transp), break bulk

**desfavorable** *adj* (fin), unfavourable; **los resultados son desfavorables**, the results are unfavourable

**desfile** *nm* fashion show

**desglosar** *vb* (analysis of figures), break down

**desglose** *nm* (of analysis of figures), breakdown

**desigual** *adj* (results), uneven

**deslizar** *vb*, slide

**desmontar** *vb*, dismantle; **desmontar un stand**, (at exhibitions), take down a stand; **los stands han de desmontarse dentro de 24 horas del final de la exposición**, stands must be taken down within 24 hours of the end of the exhibition

**desnacionalizar** *vb*, denationalise

**despachado sin inspección** (imp/exp), CWE, cleared without examination

**despacho** *nm* **aduanero** (customs), clearance

**despedido(-a)** *adj* (pers), redundant

**despedir** *vb*, 1 make redundant. 2 outplace. 3 give notice (to an employee)

**despegar** *vb* (plane), take off

**desperdiciar** *vb*, waste

**desperfecto** *nm*, flaw

**despido** *nm* (pers), 1 dismissal. 2 redundancy; **despidos** (pers), layoffs

**desplegar** *vb* (comp screen), display

**después de** *prep*, after; **nos pondremos en contacto con Vds. después de probar las muestras**, we will contact you after we have tested the samples

**destinatario(-a)** *nm/f*, addressee

**desventaja** *nf*, disadvantage

**desviación** *nf*, deviation

**detallado(-a)** *adj*, detailed

**detalle** *nm*, detail; **detalles**, details, particulars; **¿me da sus detalles?** would you like to give me your particulars?; **sírvanse avisarnos de los detalles del envío**, please let us have particulars of the load

**detallista** *nm*, retail outlet, retailer

**detener** *vb* (hold up), check; **detener el progreso**, hold up progress; **detener la inflación**, check inflation

**deteriorado(-a)** *adj*, shop soiled

**determinación** *nf* **de itinerarios** (transp), routage, routing

**determinado(-a)** *adj* (fixed), definite

**deuda** *nf*, debt; **deuda a corto plazo**, short-term debt; **deuda a largo plazo**, long-term debt

**deudor(-ora)** *nm/f* (fin), debtor

**devolver** *vb*, 1 (goods to supplier) return; **estos productos se devolverán en el caso de que no se vendan**, these goods are on sale or return. 2 (post), send back

**día** *nm*, day; **a ... días vista** (fin), ... days after sight; **el primer día del mes**, the first day of the month; **día festivo**, holiday

**diagrama** *nm*, diagram; **diagrama de planificación de trabajo** (offce), wall chart, planner; **diagrama de Venn**, Venn diagram

**diapositiva** *nf* (presentations), slide

**diario** *nm*, **1** daily newspaper. **2** (acct), day book

**diario(-a)** *adj*, daily

**dibujante** *nm/f*, **1** draughtsman. **2** designer; **dibujante de publicidad**, commercial artist

**dictado** *nm*, dictation

**dictáfono** *nm*, dictation machine

**dictar** *vb* (offce), dictate

**diesel** *adj*, diesel; **motor** *nm* **diesel**, diesel engine

**dieta** *nf* **de viaje**, travel allowance

**diferencia** *nf*, **1** difference; **la diferencia entre ... y ... es ...**, the difference between ... and ... is ... **2** gap; **la diferencia entre ... y ... se está ampliando/estrechando**, the gap between ... and ... is widening/narrowing; **una diferencia importante**, a wide gap

**difícil** *adj*, difficult

**digital** *adj* (comp), digital

**digitalizado(-a)** *adj* (comp), digitised

**dimensiones** *nfpl* size; **¿cuáles son las dimensiones de la carga?** what is the size of the load?; **las dimensiones de la carga son de 5 por 6**, the dimensions of the load are 5 by 6

**dimisión** *nf*, resignation

**dimitir** *vb* (employee to employer), give notice, resign

**dinamismo** *nm* (personality), drive; **mucho dinamismo**, plenty of drive

**dinero** *nm*, money

**diputado(-a)** *nm/f*, MP, Member of Parliament

**dirección** *nf*, **1** (route), directions. **2** (of a company), directorate; (managers of a company), management; **sistema** *nm* **de información a la dirección** (comp), management information system. **3** address; **dirección comercial**, business address; **dirección telegráfica**, telegraphic address

**directivo(-a)** *nm/f* (gen, manager), executive

**directo(-a)** *adj*, direct; **línea** *nf* **directa** (telephone), direct line; **márketing** *nm* **directo**, direct marketing; **ventas** *nfpl* **directas**, direct sales

**director(-ora)** *nm/f*, **1** principal/senior executive. **2** (of a newspaper), editor. **3** director; **director(-ora) comercial**, sales director; **director(-ora) ejecutivo(a)**, executive director; **director(-ora) gerente** (pers), managing director. **4** chief executive officer

**dirigir** *vb*, **1** (pers), manage. **2** (department, company), run. **3** (corr), address; **dirija su currículum a la atención de ...**, address your cv for the attention of ... **4** (gen), channel; **dirigir el ... hacia**, channel the ... towards

**disco** *nm*, **1** (comp), disc; **unidad** *nf* **de discos**, disc drive. **2** **disco compacto**, compact disc

**discrepancia** *nf*, discrepancy

**disculpa** *nf*, apology; **rogamos acepten nuestras disculpas**, please accept our apologies

**disculparse** *vb* **de** (corr), apologise; **nos disculpamos del retraso**, we apologise for the delay

**discusión** *nf*, **1** discussion (debate). **2** argument

**discutir** *vb*, discuss, debate

**diseñador(-ora)** *nm/f*, (gen, of original idea), designer

**diseñar** *vb* (gen), design

**diseño** *nm*, design, pattern; **Diseño Asistido por Ordenador/Fabricación Asistida por Ordenador** (comp), CAD/CAM,

Computer Assisted Design and Manufacture; **Diseño Asistido por Ordenador** (comp), CAD, Computer Assisted Design

**disminución** *nf*, decrease

**disminuir** *vb*, decrease

**dispararse** *vb* (prices), go through the ceiling

**disponible** *adj* (goods), available; **no está disponible**, it is not available

**distribución** *nf* (mktg, sales), distribution; **red** *nf* **de distribución** (mktg, sales), distribution network; **problemas** *nmpl* **de distribución**, distribution problems

**distribuidor(-ora)** *nm/f* (mktg, sales), 1 stockist. 2 official franchisee. 3 distributor; **distribuidor exclusivo**, sole distributor

**distribuir** *vb*, distribute

**diversificar** *vb*, diversify

**dividendo** *nm* (fin), dividend

**dividir** *vb* **(en)**, divide (into)

**divisa** *nf*, foreign currency; **divisas**, currency

**división** *nf*, division

**doblar** *vb*, double

**docena** *nf*, dozen; **una docena de botellas**, a dozen bottles; **por docenas**, by the dozen

**doctorado** *nm*, PhD, Doctorate; **un doctorado en . .** , a doctorate in . . .

**documentación** *nf* documentation; **documentación para el transporte combinado**, CTC, combined transport document

**documento** *nm* (offce), document; **aceptación contra entrega de documentos** (imp/exp), documents against acceptance; **pago** *nm* **contra entrega de documentos** (imp/exp), documents against payment;

**documentos de embarque** (imp/exp, transp), shipping documents

**doméstico(-a)** *adj*, domestic (household); **aparato** *nm* **doméstico**, domestic appliance

**domiciliación** *nf* **bancaria** (fin), direct debit

**domicilio** *nm* **comercial** (fin), registered office

**domicilio** *nm* **de la empresa**, place of business

**domicilio** *nm* **particular** (offce), home address

**dominante** *adj* (market position), dominant

**dominar** *vb* **el mercado**, dominate the market

**dueño(-a)** *nm/f*, owner; **ser dueño de**, be the owner of, own

**duplicado** *nm*, (second copy) duplicate; **por duplicado**, in duplicate

**duración** *nf*, duration

**duradero(-a)** *adj*, durable

**durar** *vb*, last

**duro(-a)** *adj* (materials), hard; **disco** *nm* **duro** (comp), hard disc

# E

**economía** *nf*, 1 (of country), economy; **la economía alemana/italiana/española**, the German/Italian/Spanish economy. 2 **economía política** (subject, study of), economics

**economías** *nfpl* (gen), cost savings; **hacer economías**, achieve cost savings; **economías de escala**, economies of scale

**económico(-a)** *adj*, 1 economic. 2 (saves money), economical

**economizar** *vb*, economise

**edificio** *nm* (place), building

**educación** *nf* (section in CV), education

**EE.UU.**, **Estados** *nmpl* **Unidos**, USA, United States of America

**efectivo** *nm* (notes and coins), cash; **tengo 220 libras esterlinas en efectivo**, I have 220 pounds sterling in cash

**efecto** *nm*, effect; **efecto (de/en)**, effect (of/on); **surtir efecto en**, have an effect on; **efecto indirecto**, (negative), spin off; **efecto secundario**, side effect

**eficacia** *nf*, efficiency

**eficaz** *adj*, effective

**eficiente** *adj*, efficient

**ejecutar** *vb* **un programa** (comp), run a programme

**ejecutivo(-a)** *adj*, executive; **director ejecutivo**, executive director

**ejecutivo(-a)** *nm/f*, executive; **búsqueda** *nf* **de ejecutivos**, executive search; **ejecutivo principal**, senior executive

**ejemplar** *nm*, issue; (of a magazine, book), copy

**ejercer** *vb* (a profession), practise

**ejercicio** *nm* financial year; **ejercicio económico** (fin), trading year; **ejercicio financiero**, accounting period, financial year; **ejercicio social**, business year

**eléctrico(-a)** *adj*, electrical; **equipo** *nm* **eléctrico**, electrical equipment

**electrodomésticos** *nmpl*, white goods

**electrónica** *nf*, electronics

**electrónico(-a)** *adj*, electronic; **correo** *nm* **electrónico** (comp), electronic mail; **sistema** *nm* **electrónico**, electronic system

**elevado(-a)** *adj* (price), high; **el precio es muy elevado**, the price is very high

**embalaje** *nm* (mktg, sales), packaging; **embalaje de plástico tipo burbuja** (mktg, sales), blister pack

**embarcar** *vb* (goods, people), load, embark

**embargar** *vb*, 1 (property), seize. 2 (imp/exp), impound

**embargo** *nm*, 1 (comm), embargo; **levantar un embargo**, lift an embargo. 2 (law), seizure

**embotellamiento** *nm*, jam, traffic jam,

**emisión** *nf*, issue (of new shares); **emisión gratuita de acciones** (fin), rights issue

**emitir** *vb*, 1 (fin, shares), issue. 2 (radio, TV), broadcast. 3 **emitir un empréstito** (fin), float a loan

**empaquetado(-a)** *adj*, packaged, wrapped; **empaquetado al vacío**, shrink-wrapped

**empeorar** *vb*, get worse

**empleado(-a)** *nm/f*, employee; **número** *nm* **de empleados**, number of employees

**emplear** *vb*, employ

**empleo** *nm*, 1 (pers, forms), occupation. 2 employment; **historial** *nm* **de empleo** (CV), employment history

**emprender** *vb*, undertake to

**empresa** *nf*, company, enterprise, firm; **empresa fantasma**, bogus company; **empresa individual**, one man/woman business; **alojamiento** *nm* **de la empresa** (pers), company accommodation; **coche** *nm* **de la empresa**, company car; **secretario(-a)** *nm/f* **de la empresa**, company secretary; **de la empresa**, corporate; **identidad** *nf* **de la empresa** (mktg, sales), corporate identity

**empresaria** *nf*, businesswoman

**empresarial** *adj*, corporate; **estrategia** *nf* **empresarial**, corporate strategy

**empresario(-a)** *nm/f*, 1 (starts businesses), promoter. 2 entrepreneur. 3 employer. 4 businessman/businesswoman

**encabezar** *vb* (be ahead), lead

**encargar** *vb*, commission, entrust; **está encargado de ..**, his job is to ...

**encargarse** *vb* **de** (see to), take care of; **nuestro agente se encargará de ..**, our agent will take care of the ...

**encarte** *nm* (mktg, sales), insert

**encender** *vb*, 1 switch on. 2 light

**encendido(-a)** *adj*, switched on; **estar encendido** (electr equipment), be on

**enchufar** *vb* (gen, comp), plug in

**encima** *adv*, **encima de** *prep* (gen), above; **encima de la entrada principal**, above the main entrance

**encogerse** *vb*, shrink

**encogido(-a)** *adj*, shrunk

**encontrar** *vb*, 1 (go to meet), meet. 2 find, locate; **hemos encontrado el paquete perdido**, we have found the lost package. 3 encounter; **encontrar problemas**, encounter problems

**encuesta** *nf*, survey; **encuesta de mercados**, market survey; **encuesta mediante entrevista**, field survey

**endosar** *vb* (cheque), endorse

**enfermo(-a)** *adj*, sick

**engañar** *vb*, mislead

**engañoso(-a)** *adj*, misleading; **publicidad** *nf* **engañosa**, misleading advertising

**enlace** *nm* (gen, travel), connection

**enlazar** *vb*, catch a connection

**enorme** *adj*, huge

**ensamblador** *nm* (gen), assembler

**ensanchar** *vb*, widen

**enseñanza** *nf* (gen, teaching), education

**enseres** *nmpl* **domésticos**, household equipment/goods

**entablar** *vb* **demanda (contra)**, take legal action (against)

**entendido(-a)** *adj*, understood; **tener entendido que**, understand (believe); **tenemos entendido que Vd. trata actualmente con un agente en ..**, we understand that you are currently dealing with an agent in ...

**entrada** *nf*, 1 (part payment in advance), deposit; **pagar una entrada**, pay a deposit. 2 entrance. 3 ticket; **entrada de favor**, complimentary ticket

**entrar** *vb* (comp), 1 enter. 2 input. 3 access; **entrar en la red**, access

## escritor(-ora) 29

the network

**entre** *prep*, between

**entrega** *nf* (transp), delivery; **condiciones** *nfpl* **de entrega**, delivery arrangements; **plazo** *nm* **de entrega**, delivery date; **fecha** *nf* **límite de entrega**, delivery deadline; **nota** *nf* **de entrega**, delivery note; **entrega contra reembolso** (imp/exp), charges collect; **entrega urgente**, special delivery

**entregado(-a)** *adj* (imp/exp), delivered; **no entregado**, undelivered; **entregado en frontera**, DAF, delivered at frontier; **entregado con aranceles pagados**, delivered duty paid; **entregado libre de derechos** (imp/exp), DDP, delivered duty paid

**entregar** *vb*, 1 (documents), surrender, hand over; **entregar los documentos a alguien**, surrender the documents to someone. 2 (transp); deliver.

**entrevista** *nf* (pers), interview

**entrevistar** *vb*, interview; **entrevistar a un/una candidato(-a) (a un puesto)** (pers), interview an applicant

**enumerar** *vb*, (give a list of), list; **el catálogo enumera todos los puntos de venta**, the catalogue lists all the sales points

**envasado(-a)** *adj* (imp/exp), packed; **envasado en Bélgica**, packed in Belgium; **envasado en contenedores de plástico de 5 kilos**, packed in 5kg plastic containers

**envasar** *vb* (imp/exp), pack

**envase** *nm* (mktg, sales), pack; **envase sin vuelta**, non-returnable (no deposit on container)

**enviar** *vb*, 1 (gen), send, send off **sírvase enviar ... a la dirección arriba indicada**, please send ... to the above address; **enviar una carta recordativa** (mktg, sales), send a reminder; (contact who has not responded), follow up. 2 (goods), ship, dispatch; **enviar por avión** (transp), send by airfreight

**envío** *nm*, 1 shipment; **envío contra reembolso** (imp/exp), cash on shipment. 2 consignment

**envoltura** *nf*, wrapping

**envolver** *vb*, wrap; **envolver en papel de regalo**, gift wrap

**envuelto(-a)** *adj* (imp/exp), wrapped; **envuelto en plástico**, wrapped in plastic

**equipaje** *nm*, luggage

**equipamiento** *nm* **deportivo**, sports equipment

**equipo** *nm*, 1 team; **equipo directivo**, management team. 2 equipment, rolling stock; **equipo de alta fidelidad** (mktg, sales), hi fi

**equivocado(-a)** *adj*, **estar equivocado**, be wrong

**equivocarse** *vb*, make a mistake

**error** *nm*, error; **salvo error u omisión**, errors and omissions excepted

**escala** *nf*, 1 (marine, aviation), stopover. 2 (maths, costs), scale; **en una escala móvil**, on a sliding scale

**escalamiento** *nm* (law), burglary

**escalar** *vb* (law), burgle

**escaso(-a)** *adj*, scarce

**escoger** *vb*, pick, select, choose

**escribir** *vb*, write; **escribir a alguien**, write to someone; **escribir a máquina**, type; **escribir en caracteres de imprenta** (forms), print; **sírvase escribir en caracteres de imprenta**, please print

**escritor(-ora)** *nm/f* **de material**

**publicitario** (mktg, sales), copywriter

**escritura** *nf* (law), deed; **redactar una escritura**, draw up a deed

**eslinga** *nf* (transp), sling

**eslógan** *nm* (mktg, sales), slogan

**espaciar** *vb*, space out

**espacio** *nm*, **1** (mktg, sales, TV), slot; **espacio publicitario**, advertising slot. **2** (gen), space; **tener espacio para** have space/room for, accommodate; **espacio en los estantes** (mktg, sales), shelf space

**especial** *adj*, special

**especialidad** *nf*, speciality

**especializarse** *vb* (**en**), specialise (in)

**especie** *nf*, **en especie**, in kind; **pago** *nm* **en especie**, payment in kind

**especificaciones** *nfpl* specifications

**especificar** *vb*, specify

**espectacular** *adj*, spectacular

**especular** *vb*, speculate

**espera** *nf*, wait

**esperar** *vb*, **1** (hope), trust; **esperamos que esto obtenga su aprobación**, we trust that this meets with your approval. **2** (hope for, wait for), expect; **esperamos firmar un contrato con ..**, we expect to sign a contract with ..; **le esperamos en el hotel a las 7**, we will expect you at the hotel at 7 pm. **3** wait; **esperaré confirmación de ...** I will wait for confirmation of ..; **le esperaré en el aeropuerto**, I will wait for you at the airport

**estabilizarse** *vb*, **1** stabilise. **2** (gen, fin), level out

**estable** *adj*, stable

**establecer** *vb*, establish; **la empresa está establecida en Málaga**, the company is established in Málaga

**estación** *nf*, station; **estación de autobuses** (transp), coach station; **estación de trabajo**, workstation

**estacional** *adj*, seasonal; **empleo** *nm* **estacional**, seasonal employment

**estacionario(-a)** *adj*, stationary

**estadía** *nf* (transp), lay day

**estadísticas** *nfpl*, statistics

**estado** *nm*, **1** condition (state); **la maquinaria está en buen estado**, the machinery is in good condition. **2** statement; **estado de cuenta**, bank statement, statement of account. **3 El Estado** *nm*, The State

**estampillar** *vb* (using a rubber stamp), stamp

**estancamiento** *nm*, deadlock, stagnation

**estancarse** *vb*, stagnate

**estancia** *nf* (period of residence), stay

**estante** *nm*, shelving

**estar** *vb*, **1** (spend some time in a place), stay. **2** (gen), be; **estar al corriente**, (have the latest information), be up to date **estar al día**, be up to date (with a job); **estar compuesto de**, be composed of; **estar de acuerdo con ..**, agree with; **estamos de acuerdo con su valoración de la situación**, we agree with your assessment of the situation; **estar encargado de ...** (pers), be responsible for ..; **estar enterado de**, (a situation), be aware of; **estar entre los asuntos a tratar**, be on the agenda

**estatal** *adj*, state; **ayuda** *nf* **estatal**, state aid

**estatutario(-a)** *adj*, statutory

**estatutos** *nmpl* (of company), byelaws, articles of association

**estibar** *vb* (transp), stow

**estilo** *nm*, style

**estimado(-a)** *adj*, estimated; **coste**

**expediente** 31

*nm* **estimado**, estimated cost; **hora** *nf* **estimada de llegada**, estimated time of arrival; **hora** *nf* **estimada de salida** (imp/exp), estimated time of departure

**estipulaciones** *nfpl* (law, contracts), stipulations, conditions

**estipular** *vb*, stipulate

**estrategia** *nf*, strategy

**estrecho(-a)** *adj*, narrow

**estrellarse** *vb* (in car), crash; **nuestro camión se ha estrellado**, our lorry has crashed

**estrés** *nm* (health), stress

**estricto(-a)** *adj* (law, regulations), tight

**estropear** *vb*, 1 (affect quality), spoil; **los bienes han sido estropeados por la humedad**, the goods have been spoiled by the damp. 2 tamper; **se han estropeado las cajas**, the boxes have been tampered with

**estructura** *nf*, structure

**estructural** *adj*, structural

**estudiar** *vb*, study; **estudiar el mercado**, survey the market

**Ethernet** *nm* (comp), Ethernet

**etiqueta** *nf* (on goods), ticket, label; **etiqueta engomada** (offce), sticky label

**etiquetar** *vb* (goods), label; **sírvase etiquetar las cajas con claridad**, please label the boxes clearly

**Euroventanilla** *nf*, European help desk

**evaluación** *nf* (pers), assessment; **centro** *nm* **de evaluación del personal**, assessment centre

**evaluar** *vb*, assess

**eventual** *adj*, temporary; **empleo** *nm* **eventual** (pers), temporary employment

**evitar** *vb*, avoid

**examen** *nm*, inspection

**examinar** *vb*, 1 examine, inspect. 2 (pers), test

**excedente** *nm* (ins), excess

**exceder** *vb* (exceed), top; **los beneficios de este año excederán los 5 millones de libras**, this year profits will top £5m

**excepcional** *adj*, (eg quality), outstanding

**exceso** *nm* **(de)**, glut (of); **exceso de**, excess; **exceso de capacidad**, excess capacity (for production)

**exclusivo(-a)** *adj*, exclusive; **acuerdo** *nm* **exclusivo**, exclusive deal; **derecho** *nm* **exclusivo**, exclusive right

**excusa** *nf*, excuse

**exigente** *adj*, demanding

**exigir** *vb*, demand

**existencias** *nfpl* (fin), stock; **en existencia**, in stock; **lista** *nf* **de existencias**, stock list; **rotación** *nf* **de existencias**, stock turnover; **tener existencias de**, stock; **tenemos existencias de X...**, we have X in stock..; **tenemos (existencias de) todos los artículos en el catálogo**, we stock all items in the catalogue

**éxito** *nm*, hit, success; **tener éxito en**, succeed; **tuvo éxito en..**, he succeeded in..; **no tener éxito**, fail; **la sección no tuvo éxito en alcanzar sus objetivos del trimestre**, the division failed to reach its target for the quarter

**exitoso(-a)** *adj*, successful

**expansión** *nf*, expansion; **en expansión**, expanding; **en fuerte expansión**, booming; **una empresa en expansión**, expanding company; **un mercado en expansión**, expanding market

**expediente** *nm* (collection of information on a subject), file

**experiencia** *nf*, experience; **adquirir experiencia en márketing**, gain experience in marketing; **experiencia de trabajo** (pers), work experience; **no tener experiencia en ...**, have no track record in ...

**experimento** *nm*, experiment

**experto(-a)** *nm/f*, expert

**explanada** *nf*, station concourse

**exponer** *vb*, display; (a product), exhibit

**exportación** *nf*, export; **director(-ora)** *nm/f* **de exportación**, export manager

**exportador(-ora)** *nm/f*, exporter

**exposición** *nf*, 1 (of goods), display. 2 exhibition; **salón** *nm* **de exposiciones**, exhibition centre

**expositor(-ora)** *nm/f* (mktg, sales), exhibitor

**extender** *vb* 1 **extender (a)**, extend, spread (to); **la compañía extendió sus actividades a Cataluña**, the company has extended its business into Catalonia. 2 (lease, loan), renew

**extra** *adj*, extra; **horas** *nfpl* **extra** overtime

**extractos** *nmpl* **de cuenta**, extracts of account

**extranjero** *nm*, **en el extranjero**, abroad; **ir al extranjero**, go abroad

**extranjero(-a)** *adj*, foreign

**extrusión** *nf* (gen), extrusion

# F

**fábrica** *nf*, factory, plant; **la empresa tiene una nueva fábrica en Guadalajara**, the company has a new plant in Guadalajara; **director(-ora)** *nm/f* **de fábrica** (pers), works manager; **precio** *nm* **puerta fábrica**, factory gate price; **franco fábrica** (imp/exp), Ex works

**fabricación** *nf* **en serie**, mass production

**fabricante** *nm*, manufacturer, maker

**fabricar** *vb*, make, manufacture

**fabril** *adj*, manufacturing; **producción** *nf* **fabril**, factory production

**fácil** *adj*, easy

**facilidades** *nfpl* **de pago** (mktg, sales), credit terms

**facilitar** *vb*, facilitate

**factibilidad** *nf*, feasibility; **llevar a cabo un estudio de factibilidad**, carry out a feasibility study

**factible** *adj*, feasible

**factor** *nm* (gen, maths), factor; **factor decisivo**, decisive factor; **un factor importante en la decisión fue ..**, a major factor in the decision was ...; **... ha aumentado por un factor de dos**, ... has increased by a factor of two; **factor de ajuste de moneda** (fin, imp/exp), CAF, currency adjustment factor; **factor de adjuste de carbonera de un buque** (imp/exp), BAF, bunker adjustment factor

**factura** *nf*, invoice; **importe** *nm* **de la factura** (fin, mktg, sales), invoice value; **factura consular** (imp/exp), consular invoice; **factura detallada** (fin), itemised bill/invoice; **factura proforma**, pro forma invoice

**facturación** *nf*, 1 (acct), turnover. 2 (fin), invoicing

**facturar** *vb*, 1 (airport), check in. 2 invoice

**falsificar** *vb* (documents), fabricate

**falso(-a)** *adj*, untrue

**falta** *nf*, shortage, lack; **una falta de ...**, a shortage of ...

**faltar** *vb*, 1 lack; **faltan detalles en el informe**, the report lacks detail. 2 be short of. 3 be missing; **que falta**, missing; **artículos** *nmpl* **que faltan**, missing articles

**farmacéutico(-a)** *adj*, pharmaceutical; **industria** *nf* **farmacéutica**, pharmaceutical industry; **productos** *nmpl* **farmacéuticos**, pharmaceutical products

**farmacia** *nf*, chemist (shop)

**fase** *nf*, stage, phase; **la primera fase del proyecto**, the first phase of the project

**fax** *nm* (message), fax n; **(máquina** *nf* **de) fax**, fax machine; **número** *nm* **de fax**, fax number; **mandar por fax**, fax

**fecha** *nf*, date; **fecha de nacimiento**, date of birth; **a X días fecha** (fin), a/d, ... after date; **letra a 90 días fecha**, bill payable 90 days after date; **a ... meses fecha** (fin), ... months after date; **fecha de cierre**, closing date; **fecha de corte** (fin), cut-off date; **fecha de vencimiento** (fin), due date; **fecha límite**, deadline; **fecha límite de entrega**, deadline for delivery; **terminar antes de la fecha límite**, meet a deadline

**fechador** *nm* (offce), date stamp

**fechar** *vb* (document), date; **fechar con fecha adelantada**, post-date

**felicitaciones** *nfpl*, congratulations

**felicitar** *vb*, congratulate

**feria** *nf*, fair; **feria de muestras**, trade fair

**ferretería** *nf*, 1 hardware. 2 hardware shop

**ferretero** *nm*, ironmonger

**ferrocarril** *nm* (transp), rail, railway; **estación** *nf* **de ferrocarril**, railway station; **por ferrocarril**, by rail; **flete** *nm* **por ferrocarril**, rail freight; **transporte** *nm* **por ferrocarril**, rail transport

**ferry** *nm*, ferry

**fiabilidad** *nf* (of a product), reliability

**fiable** *adj*, 1 reliable. 2 (share, fin), blue-chip; **compañía** *nf* **fiable**, blue chip company

**fianza** *nf*, 1 (fin), bond, security, guarantee. 2 (law), bail; **poner en libertad bajo fianza**, release on bail

**fiarse** *vb* **(de)**, trust, rely on

**ficha** *nf*, 1 (of paper), slip. 2 (single card), file

**fichero** *nm*, card index

**fideicomisario(-a)** *nm/f*, trustee

**fideicomiso** *nm*, trust

**figurarse** *vb*, expect; **nos figuramos que los tipos bajarán**, we expect rates to fall

**fijar** *vb*, 1 (assembly), fix, secure. 2 arrange; **fijar la hora de** (meetings), schedule; **se ha fijado la hora de la próxima reunión para ..**, the next meeting is scheduled for ... 3 (sales etc), set, settle; **fijar los precios** (mktg, sales), peg prices

**fijo(-a)** *adj*, fixed; **con tipo de interés fijo** (fin), fixed rate

**fila** *nf*, row; **fila de ...**, row of ..; **en fila**, in a row

**filial** *nf* (company), subsidiary; **filial en propiedad absoluta**, wholly-owned subsidiary

**fin** *nm*, end; **a fines de**, (towards the end of), late; **a fines de mayo**, in late May

**final** *adj*, 1 final. 2 eventual

**finalizar** *vb*, finalise

**finalmente** *adv*, 1 finally; **finalmente, la conclusión más importante del informe es ...**, finally, the most important conclusion of the report is ... 2 eventually

**financiación** *nf*, financing

**financiar** *vb*, finance

**financiero(-a)** *adj*, financial; **los arreglos financieros**, the financial arrangements; **director(-ora)** *nm/f* **financiero(-a)**, financial director; **jefe/jefa** *nm/f* **financiero(-a)**, financial manager; **la planificación financiera**, the financial planning; **el ejercicio (financiero)**, financial year

**financiero(-a)** *nm/f*, financier

**finanzas** *nfpl*, finance

**fino(-a)** *adj* (small particles), fine

**firma** *nf*, 1 firm, company. 2 signature; **firma autorizada**, authorised signature

**firmar** *vb* (documents), sign; **firmar el registro** (in hotel), check in; **firmar un seguro**, take out insurance

**firme** *adj*, firm; **un pedido en firme**, a firm order

**fiscal** *adj*, tax; **asesor(-ora)** *nm/f* **fiscal**, tax consultant; **desgravación** *nf* **fiscal** (fin), tax relief; **año** *nm* **fiscal**, (fin), tax year

**fiscal** *nm* (law), public prosecutor

**fletamento** *nm* (transp), 1 charter; **fletamento por tiempo**, time charter. 2 chartering

**fletar** *vb* (transp), charter

**flete** *nm* (transp), freight; **flete pagado hasta ...** (imp/exp), DCP, Freight/Carriage paid to ..; **flete rápido**, fast freight; **flete a pagar en destino** (imp/exp), FPAD, freight payable at destination; **flete aéreo contra reembolso** (imp/exp), air freight collect; **flete de todas las especies** (imp/exp), FAK, freight all kinds; **flete por avión** (transp), airfreight; **flete, porte y seguro pagado hasta ...** (imp/exp), CIP, carriage, freight and insurance paid to ...

**flexible** *adj*, flexible; **horario** *nm* **flexible de trabajo**, flexible working hours; **gracias a nuestro sistema de producción flexible ...**, thanks to our flexible production system ...

**flojo(-a)** *adj*, slack, sluggish, weak; **el mercado está muy flojo actualmente**, the market is very slack at present

**flotante** *adj*, floating; **tipos** *nmpl* **de interés flotantes**, floating rates

**fluctuaciones** *nfpl*, fluctuations; **el cambio de precio se debe a fluctuaciones en el tipo de cambio**, the change in price is due to fluctuations in the exchange rate

**flujo** *nm* **de caja** (fin), cash flow

**flujograma** *nm* (fin), flow chart

**folleto** *nm*, 1 (product information, mktg, sales), folder. 2 brochure, leaflet. 3 (leaflet), flier/flyer. 4 (printed information), handout; **folleto gratuito** (mktg, sales), free sheet; **folletos**, literature (on a product)

**fomentar** *vb*, encourage

**fondo** *nm* **de comercio** (acct) ≈ goodwill

**fondo** *nm* **de inversión mobiliaria**, (fin), unit trust

**forastero(-a)** *nm/f*, outsider

**formación** *nf* (pers), training; **centro nm de formación** (pers), training centre

**formal** *adj*, reputable

**formar** *vb* (pers), train

**formulario** *nm* (imp/exp), form; **rellenar un formulario**, fill in a form; **formulario de reserva**, booking form; **rogamos rellene el formulario de reserva adjunto**, please complete the enclosed booking form

**forrado(-a)** *adj* (imp/exp), padded

**forzar** *vb*, force; **forzar una entrada** (law), break in

**fotocopia** *nf*, photocopy

**fotocopiadora** *nf*, photocopier

**fotocopiar** *vb*, photocopy

**fracasar** *vb*, fall through; **las negociaciones fracasaron debido a . . .**, the negotiations fell through because of . . .

**franco(-a)** *adj*, 1 (eg speech), honest. 2 free; **franco a bordo** (imp/exp), free on board; **franco al costado del buque** (imp/exp), FAS, free alongside ship; **franco almacén** (imp/exp), ex-store, ex-warehouse; **franco de avería gruesa** (ins), fga, free of general average; **franco de avería particular** (imp/exp), FPA, free of particular average; **franco de toda avería** (ins), faa, free of all average; **franco fábrica** (imp/exp), ex-mill, ex-works; **franco muelle** (imp/exp), FAQ, free alongside quay, ex-wharf; **franco sobre vagón** (imp/exp, transp), FOR, FOT, free on rail, free on truck; **franco transportista** (imp/exp), FRC, free carrier; **franco y sobre buque** (imp/exp), ex-ship

**franquear** *vb* (corr), frank

**franquicia** *nf* (mktg, sales), 1 franchise. 2 franchising

**frecuencia** *nf*, frequency; **frecuencia modulada**, FM, Frequency Modulation

**frecuente** *adj*, frequent

**frenar** *vb*, brake

**frente** *nm*, front; **hacer frente a**, face; **la empresa hace frente a una etapa difícil**, the company faces a difficult period

**fuel-oil** *nm* (imp/exp), fuel-oil

**fuente** *nm*, source

**fuerte** *adj*, 1 steep; **un aumento fuerte de los precios**, a steep rise in prices. 2 (materials, person), strong

**funcionar** *vb* (machines, method of operation), work; **la máquina funciona en todas las condiciones**, the machine will work in all conditions; **no funcionar**, (machines, telephone), be out of order; **funciona con . . .** (controls, power source), operated by . .; **el sistema funciona con presión hidráulica**, the system is operated by hydraulic pressure

**fundación** *nf* (of company), creation

**fundado(-a)** *adj* **en**, 1 established in (date). 2 founded in . . .

**fundar** *vb*, start; (a company), create; **la empresa fue fundada en 1991**, the company was created in 1991

**fundir** *vb* (techn), cast

**furgoneta** *nf* (transp), van

**fusión** *nf*, merger

**fusionar** *vb* (fin), merge; **fusionar con . .**, merge with . . .

**futuro** *nm* future; **en el futuro**, in the future

**futuro(-a)** *adj*, future; **la evolución futura podría incluir . .**, future developments may include . . .

# G

**galería** *nf* (mktg, sales), arcade

**gama** *nf* (of goods), range; **una amplia gama de**, a wide range of

**ganancia** *nf*, 1 (fin), return. 2 (gen, fin), gain. 3 **ganancias**, earnings; **ganancias por acción**, earnings per share

**ganar** *vb*, 1 win. 2 earn. 3 gain; **ganar en total** (fin), gross; **la empresa ganó 50 millones en total el año pasado**, the company grossed 50 million last year; **ganar en limpio**, (receive a net amount), net

**ganga** *nf* (gen), bargain

**garante** *nm/f*, backer

**garantía** *nf*, 1 warranty. 2 (fin), security for a loan; **depósito** *nm* **de garantía**, security deposit; **garantía subsidiaria** (fin), collateral. 3 guarantee; **el producto viene con una garantía de dos años**, the product comes with a two-year guarantee

**garantizado(-a)** *adj*, guaranteed; **entrega** *nf* **garantizada**, guaranteed delivery

**garantizar** *vb*, 1 (ins), underwrite. 2 (fin), (guarantee), back

**gas** *nm*, gas; **gas licuado** (transp), LPG, liquified petroleum gas

**gaseosa** *nf*, carbonated (fizzy) soft drink

**gasoil** *nm*, 1 diesel. 2 diesel oil

**gasolina** *nf*, petrol

**gastar** *vb* (money), spend

**gasto** *nm*, 1 (cost), charge; **gasto complementario** (fin), extra charge; **gasto de ajuste de moneda** (fin, imp/exp), CAC, currency adjustment charge. 2 expenditure

**gastos** *nmpl*, 1 costs, expenses; **gastos corrientes**, running costs; **gastos de atención médica**, medical expenses; **gastos de explotación** (fin), running costs, operating expenses; **gastos de puesta en marcha** (fin), start-up costs; **gastos de viaje**, travelling expenses; **gastos generales**, overheads. 2 charges; **gastos a pagar**, charges payable; **gastos a cobrar a la entrega** (imp/exp), cc, charges collect; **gastos afines** (fin), related charges; **gastos bancarios**, bank charges; **gastos de demora** (transp), demurrage; **gastos de descarga**, landing charges; **gastos de franqueo y embalaje**, post and packing

**general** *adj*, general; **director(-ora)** *nm/f* **general**, general manager

**géneros** *nmpl*, goods, items; **géneros enviados por error** (gen, imp/exp), wrong items

**gerente** *nm/f*, manager, manageress

**gestión** *nf* (activity), management; **contabilidad** *nf* **de gestión**, management accounting; **problemas** *nmpl* **de gestión**, management problems; **gestión de calidad total** (pers), TQM, total quality management

**girado(-a)** *nm/f* (fin), drawee

**girador(-ora)** *nm/f* (fin), drawer

**giro** *nm* (fin), draft; **giro a la vista**, sight draft; **giro postal**, Giro cheque

**glorieta** *nf*, roundabout

**goma** *nf* **de borrar** (offce), rubber

**grabar** *vb* (electr), record; **grabar un mensaje** (on ansaphone), record a message

**gráficas** *nfpl*, graphics; **gráficas de ordenador**, computer graphics

**gráfico** *nm*, 1 (charts showing axes), graph. 2 chart; **gráfico de barras**, bar chart; **gráfico de sectores** (fin), pie chart

**grafista** *nm/f*, graphic artist

**grande** *adj*, large, big

**granel** *nm*, **a granel**, 1 bulk. 2 (not packed), loose

**granelero** *nm* (transp), (at sea), bulk carrier

**grapadora** *nf* (offce), stapler

**grapar** *vb* (offce), staple

**gratificaciones** *nfpl* (pers), perks; **recibir gratificaciones**, receive perks

**gratis** *adj* (mktg, sales), free; **entrada** *nf* **gratis**, free admission; **entrega** *nf* **gratis** (imp/exp), free delivery

**grúa** *nf* (transp), crane

**gruesa** *nf* (12 dozen), gross

**grupo** *nm*, group; **grupo de personas que comparten el coche para ir al trabajo**, a car pool

**guardar** *vb*, 1 (comp, data), save. 2 keep; **sírvase guardar el recibo**, please keep the receipt; **guárdese en un lugar seco**, keep in a dry place

# H

**habilidades** *nfpl* (CV), skills

**habitación** *nf* **individual**, single room

**hablar** *vb*, talk, speak; **hablar de**, speak about; **hablar a** speak to (at speech, meeting); **hablar con** speak to (a person)

**hacer** *vb*, make, do; **hacer el inventario**, stock-take; **hacer escala** (ships), make a stop; **hacer juego con**, (colours), match; **hacer más eficiente** (production, a company), streamline; **hacer publicidad**, advertise; **nos proponemos hacer publicidad en las revistas comerciales**, we plan to advertise in the trade journals; **hacer seguir** (corr), send off, (send to new address), forward; **hacer un borrador**, (make first attempt), draft; **hacer una cita**, make an appointment; **hacer una copia de seguridad** (comp), back up; **hacer una oferta** (fin), make an offer; **hacer una solicitud**, make an application; **hacer una visita (a)**, pay a visit (to); **hacer vela**, (hobby), sail

**Hacienda** *nf* (fin), Inland Revenue

**hardware** *nm* (comp), hardware

**hasta** *prep*, up to; **hasta 50.000 Ptas**, up to 50,000 Ptas

**hecho(-a)** *adj*, made; **hecho a la medida**, made to measure; **hecho de** (imp/exp), made of; **hecho de encargo**, customised; **hecho en . . .** (imp/exp), made in . . .

**helar** *vb* (weather), freeze

**hembra** *adj*, female; **un conector**

**hembra**, a female connector

**hermanos** nmpl, bros, brothers

**hermético(-a)** adj, airtight

**herramienta** nf, tool

**hidrodeslizador** nm (transp), hovercraft

**hierro** nm, iron

**hijos/as** nmpl/nfpl (forms, CV), children

**hipermercado** nm (mktg, sales), 1 superstore. 2 hypermarket

**hipoteca** nf, mortgage

**hipotecar** vb, mortgage

**hipotecario(-a)** adj, mortgage; **préstamo** nm **hipotecario**, mortgage loan

**historial** nm (gen, pers, CV), track record; **tener un buen historial**, have a good track record

**hoja** nf, sheet, leaf; **de hojas sueltas**, loose leaf; **hoja de cálculo** (comp), spreadsheet; **software** nm **de hoja de cálculo**, spreadsheet software

**holding** nm, **una empresa holding**, a holding company

**honorarios** nmpl (cost of a professional service), fee; **los honorarios de £ . . . serán pagaderos antes de . .**, there will be a fee of £ . . . payable before . . .

**honrado(-a)** adj, honest

**hora** nf, 1 hour; **cada hora**, hourly; **vuelos** nmpl **cada hora**, hourly flights; **hora punta**, rush hour; **horas de trabajo**, working hours. 2 time; **¿qué hora es?** what time is it?; **hora local**, local time; **una hora apropiada para una reunión**, a suitable time for a meeting; **por horas** (pers), part time; **horas de mayor índice de audiencia** (TV, mktg, sales), prime time; **horas extraordinarias** (pers), overtime; **trabajar horas extraordinarias**, work overtime

**horario** nm (gen), timetable

**hospital** nm, hospital

**hospitalidad** nf, hospitality

**hueco** nm, niche; **mercado** nm **de huecos**, niche market; **hueco del mercado**, market niche

**huelga** nf, walkout, strike; **declarar la huelga**, go on strike; **huelga de brazos caídos** (pers), sit down strike; **huelga de celo**, work to rule; **hacer huelga de celo**, work to rule

**huésped(-a)** nm/f (in hotel), guest

**humedad** nf (gen), damp; **los bienes han sido estropeados por la humedad**, the goods have been spoilt by damp; **a prueba de humedad**, damp-proof; **embalaje a prueba de humedad**, damp-proof packing

**húmedo(-a)** adj, wet, damp

**hundirse** vb, 1 (shelves, materials), sag. 2 (sales), collapse; **el precio de los microprocesadores de 32 bits se ha hundido**, the price of 32 bit microchips has collapsed

**hurtar** vb, pilfer

**hurto** nm (imp/exp), pilfering

# I

**I y D, Investigación y Desarrollo**, R and D, Research and Development

**ida** *nf*, departure

**idiomas** *nmpl* (CV), languages spoken

**idóneo(-a)** *adj*, suitable; **un candidato idóneo**, a suitable candidate

**igual** *adj* a, equal to; **ser igual a**, equal

**ilegal** *adj*, illegal, unlawful

**ilegible** *adj*, illegible; **la segunda página del fax es ilegible**, the second page of the fax is illegible

**imagen** *nf*, image

**impagado(-a)** *adj*, unpaid; **hay una factura impagada por un importe de £5.000**, there is an unpaid bill for £5,000; **nuestra factura número 38382 queda impagada**, our invoice No 38382 is still unpaid

**impago** *nm* (fin), non payment

**impedido(-a)** *adj*, hampered; **ser impedido por ..**, be hampered by ...

**impedir** *vb*, prevent

**impermeabilizar** *vb* (gen), waterproof

**impermeable** *adj* (imp/exp), waterproof

**implicar** *vb*, involve

**imponible** *adj*, taxable

**importado(-a)** *adj*, imported; **bienes** *nmpl* **importados**, imported goods

**importancia** *nf*, importance

**importante** *adj*, 1 important, significant; **un hecho importante**, a significant fact. 2 major; **un fabricante importante**, a major manufacturer

**importar** *vb*, import

**importe** *nm* (fin), amount; **el importe de la factura es de £321**, the amount of the invoice is £321

**impresión** *nf* (gen), printing

**impresor(-ora)** *nm/f* (occupation), printer; **impresora** *nf* (comp), printer

**impresos** *nmpl*, printed matter

**imprevisto(-a)** *adj*, unforeseen

**imprimir** *vb* (comp, gen), print (off/out)

**impuesto** *nm*, tax; **pegatina** *nf* **del impuesto de circulación** (vehicles), tax disc; **libre de impuestos** (fin), tax free; **Impuesto sobre el Valor Añadido**, Value Added Tax; **impuesto sobre la plusvalía** (fin), capital gains tax; **impuesto sobre la renta**, income tax; **impuesto sobre sociedades** (companies), corporation tax; **impuestos locales**, local taxes

**inapropiado(-a)** *adj*, unsuitable

**incendio** *nm* (accidental), fire

**incentivo** *nm* (mktg, sales), incentive; **un incentivo para comprar**, an incentive to buy; **incentivo de ventas**, sales incentive

**incluido(-a)** *adj*, inclusive (of); **incluida entrega**, inclusive of delivery; **precio todo incluido**, inclusive price

**incluir** *vb*, include; **el contrato incluye una cláusula sobre ..**, the contract includes a clause on ...

**inclusión** *nf* **(de)**, inclusion (of)

**incompleto(-a)** *adj*, (incomplete),

short; **entrega** *nf* **incompleta**, short delivery; **envío** *nm* **incompleto** (imp/exp), short shipment

**inconveniente** *nm*, (disadvantage), drawback

**incumplimiento** *nm*, non-fulfilment; **incumplimiento de un contrato**, breach of an agreement; **estar en incumplimiento de contrato** (law), be in breach of an agreement

**indemne** *adj* (ins), undamaged

**indemnización** *nf* (law), damages, compensation

**indemnizar** *vb* (gen, ins), compensate; **quisiéramos indemnizarle...**, we would like to compensate you for...

**independencia** *nf*, independence

**independiente** *adj*, independent

**indicación** *nf*, indication, pointer

**indicador** *nm* **de dirección**, direction sign

**indicar** *vb*, 1 indicate; **indicar con una X** (in documents) cross. 2 (in forms), circle

**indispensable** *adj*, indispensable

**industria** *nf*, industry; **industria de la alimentación**, food industry; **las industrias de servicios**, the service industries; **industria doméstica**, domestic industry; **industria editorial**, publishing industry; **industria pesada**, heavy industry; **industria siderúrgica**, steel industry

**industrial** *adj*, industrial; **polígono** *nm* **industrial**, industrial estate

**industrial** *nm/f*, industrialist

**ineficiente** *adj*, inefficient

**inesperado(-a)** *adj*, unexpected

**inferior** *adj*, substandard

**inflación** *nf*, inflation

**influencia** *nf*, influence

**influir** *vb* **en**, have an influence on

**información** *nf* (gen), information; **alguna información sobre...**, some information about..; **sistema** *nm* **de información gerencial** (comp), management information system; **información complementaria** (forms, CV), additional information

**informal** *adj*, informal; **una discusión informal**, an informal discussion

**informar** *vb*, 1 (formal, letters etc), advise, inform; **rogamos nos informen del plazo de entrega**, please advise us of the date of delivery. 2 report; **informaré a nuestros aseguradores del accidente**, I will report the accident to our insurers; **informar acerca de...**, report on..; **informar de**, brief on/about

**informática** *nf*, computing; **jefe/jefa** *nm/f* **de informática** (pers), computer manager

**informe** *nm* **(sobre, de)**, report (on, about); **redactar un informe**, write a report; **informe de solvencia**, credit report; **informe especial** (mktg, sales), feature article; **informe por etapas**, stage report; **informe publicitario** (mktg, sales), advertorial

**infraestructura** *nf*, infrastructure

**infringir** *vb*, infringe; **infringir una ley** (law), break the law

**ingresar** *vb* (fin), bank; **ingresar dinero (en una cuenta)** (fin), pay money into an account

**ingreso** *nm*, income; **ingreso fijo**, regular income; **ingresos** (fin), proceeds, revenue, income; **los ingresos de...**, the proceeds from ..; **ingresos libres de impuestos**, tax free income

**inicial** *adj*, initial

**iniciar** *vb* **negociaciones**, start negotiations

**iniciativa** nf, initiative, enterprise

**injusto(-a)** adj, unfair

**inmovilizar** vb (capital, resources), tie up

**inmuebles** nmpl (acct), land

**innovación** nf, innovation

**innovar** vb, innovate

**innovativo(-a)** adj, innovative

**insertar** vb (mktg, sales), insert

**inservible** adj, unserviceable; **el equipo ya es inservible**, the equipment is now unserviceable

**insistir** vb en, insist on

**inspeccionar** vb, 1 (property), view. 2 (gen), survey; **inspeccionar los daños** (ins), survey damage

**instalación** nf, 1 (production unit), plant; **la instalación de embalaje**, the packing plant. 2 installation. 3 (of hotel), facilities; **instalaciones de la empresa**, company accommodation

**instalar** vb, install

**instrucciones** nfpl, 1 directions (for use). 2 instructions; **dar instrucciones**, give instructions; **instrucciones de envío** (transp), shipping instructions; **instrucciones de funcionamiento**, operating instructions

**intangible** adj (acct), intangible; **activo** nm **intangible**, intangible assets

**intentar** vb (attempt), try; **intentaremos encontrar el modelo que desea**, we will try to find the model you you want; **intentaremos tener el pedido listo para fines del mes**, we will try to have the order ready for the end of the month

**intercambiar** vb, exchange

**Intercambio** nm **Electrónico de Datos**, EDI, Electronic Data Interchange

**interés** nm **(financiero)**, (financial) interest; **los depósitos ganan un interés del 10%**, deposits earn 10% interest; **intereses minoritarios**, minority interests

**interesa, no interesa** (form filling), NA, N/A, not applicable

**interesado(-a)** adj, interested; **estar interesado en . .** , be interested in . . .

**interfaz** nm (comp), interface

**intermediario** nm, intermediary, middle man

**interno(-a)** adj, in-house, internal

**interruptor** nm, switch

**intervención** nf, intervention

**intervenir** vb, intervene

**introducción** nf **gradual**, phasing in

**introducir** vb, introduce; **introducir una política nueva**, introduce a new policy; **introducir poco a poco**, phase in

**invención** nf, fabrication

**invendible** adj, unsaleable; **consideramos que el daño ha hecho los artículos en cuestión invendibles**, we think that the damage has made the goods in question unsaleable

**inventario** nm, inventory; **hacer un inventario**, make an inventory

**inversión** nf (fin), investment

**invertir** vb en, invest in

**investigación** nf, 1 research; **investigación de mercados**, market research; **llevar a cabo una investigación sobre . . .**, carry out research into . . ; **investigación y desarrollo**, research and development. 2 (investigation), inquiry

**investigar** vb, 1 research. 2 (law), investigate, make an inquiry into/carry out an inquiry

**invitación** *nf*, invitation; **enviar una invitación**, send an invitation

**invitado(-a)** *nm/f*, guest

**invitar** *vb*, invite

**involucrado(-a)** *adj*, **estar involucrado en ...** 1 be involved in ... 2 be active in

**ir** *vb*, go; **ir a la quiebra**, go bust (in business failure); **ir adelante**, go ahead; **ir contra corriente**, be against the trend; **ir en avión** (transp), fly; **ir más despacio**, slow down

**irse** *vb* (gen), depart

**IVA, Impuesto** *nm* **sobre el Valor Añadido**, VAT, Value Added Tax

**izquierdo(-a)** *adj* (direction), left

**jandote** *nm* (training, education), handout

**jardín** *nm*, garden; **muebles** *nmpl* **de jardín**, garden furniture

**jefe/jefa** *nm/f*, (person in charge), head; **jefe de compras**, buyer (in charge of purchasing); **jefe de comunicaciones**, director of communications; **jefe de departamento**, head of department; **jefe de márketing**, head of marketing, marketing director; **jefe de proceso de datos** (comp), DP Manager; **Jefe Ejecutivo**, CEO, Chief Executive Officer

**jornada** *nf* (gen), working day; (length of time, a day full of), day; **una jornada de reuniones**, a whole day of meetings; **jornada de puerta abierta**, (company open day), open house

**jubilación** *nf*, 1 (pers), retirement; **jubliación anticipada**, early retirement. 2 (fin), pension; **pagar una jubilación**, pay a pension; **cobrar una jubilación**, receive a pension

**jubilarse** *vb* (pers), retire

**juego** *nm*, set; **un juego completo de documentos**, a complete set of documents

**juez** *nm/f* (law), magistrate, judge

**juicio** *nm* (law), judgement; **juicio de faltas** (pers), grievance procedure

**junta** *nf* (formal meeting, politics), assembly; **junta administrativa**, board of directors; **Junta General Anual**, AGM, Annual General

Meeting

**jurado** *nm* (law), jury

**justicia** *nf*, justice

**justificar** *vb*, justify

**justo** *adv*, just; **justo a tiempo**, JIT, Just in Time

**justo(-a)** *adj*, fair

**juzgado** *nm* (law), court

**juzgar** *vb* (law), judge

# K

**kilometraje** *nm*, mileage

**kit** *nm* (mktg, sales), kit

# L

**laminar** *vb*, laminate

**lana** *nf*, wool; **de lana**, woollen

**lanzamiento** *nm*, launch; **precio** *nm* **de lanzamiento**, launch price; **el lanzamiento del producto será en septiembre**, the product launch will be in September

**lanzar** *vb* (product), launch; **lanzar una campaña**, start a campaign

**lápiz** *nm*, pencil

**largo** *nm*, length

**largo(-a)** *adj*, long; **de larga distancia**, long distance

**lata** *nf* can, container, tin

**leasing** *nm*, leasing

**lector(-ora)** *nm/f*, reader

**lectorado** *nm* (number of readers), readership

**leer** *vb*, read

**legal** *adj*, legal

**lengua** *nf*, language; **lengua extranjera**, foreign language; **lenguas habladas**, languages spoken

**lenguaje** *nm* **de programación** (comp), programming language

**lento(-a)** *adj*, slow

**letra** *nf* (fin), draft, (negotiable), bill; **no pagar una letra**, dishonour a bill; **letra de cambio**, bank draft, bill of exchange

**letrero** *nm* (on a wall), notice; **letrero de neón**, neon sign

**levantar** *vb* 1 (transp), lift. 2 **levantar acta**, take minutes

**leve** *adj*, slight; **una baja leve de los beneficios**, a slight fall in profits

**ley** *nf*, law

**librado(-a)** *nm/f* (fin), drawee

**librador(-ora)** *nm/f* (fin), drawer

**librar** *vb* **a** (fin), draw to

**libras** *nfpl* **esterlinas** (currency), sterling

**libre** *adj*, 1 available; **estar libre**, be available; **no estar libre**, be unavailable. 2 **libre de**, free of; **libre de entrada y salida** (imp/exp), free in and out; **libre de toda avería** (ins), free of all average; **libre de avería gruesa** (ins), free of general average; **libre de avería particular**, free of particular average

**libro** *nm* **mayor** (offce), ledger

**licencia** *nf* (gen), licence; **licencia de importación**, import licence

**Licenciado** *nm* **en Filosofía y Letras**, BA, Bachelor of Arts

**licenciar** *vb*, license

**licitación** *nf*, bidding, tendering

**licitador(-ora)** *nm/f*, tenderer, bidder

**licitar** *vb*, bid

**lícito(-a)** *adj*, lawful

**líder** *adj*, leading, **productor** *nm* **líder de . . .**, leading producer of . . .

**líder** *nm*, leader; **es una empresa líder en el campo de . .**, the company is a leader in the field of . . .

**limitar** *vb*, limit

**límite** *nm*, limit

**limpio(-a)** *adj*, clean

**línea** *nf*, line; **en línea** (comp), on line; **una línea agotada**, discontinued line; **esta línea está**

**agotada**, this line has been discontinued; **línea de montaje**, production line; **línea de productos**, product line; **línea marrón** (mktg, sales), brown goods

**liquidación** *nf*, 1 liquidation; **entrar en liquidación**, go into liquidation; **liquidación voluntaria**, voluntary liquidation. 2 (mktg, sales), clearance sale. 3 (fin), settlement

**liquidar** *vb*, 1 (surplus stock), sell off. **liquidar las existencias** (mktg, sales), clear stocks. 2 **liquidar (una empresa)**, wind up (a company). 3 **liquidar una letra** (fin), settle a bill

**liquidez** *nf*, liquidity; **problemas** *nmpl* **de liquidez** (fin), liquidity problems

**lista** *nf*, list; **hacer una lista de**, list, make a list of; **lista de bultos** (imp/exp), packing note/list; **lista de comprobación**, checklist; **lista de destinatarios**, mailing list; **lista de precios** (mktg, sales), rate card

**listo(-a)** *adj*, ready; **el pedido ya está listo**, the order is now ready; **listo para usar**, ready for use

**litera** *nf* (trains), berth

**litigación** *nf* (law), litigation

**litros** *nmpl* **por 100 kilómetros**, ~ mpg, miles per gallon

**local** *adj*, local; **radio** *nf* **local**, local radio

**local** *nm*, site, premises; **en el local**, on the premises; **local selecto** (property), prime site

**localización** *nf* **personal** (communications), paging

**localizador** *nm* **personal**, pager

**logotipo** *nm*, logo

**lograr** *vb* (fin results), achieve

**logro** *nm*, achievement

**lote** *nm* 1 (auctions), lot; **lote número**, lot number.

2 (production), batch; **tratamiento** *nm* **por lotes** (comp), batch processing

**luchar** *vb* **(contra)**, fight (against)

**lugar** *nm* **de reunión** (gen), venue

**lujo** *nm*, luxury; **de lujo**, luxury; **artículos de lujo**, luxury goods

**luz** *nf* (mktg, sales), lighting

# LL

**llamada** *nf*, telephone call; **llamada a cobro revertido**, reverse-charges call; **llamada telefónica sin cargo al usuario** (mktg, sales), freephone number; **llamadas no solicitadas**, (mktg, sales), (telephoning possible customers), cold calling

**llamar** *vb* (gen, name, phone), call; **el nuevo producto se llama 'Luxus'**, the new product is called 'Luxus'; **llamar por teléfono**, phone, ring; **volver a llamar** (telephone), call back

**llamativo(-a)** *adj* (mktg, sales), eyecatching

**llave** *nf* (locks, security), key

**llegada** *nf*, arrival; **la llegada del envío**, the arrival of the consignment

**llegar** *vb* (transp), arrive; **llegar a**, reach (a level); **llegar a un acuerdo**, reach an agreement; **llegar al máximo** (gen, fin), peak; **creemos que la demanda ha llegado al máximo**, we believe that demand has peaked

**llenar** *vb*, fill up; **llenar el depósito**, fill up with petrol; **llenar (un vacío)**, (gap between positions), bridge; **llenar los requisitos para**, (a grant), qualify for, be eligible for

**lleno(-a)** *adj* (gen, hotel), full

**llevar** *vb* (in your hands), carry; **llevar a cabo** (gen), (accomplish), carry out; **llevar a cabo un proyecto**, carry out a project; **llevar la ventaja a ..**, keep ahead of ..; **llevar una carga a**, (transport to), take a load to

# M

**machacar** *vb* **los precios**, slash prices

**madera** *nf*, timber, wood; **de madera**, wooden

**maduro(-a)** *adj* (personal quality), mature

**magnetófono** *nm*, tape recorder

**mailing** *nm* (mktg, sales), 1 mailing; mailshot. 2 **empresa** *nf* **de mailing**, mailing company.

**malentendido** *nm*, misunderstanding

**maleta** *nf*, suitcase

**maletín** *nm*, briefcase

**malo(-a)** *adj*, bad

**manchado(-a)** *adj* (goods), soiled

**mandar** *vb*, instruct; **mandar por correo**, post; **mandar por teléfono** (comp), download

**mando** *nm* **a distancia**, remote control

**manejar** *vb*, 1 (operate a machine), work, operate; **la demostración muestra cómo manejar la máquina**, the demonstration will show how to work the machine. 2 (transp), (move goods), handle,

**manifestación** *nf* (political), demonstration; **hacer una manifestación (contra)**, demonstrate (against)

**manifiesto** *nm* (transp), manifest

**maniobrabilidad** *nf*, road handling

**manipulación** *nf*, handling; **gastos** *nmpl* **de manipulación**, handling costs; **manipulación de flete**, freight handling

**mano** *nf* **de obra**, 1 manpower, labour force. 2 labour

**mantener** *vb*, maintain

**mantenerse** *vb*, **mantenerse al día en**, (stay informed), keep up with ..; **mantenerse al nivel de**, (maintain the same level, price, rate), keep up with

**mantenimiento** *nm*, maintenance; **servicio** *nm* **de mantenimiento en la empresa**, on-site maintenance

**manual** *adj*, manual; **control** *nm* **manual**, manual control

**manual** *nm*, handbook, manual; **manual de usuario**, user manual

**manufacturero(-a)** *adj*, manufacturing; **industrias** *nfpl* **manufactureras**, manufacturing industries

**mañana** *nf*, morning; **de la mañana**, am, ante meridian

**maqueta** *nf* (techn), model; **en forma de maqueta**, in kit form

**máquina** *nf*, machine; **máquina de escribir**, typewriter; **máquina (fotográfica)**, camera; **máquina franqueadora** (offce), franking machine

**maquinaria** *nf*, 1 (several machines), machinery. 2 (number of large machines, eg earthmoving machines), plant

**máquinas-herramienta** *nfpl*, machine tools

**mar** *nm*, sea

**marca** *nf* (mktg, sales), 1 make (of goods), brand; **sin marca**, unbranded; **marca propia** (mktg, sales), own brand; **imagen** *nf* **de marca**, brand image; **lealtad** *nf* **a la marca**, brand loyalty. 2 label; **vendido bajo la marca Prestige**, sold under the Prestige label; **sin marca**, off label

**marcador** *nm* (offce), highlighter

**marcar** *vb*, dial; **marcar un número**, dial a number

**marea** *nf*, tide; **marea alta**, high tide; **marea baja**, low tide

**margen** *nm* (fin), margin; **margen de beneficio** (gen, profit margin), mark-up; **margen de beneficios**, profit margin; **margen de seguridad**, safety margin

**marginal** *adj*, marginal; **beneficios** *nmpl* **marginales**, marginal profit

**marítimo(-a)** *adj*, marine; **seguro** *nm* **marítimo** (ins), marine insurance; **por vía marítima**, by sea

**márketing** *nm* (mktg, sales), marketing; **el márketing mix**, marketing mix; **márketing de actividades**, events marketing

**más** *adj*, more; **sírvanse enviar más ejemplares del folleto**, please send more copies of the brochure

**más** *adv*, more; **más atractivo**, more attractive; **más económico**, more economical; **más caro**, more expensive; **más ... que ..**, more ... than ..; **más bajo que ...** (fin, gen), lower than ..; **más de** over; (with figures, money), more than; **más del 10%**, over 10%; **más parecido a ..**, (matching requirements), nearest ...

**matasellos** *nm*, postmark

**material** *nm*, (advertising text), copy; **material gráfico**, artwork

**materiales** *nmpl*, materials

**materias** *nfpl* **primas**, raw materials

**matrícula** *nf* (transp), **1** number plate. **2** registration number

**matricularse** *vb* **para un curso** (education), register for a course

**máximo(-a)** *adj*, maximum

**máximo** *nm*, maximum

**mayor** *nm*, **al por mayor** (mktg, sales), wholesale, trade; **precio** *nm* **al por mayor**, wholesale price/trade price; **vendedor** *nm* **al por mayor**, trade supplier

**mayoría** *nf* **de ..**, majority of ...

**mayorista** *nm* (mktg, sales), wholesaler

**mayúscula** *nf*, capital letter

**mecánico(-a)** *adj*, mechanical

**mecanismo** *nm*, **1** machinery (working parts). **2** mechanism

**mecanógrafo(-a)** *nm/f*, typist; **silla** *nf* **de mecanógrafa**, typist's chair

**media** *nf*, (maths = average), mean **calidad media buena** (mktg, sales), fair average quality

**medicina** *nf*, medicine

**médico(-a)** *adj*, medical

**médico(-a)** *nm/f* **general**, GP, General Practitioner

**medidas** *nfpl*, **1** measures. **2** measurements. **3** (law), proceedings

**medio(-a)** *adj*, half; **trabajo** *nm* **de media jornada** (pers), half-time employment; **media tarifa**, half fare

**medio** *nm* **de transporte** (imp/exp, transp), mode of transport

**medios** *nmpl*, means; **los medios de comunicación**, the media

**medir** *vb*, measure

**mejora** *nf*, upturn

**mejorar** *vb*, improve; **las ventas mejoraron en el segundo trimestre**, sales improved in the second quarter

**memoria** *nf*, **1** (comp), memory; **memoria masiva**, mass memory. **2** (fin), annual report

**mencionar** *vb*, refer to

**menor** *adj*, minor; **empleado(-a)** *nm/f* **menor**, junior employee; **al por menor**, retail; **venta** *nf* **al por**

**menor** (sales), retail; **banco** nm **al por menor** (fin), retail bank; **vender al por menor**, retail; **el producto se vende al por menor a un precio recomendado de...**, the product retails at a recommended price of...

**menos** prep, minus; **menos de** (figures), under; **menos del 15%**, under 15%; **menos que** (gen, fin), under; **menos que un contenedor completo** (transp), LCL, less than container load

**mensaje** nm **grabado**, recorded message

**mensajero(-a)** nm/f, courier; **por mensajero** (transp), by special courier

**mensual** adj, monthly; **entregas** nfpl **mensuales**, monthly deliveries; **plazos** nmpl **mensuales**, monthly payments

**mensualmente** adv, monthly; **pagado mensualmente** (pers), monthly paid

**menú** nm (comp), menu

**mercado** nm, market; **hay un mercado importante de...**, there is a big market for...; **análisis** nm **de mercados**, market analysis; **demanda** nf **de mercado**, market demand; **participación** nf **en el mercado**, market penetration; **precio** nm **de mercado**, market price; **investigación** nf **de mercados**, market research; **sector** nm **del mercado**, market sector; **tendencia** nf **de mercado**, market trend; **valor** nm **en el mercado**, market value; **un mercado en reducción**, a shrinking market; **mercado alcista** (stock market), bull; **mercado bajista** (stock market), bear; **mercado de futuros** (fin), futures market; **mercado del trabajo**, labour market; **mercado doméstico**, home market; **mercado interno**, home market; **mercado libre**, open market

**mercancías** nfpl (fin), commodities, goods; **vagón** nm **de mercancías** (transp), freight car; **tren** nm **de mercancías** (transp), freight train

**merma** nf, 1 (material), shrinkage. 2 (liquid, gas), leakage. 3 (loss), wastage

**mes** nm, month; **a... meses vista** (fin), at... months after sight

**mesa** nf, table, desk; **mesa de facturación**, check-in desk

**meta** nf, goal

**meterse** vb **en**, (be part of a scandal), get involved in

**método** nm, method; **método de fabricación**, method of production

**micrófono** nm (mktg, sales), microphone

**microprocesador** nm, microprocessor

**milla** nf, mile

**mineral** nm, ore; **carguero** nm **de minerales**, ore carrier

**minimizar** vb, minimise

**mínimo(-a)** adj, 1 minimal; **los costes de mantenimiento son mínimos**, maintenance costs are minimal. 2 minimum; **como mínimo**, as a minimum

**miniordenador** nm (comp), mini computer

**Ministerio de Comercio e Industria** nm, DTI, Department of Trade and Industry

**minoría** nf, minority; **estar en la minoría**, be in a minority

**minorista** nm, retailer

**mitad** nf, half; **a mitad de precio**, half price; **podríamos dejárselos a mitad de precio**, we could let you have them half price; **reducir por mitad**, halve

## modelo

**modelo** *nm* (scale model, version of product), model; **el último modelo es más potente**, the latest model is more powerful; **uno de nuestros modelos nuevos**, one of our new designs

**modernizar** *vb* (gen), upgrade

**modificación** *nf*, modification; **hacer modificaciones a ..**, make modifications to ...

**modificar** *vb*, 1 modify. 2 vary; **podemos modificar el contenido según la necesidad del cliente**, we can vary the contents according to the customer's needs

**modo** *nm*, method; **modos de pago**, methods of payment; **modo de empleo**, directions for use

**modular** *adj*, modular

**módulo** *nm*, module

**mojado(-a)** *adj* (transp), wet

**moneda** *nf*, 1 coin. 2 currency; **moneda extranjera**, foreign currency

**monopolio** *nm*, monopoly

**montado(-a)** *adj* (kits), assembled

**montaje** *nm*, (completed assembly of parts), assembly; **de fácil montaje**, (kits), easy to assemble; **línea de montaje**, assembly line

**montar** *vb*, 1 (fix on, adjust), fit. 2 (kits), assemble; **montar un stand** (mktg, sales), put up a stand

**montón** *nm* (transp), pile, stack

**moroso(-a)** *adj* (payment), in arrears

**mostrado(-a)** *adj*, shown

**mostrador** *nm*, counter

**mostrar** *vb*, show; **las cifras muestran que la recesión ha afectado las ventas**, the figures show that the recession has affected sales; **nuestro agente tendrá mucho gusto en mostrarle el nuevo modelo**, our agent will be happy to show you the new model

**motivación** *nf*, motivation

**motivar** *vb*, motivate

**motor** *nm*, motor, engine; **motor de explosión**, internal combustion engine

**mover** *vb*, move, shift; **la carga se ha movido**, the load/cargo has shifted

**móvil** *adj* (rates), sliding; **una escala móvil**, a sliding scale

**mucho(-a)** *adj*, a lot of ...

**mucho** *adv*, considerably; **mucho más alto/bajo que ...** (gen, fin), considerably higher/lower than ..; **mucho más/menos que ...** (gen, fin), considerably more/less than ...

**mudar** *vb* (offices, house), move

**mudarse** *vb* (move premises), relocate; **la empresa se muda a ..**, the company is relocating to ...

**muelle** *nm*, wharf, quay; **sobre muelle** (imp/exp), Ex Quay

**muerto(-a)** *adj*, dead

**muestra** *nf* (mktg, sales), sample; **no conforme a la muestra**, not up to sample; **muestra gratuita**, free sample; **muestra regalo** (mktg, sales), presentation pack

**muestrear** *vb* (mktg, sales), sample

**muestreo** *nm* (mktg, sales), sampling

**multa** *nf*, 1 penalty. 2 (law), fine; **imponer una multa**, impose a fine; **pagar una multa**, pay a fine

**multar** *vb*, fine

**multiplicar** *vb* (por), multiply (by)

**mundial** *adj*, worldwide

**mutuo(-a)** *adj* (gen), reciprocal; **un acuerdo mutuo**, a reciprocal agreement

**Muy Señor Mío ...** (corr), Dear Sir ...

**nacido(-a)** *adj* (pers), born; **nacido el 12 de junio de 1972**, born 12 June 1972

**nacional** *adj*, **1** (within a country), domestic. **2** national; **reputación** *nf* **nacional**, national reputation

**nacionalidad** *nf* (CV), nationality

**nacionalizado(-a)** *adj*, nationalised

**nacionalizar** *vb*, nationalise

**nada** *nf*, **1** nothing. **2** (form filling), nil

**naval** *adj*, naval

**necesidad** *nf*, need; **creemos que existe una necesidad de**, we think there is a need for; **análisis** *nm* **de las necesidades**, needs analysis; **llevar a cabo un análisis de las necesidades**, carry out a needs analysis

**necesitar** *vb*, need

**negar** *vb*, deny; **negar la entrada**, deny entry; **negar la responsabilidad**, deny responsibility

**negarse** *vb* **a**, refuse (to do something)

**negligencia** *nf* (law), malpractice; **ser culpable de negligencia**, be guilty of malpractice; **ser acusado de negligencia**, be accused of malpractice

**negociable** *adj*, negotiable

**negociación** *nf*, negotiation; **negociaciones**, talks; **entrar en negociaciones con ... con el propósito de ..**, have talks with ... with a view to ...

## negociar

**negociar** *vb*, negotiate; **negociar en**, trade in

**negocio** *nm*, **1** business; **viaje** *nm* **de negocios**, business trip. **2** deal; **hacer un buen negocio**, make a profitable deal

**neto(-a)** *adj* (fin), net; **flujo neto de caja**, net cashflow; **contribución** *nf* **neta** (fin), net contribution; **beneficios** *nmpl* **netos** (fin), net income; **beneficios** *nmpl* **netos por ventas** (fin), net income to sales, **beneficios** *nmpl* **de explotación netos** (fin), net result; **peso** *nm* **neto** (imp/exp), net weight; **activo** *nm* **neto**, net worth; **Producto Interior Neto (PIN)**, Net Domestic Product; **Producto Nacional Neto (PNN)**, Net National Product

**neumático** *nm*, tyre

**nevera** *nf*, fridge

**nivel** *nm*, level; **nivel de audiencia** (TV, radio), ratings; **nivel de vida**, standard of living; **nivel salarial**, wage level

**nivelar** *vb*, level out

**no** (+ verb), fail to; **no entregaron en el plazo acordado**, they failed to deliver by the agreed date

**no residente**, non-resident

**no según pedido** (mktg, sales), not as ordered

**nombrar** *vb* (nominate), appoint; **nombrar a un síndico**, call in the receiver

**nombre** *nm*, name; **nombre comercial**, brand name

**nómina** *nf* (fin), payroll

**nota** *nf* **1** (offce), record; **no tenemos nota de su carta**, we have no record of your letter. **2** memo; **una nota interior**, an internal memo; **escribir una nota a/sobre**, write a memo to/about; **enviar una nota**, send a memo. **3** note; **nota de crédito** (mktg, sales), credit note; **nota de envío** (imp/exp), shipping note

**notario(-a)** *nm/f* (oaths, wills, etc), solicitor

**notebook** *nm* (electronic), notebook

**noticia** *nf* (particular event), news item; **la noticia de la fusión ..**, the news of the merger ..; **noticias** (radio/TV/newspaper), news

**novedad** *nf*, novelty

**nuevo(-a)** *adj*, new; **hemos lanzado un modelo nuevo**, we have brought out a new model

**numerar** *vb*, number; **hemos numerado las cajas de 1 a 15**, we have numbered the boxes 1 to 15

**número** *nm*, **1** (of phone etc), number; **nuestro número de fax es el ..**, our fax number is ..; **número de serie**, serial number; **números impares**, odd numbers. **2** (of a magazine), issue. **3** (of a journal or newspaper), copy

# O

**objeción** *nf*, objection; **hacer una objeción**, make an objection

**objetivo** *nm*, aim, objective, target; **el equipo de ventas alcanzó sus objetivos**, the sales team reached their objectives; **mercado** *nm* **objetivo**, target market; **por encima de los objetivos**, over target; **tener como objetivo** (mktg, sales), target; **el producto nuevo tiene como objetivo los menores de 21**, the new product targets the under 21s; **objetivo de ventas**, sales target; **objetivo profesional** (pers), career objective

**obligación** *nf*, 1 (gen), obligation. 2 (stock market), bond. 3 **obligaciones** (gen, fin), liabilities

**obligar** *vb*, oblige

**obligatorio(-a)** *adj*, obligatory

**obra** *nf*, 1 building site. 2 work; **obra en curso**, work in hand/work in progress

**obrero(-a)** *nm/f* (pers), blue-collar worker

**observar** *vb* (see), note

**obsoleto(-a)** *adj*, obsolete

**obstáculo** *nm*, obstacle; **X representa un obstáculo para Y**, X is an obstacle to Y

**obtener** *vb*, obtain, get

**obtenido(-a)** *adj*, obtained; **título obtenido en ...** (CV), qualification obtained in ...

**ocio** *nm* (mktg, sales), leisure; **centro** *nm* **de ocio**, leisure centre; **mercado** *nm* **del ocio**, leisure market

**ocupado(-a)** *adj* (telephone, person), busy; **la línea está ocupada**, the line is busy; **no tengo tiempo libre – estoy muy ocupado**, I have no spare time – I am very busy

**ocupar** *vb* (premises), occupy; **la empresa ocupa oficinas en ..**, the company occupies offices in ...

**ocuparse** *vb* de, 1 (customer), deal with. 2 handle; **el gerente se ocupará del problema**, the manager will handle the problem

**oferta** *nf*, 1 (auction, takeover) bid; **oferta pública de adquisición de acciones**, takeover bid; **hacer una oferta pública de adquisición de acciones**, make a takeover bid; **recibir una oferta pública de adquisición de acciones**, receive a takeover bid; **hacer mejor oferta que ..**; outbid ...; **hicieron mejor oferta que XYZ Plc**, they outbid XYZ Plc. 2 tender (for contract); **solicitar ofertas (para)**, invite tenders; **hacer una oferta**, (offer a price), tender; **hacer una oferta para un contrato**, tender for a contract. 3 (comm), supply; **oferta y demanda**, supply and demand. 4 (mktg, sales), offer; **hacer una oferta**, make an offer; **recibir una oferta**, receive an offer; **rechazar una oferta**, refuse an offer; **oferta especial** (mktg, sales), special offer; **oferta única de venta** (mktg, sales), USP, Unique Selling Proposition

**oficial** *adj*, 1 official; **no oficial**, unofficial. 2 (authorised), approved; **suministrador** *nm* **oficial**, approved supplier

**oficina** *nf*, office; **edificio** *nm* **de oficinas**, office block; **equipo** *nm* **de oficina**, office equipment; **muebles** *nmpl* **de oficina**, office furniture; **jefe/jefa** *nm/f* **de oficina**, office manager; **oficina central** (fin), head office; **oficina de plan**

## 54 oficinista

**abierto** (offce), open plan office

**oficinista** nm/f (offce), clerical assistant

**oficio** nm (profession, trade), craft, profession

**ofrecer** vb, 1 offer; **ofrecer £400.000**, offer £400,000; **ofrecer acciones al público** (fin, stock market), go public; **ofrecer el mismo precio (que)**, (offer an equal price), match; **ofrecer recibir devueltos los bienes**, offer to take back the goods. 2 feature (of a product); **el producto ofrece la última tecnología**, the product features the latest technology

**oleada** nf, surge; **una oleada de importaciones**, a surge in imports

**olvidar** vb, forget; (forget to take), leave; **el conductor olvidó los documentos de aduana**, the driver left the customs documents

**omisión** nf, omission

**OPA**, **oferta** nf **pública de adquisición de acciones**, takeover bid

**OPAH**, **oferta** nf **pública de adquisición hostil**, hostile takeover bid

**opción** nf, option

**opcional** adj (gen), optional; **el seguro de cancelación es opcional**, cancellation insurance is optional

**opción-bono** nf (fin), stock option; **plan** nm **de opción-bono** (fin), stock option plan

**operario(-a)** nm/f (of machines), operator; **manual** nm **de operario**, operator's manual; **operario(-a)** nm/f **de PC/de ordenador**, PC operator/computer operator

**opinar** vb, think, feel; **opinamos que la placa podría ser defectuosa**, we think that the circuit board may be defective; **en vista de ... opinamos que ..**, in view of ... we feel that ...

**oponerse** vb **(a)**, object (to)

**oportunidad** nf (mktg, sales), opening, opportunity; **ver una oportunidad de mercado**, see an opening in the market

**optativo(-a)** adj (in product description), optional; **las ruedas de aleación son optativas**, alloy wheels are optional

**optimizar** vb, optimise

**óptimo(-a)** adj, optimum

**orden** nm, order; **en orden**, (in the right place), in order; **por orden alfabético**, in alphabetical order; **del orden de**, in the order of (roughly); **en orden númerico**, in numerical order; **poner en orden**, tidy up; **orden del día**, agenda

**orden** nf (comp), command; **a la orden de** (fin), order of

**ordenador** nm (comp), computer; **operador(-ora)** nm/f **de ordenador**, computer operator; **ordenador personal**, PC, personal computer

**orgánico(-a)** adj, organic; **productos** nmpl **orgánicos**, organic products

**organigrama** nm, organisation chart

**organización** nf, organisation

**organizar** vb, organise

**origen** nm, origin

**original** adj, 1 novel; **una solución original**, a novel solution. 2 original; **equipo** nm **original**, original equipment

**otro(-a)** adj, other

**oxidarse** vb, rust

**óxido** nm, rust; **había manchas de**

**óxido en la superficie del producto**, there were patches of rust on the surface of the product

# P

**pabellón** *nm*, **1** (transp), flag; **pabellón de conveniencia**, flag of convenience. **2** (building), pavilion

**paga** *nf* **extraordinaria**, (extra wage payment) bonus

**pagadero(-a)** *adj* (fin), due, payable; **pagadero a fines de junio**, payable at the end of June; **pagadero a la vista** (fin), payable on demand

**pagado(-a)** *adj*, paid (on bills); **pagado por adelantado**, prepaid

**pagar** *vb*, pay; **pagar al contado**, (pay at time of purchase), pay cash; **pagar en efectivo**, (coins and notes), pay cash; **pagar por volumen** (transp), pay by measurement; **pagar y marcharse** (hotel), check out

**pagaré** *nm* (IOU), promissory note

**página** *nf*, page (of a book)

**pago** *nm* (fin), payment; **pago a la entrega** (transp, mktg, sales), POD, pay on delivery; **pago a la entrega de las mercancías** (mktg, sales), COD, cash on delivery; **pago a plazos**, payment in instalments; **pago al embarcar** (imp/exp), COS, cash on shipment; **pago al hacer el pedido** (mktg, sales), CWO, cash with order; **pago antes de la entrega** (mktg, sales), CBD, cash before delivery; **pago atrasado** (fin), late payment; **pago contra documentos**, payment against documents; **pago contra entrega de documentos** (imp/exp), D/P, documents against payment; **pago contra reembolso**, cash on delivery;

**pago excesivo** (fin), overpayment; **pago parcial**, part payment; **pago pendiente**, outstanding payment (unpaid); **pago por adelantado** (fin), paid in advance; **pago por anticipado** (mktg, sales), CIA, cash in advance; **pago por desempeño del trabajo**, performance related pay; **pago por hora**, hourly rate; **pago según rendimiento** (pers), profit related pay; **pagos por etapas** (fin), stage payments

**país** nm, country (nation); **país de origen** (imp/exp), country of origin; **país desarrollado**, developed country; **países en vías de desarrollo**, developing countries

**palabra** nf, word

**paleta** nf (transp), pallet

**paletización** nf (transp), palletisation

**paletizar** vb (transp), palletise

**pantalla** nf, 1 (comp), monitor. 2 (gen, comp), screen

**papel** nm, paper; **papel con membrete** (offce), headed paper; **se exige un aviso oficial por escrito en papel con membrete**, we require official notification by letter on headed paper

**papelería** nf, stationery

**paquete** nm, 1 packet. 2 pack, package; **un paquete de 5 kilos**, a 5kg pack

**par** nf (stock market), par; **por encima de la par**, above par; **a la par**, at par; **por debajo de la par**, below par

**parada** nf **de taxis**, taxi rank

**parado(-a)** adj, unemployed

**parar** vb (transp), stop

**parcial** adj (incomplete), part; **entrega** nf **parcial** (transp), part delivery; **carga** nf **parcial** (transp), part load; **pago** nm **parcial**, part payment

**paro** nm, unemployment; **paro forzoso**, lockout

**parque** nm, park; **parque de atracciones**, leisure park; **parque temático**, theme park

**parte** nf, part; **de parte de** (gen), on behalf of; **'¿de parte de quién?'** (on phone), 'who's calling?'; **parte más alta**, (of a machine/building), top

**participación** nf, 1 (gen), share; **tener una participación en el mercado** (mktg, sales), have a share of the market. 2 (fin), interest; **una participación del 10% en ..**, a 10% interest in ...

**participar** vb **(en)**, participate (in)

**partidas** nfpl **excepcionales** (acct), exceptional items

**partir** vb, 1 depart. 2 share, divide; **partir el coste de la reparación**, share the cost of repair; **partir (en)**, split (into)

**pasado(-a)** adj **por aduana**, (imp/exp), cleared customs

**pasado** nm, past

**pasajero(-a)** nm/f, passenger

**pasar** vb, 1 (results), go higher, overtake, pass; **los resultados provisionales indican que las ventas han pasado el total del año pasado**, interim results show that sales have passed last year's total. 2 (gen), pass; **pasar a cuenta nueva** (fin), carry forward; **pasar de contrabando**, smuggle. 3 (frontier), cross. 4 (time), spend. 5 happen; **¿qué pasó?**, what happened?

**pasarela** nf (between exhibition stands), walkway

**pasatiempos** nmpl, interests

**paseo** nm **(en coche)**, (in car), drive

**pasivo** nm (acct), liabilities

**paso** nm **subterráneo** (underpass), subway

**patentado(-a)** *adj*, patented

**patentar** *vb*, patent

**patente** *nf*, patent

**patio** *nm*, yard

**patrimonio** *nm*, estate

**patrocinado(-a)** *adj* (mktg, sales), sponsored

**patrocinador** *nm* (mktg, sales), sponsor

**patrocinar** *vb* (mktg, sales), sponsor

**patrocinio** *nm* (mktg, sales), sponsoring

**patrón(-ona)** *nm/f*, employer

**peaje** *nm* toll (toll road)

**pedido** *nm* (sales), order; **pedido de exportación**, export order; **cartera** *nf* **de pedidos**, order book; **boletín** *nm* **de pedido**, order form; **pedido por teléfono/fax**, telephone/fax order; **obtener un pedido**, secure an order; **hacer un pedido**, book an order; **pedido postal** (mktg, sales), mail order

**pedir** *vb*, 1 (sales), order. 2 (for support), call on; **pediremos a la Cámara de Comercio su apoyo para la exposición**, we shall call on the chamber of commerce to support the exhibition

**pegar** *vb*, 1 (comp), paste. 2 stick (on), glue

**película** *nf* (all senses), film

**peligro** *nm*, danger; **poner en peligro**, jeopardise

**peligroso(-a)** *adj*, dangerous

**penal** *adj*, penalty; **el contrato contiene una cláusula penal**, the contract includes a penalty clause

**penar** *vb*, penalise

**pendiente** *adj*, outstanding; **artículos** *nmpl* **pendientes de entrega**, (not delivered), outstanding items

**pendiente** *prep* (decision), pending

**pensado(-a)** *adj* **para**, designed for

**pensión** *nf*, 1 (retirement), pension. 2 (accommodation), board and lodging

**pequeño(-a)** *adj*, small; **una pequeña cantidad de ..**, a small quantity of ...

**perder** *vb*, 1 miss; **perder un vuelo**, miss a flight. 2 (gen), lose

**pérdida** *nf*, loss, shrinkage; **experimentar pérdidas**, to make a loss

**perdido(-a)** *adj*, lost

**perecedero(-a)** *adj*, perishable

**perfil** *nm* (gen), profile

**perforadora** *nf* (offce), hole puncher

**perforar** *vb* (gen), drill

**pericia** *nf*, know-how

**periféricos** *nmpl* (comp), peripherals

**periódico** *nm*, newspaper

**período** *nm*, period; **período a prueba** (pers), period of probation; **período contable**, accounting period; **período de baja**, down time; **período de conservación**, shelf life; **período de reflexión** (law), cooling-off period

**permanente** *adj*, permanent

**permiso** *nm*, 1 permission; **obtener permiso**, obtain permission. 2 permit; **permiso de conducir**, driving licence. 3 leave; **estar de permiso**, be on leave

**permitir** *vb*, permit; **permitir la salida (de los bienes)** (imp/exp), release (the goods)

**perno** *nm*, bolt; **unido con pernos**, bolted

**personal** *adj*, personal; **ayudante** *nm/f* **personal** (pers), personal assistant; **ordenador** *nm* **personal**, personal computer; **organizador** *nm* **personal**, (paper based) personal organiser; **bienes nmpl personales** (customs), personal property; **secretario(-a)** nm/f **personal** (pers), personal secretary

**personal** nm (pers), staff, employees, personnel; **departamento** nm **de personal**, personnel department; **jefe/jefa** nm/f **de personal**, personnel manager

**personalizado(-a)** adj (mktg, sales), 1 personalised. 2 customised

**perspectivas** nfpl (the future), outlook; **las perspectivas son buenas**, the outlook is good

**PERT** nm (fin), **el método PERT**, PERT

**pertinente** adj (details, facts), relevant

**pesado(-a)** adj (weight), heavy

**pesar** vb, weigh

**peso** nm (imp/exp), weight

**petición** nf **de informes**, (request for information), inquiry; **le agradecemos su petición de informes sobre . .** , thank you for your inquiry about . . .

**petróleo** nm (crude oil), oil

**petrolero** nm (transp), (at sea), tanker

**PIB, Producto** nm **Interior Bruto**, GNP, Gross National Product

**pie** nm **cúbico** (gen), cu ft, cubic foot

**pieza** nf, component; (spare part), part; **piezas**, spare parts; **pieza fundida** (techn), casting

**pila** nf (electr), (small), battery

**pintar** vb, paint; **pintar con una pistola rociadora**, spray paint

**piquete** nm, picket; **piquete de huelga** (pers), strike picket; **formar piquetes**, picket; **formar piquetes a la entrada de una fábrica**, picket a factory

**piscina** nf, (swimming) pool

**piso** nm, 1 (accommodation), flat. 2 (1st, 2nd floor), floor

**pizarra** nf, blackboard; **pizarra blanca** (mktg, sales), whiteboard

**plan** nm, 1 plan; **un plan estratégico**, a strategic plan; **un plan de márketing**, a marketing plan. 2 scheme; **plan de pensiones**, pension scheme. 3 **plan detallado**, (description of technical features), specifications

**planchear** vb (gen), plate

**planear** vb (gen, fin), plan

**planificación** nf, planning

**plano** nm, plan (drawing)

**plano(-a)** adj (appearance), flat

**plantilla** nf (pers), workforce; **la empresa tiene una plantilla de 1200**, the company has a workforce of 1200

**plástico** nm (gen), plastic

**plástico(-a)** adj, plastic; **revestido de plástico**, plastic covered

**plataforma** nf (comp), platform

**plato** nm (restaurant), course

**plazo** nm (fin), instalment; **pago** nm **a plazos**, payment by instalments; **el primer plazo es pagadero el uno de junio**, the first instalment is due to be paid on 1 June; **plazo de espera**, lead time

**plegar** vb (documents, gen), fold

**pleito** nm, dispute

**pluma** nf, fountain pen

**pluriempleo** nm, moonlighting

**plus** nm **de productividad** (pers), performance bonus

**plusvalía** nf, unearned increment

**población** nf, population

**pobre** adj (with no money), poor

**poco** adv (gen, fin), little, (slightly); **un poco más alto que/más bajo que . .** , slightly higher than/slightly lower than..; **poco más de..**, just over..; **poco menos de...**, just under..; **poco aconsejable**, unadvisable

**poder** *nm*, proxy

**poder** *vb*, can, be able to; **podemos entregar**, we are able to deliver

**policía** *nf* (law), police

**polideportivo** *nm*, sports centre

**política** *nf* (gen, not ins), policy; **política de precios**, pricing policy

**póliza** *nf* (ins), policy

**polo** *nm* **de promoción**, development area

**ponderado(-a)** *adj* (calculations), weighted; **promedio** *nm* **ponderado**, weighted average

**poner** *vb* (gen), put; **poner un anuncio en..**, insert an ad in..; **poner un precio excesivo** (mktg, sales), overprice

**ponerse** *vb* **por las nubes** (sales, rates), soar

**popular** *adj* (goods), popular

**por** *prep*, 1 (year, month, ton), per; **por trimestre**, per quarter; **por ciento**, per cent; **a un tanto por ciento de...** at the rate of... (percentage). 2 via; **pasamos por Barcelona**, we went via Barcelona. 3 (gen), by; **por avión**, (send), by air. 4 **por cuenta** *nf* **de** (fin), account of..; **por cuenta y riesgo del cliente** (ins), owner's risk; **por encima de los objetivos**, over target; **por poco**, (barely), just; **por poco consiguieron..**, they just managed to...

**porcentaje** *nm*, percentage; **un porcentaje elevado de..**, high percentage of..; **un pequeño porcentaje de..**, small percentage of...

**pormenorizar** *vb*, itemise

**portador(-ora)** *nm/f* (fin), 1 (of document), bearer; **títulos** *nmpl* **al portador**, bearer securities. 2 payee

**portátil** *adj*, portable

**portátil** *nm* (comp), laptop

**portavoz** *nm/f*, spokesman, spokeswoman, spokesperson

**porte** *nm* (transp), carriage; **franco de porte** (transp), carriage free; **porte debido** (imp/exp), carriage forward; **porte pagado** (fin, mktg, sales), carriage paid; **porte pagado hasta...** (imp/exp), carriage paid to...

**posibilidad** *nf*, alternative (arrangement)

**posición** *nf*, 1 status. 2 position; **el local está en una posición ideal**, the site is in an ideal position

**postal** *adj*, post; **código** *nm* **postal**, post code; **servicio** *nm* **postal**, postal service

**postventa** *adj*, aftersales; **nuestro servicio postventa**, our aftersales service

**potencia** *nf* (of system), power; **potencia de salida** (electricity), output

**potencial** *adj*, potential; **hay un mercado potencial de 3 millones de unidades**, there is a potential market of 3 million units

**potencial** *nm*, potential; **el producto tiene gran potencial**, the product has great potential

**potenciar** *vb*, maximise

**potente** *adj*, powerful

**practicar** *vb* (gen), practise

**prácticas** *nfpl* **de trabajo** (education), work experience

**precedente** *nm*, precedent

**precintado(-a)** *adj* (imp/exp), sealed

**precintar** *vb* (containers, imp/exp), seal

## precinto

**precinto** *nm* (containers), seal

**precio** *nm*, price; **poner un precio de ..**, price at ... (act of pricing); **llevar un precio de ..** ; carry a price of .. ; **la máquina lleva un precio de £120.000**, the machine is priced at £120,000; **reducción** *nf* **de precio**, price cut; **relación** *nf* **precio/ganancias** (fin), price/earnings ratio; **congelación** *nf* **de precios**, price freeze; **aumento** *nm* **de precios**, price increase; **lista** *nf* **de precios**, price list; **el precio es muy alto/bajo**, the price is very high/low; **buen precio**, good value for money; **precio de catálogo**, list price; **precio de compra** (fin), purchase price; **precio de lanzamiento** (fin), introductory price; **precio de venta al público (PVP)**, retail selling price; **precio especial**, (price), special offer; **precio incorrecto** (gen, imp/exp), wrong price; **precio indicativo**, target price; **precio recomendado** (fin), recommended price; **precio todo incluido**, all-in price

**precisión** *nf*, precision; **alta precisión**, high precision; **fundición** *nf* **de precisión**, precision casting

**preempaquetado(-a)** *adj*, prepacked

**preferencia** *nf*, preference; **existe una preferencia por ..**, there is a preference for ...

**preferir** *vb*, prefer; **preferiríamos ..**, we would prefer ..; **nuestros clientes prefieren artículos de marca a los sin marca**, our customers prefer branded goods to unbranded goods

**prefijo** *nm* **para conferencias interurbanas**, STD code

**pregunta** *nf*, query; **tener una pregunta sobre ..**, have a query about .. ; **preguntas sin límites fijos** (mktg, sales), open-ended questions

**premio** *nm*, prize

**prensa** *nf*, press ('the press'); **un boletín de prensa**, a press release; **un artículo en la prensa**, an article in the press; **la cobertura de la exposición en la prensa**, press coverage of the exhibition

**preparar** *vb* **(un pedido)**, make up (an order)

**preparativos** *nmpl*, arrangements

**presentación** *nf*, presentation; **hacer una presentación**, (give a talk about a product, company), make a presentation

**presentar** *vb*, 1 (put on agenda), table. 2 present; **presentar una letra a la aceptación** (fin), present a bill for acceptance; **presentar en forma gráfica**, (results), chart. 3 (mktg, sales), feature; **el artículo presenta nuestra empresa**, the article will feature our company. 4 (a person to someone), introduce; **cuando visite nuestras oficinas le presentaré nuestro nuevo Director Financiero, el Sr. Collins**, when you come to our offices I will introduce you to our new Finance Director Mr Collins

**presentarse** *vb* **para un examen**, take an exam

**presidente(-enta)** *nm/f*, 1 (of a company), president. 2 chairperson

**presidir** *vb* **(una reunión)**, chair (a meeting)

**presión** *nf*, pressure; **presión alta/baja**, high/low pressure

**prestado(-a)** *adj*, lent; **tomar prestado**, borrow

**prestador(-ora)** *nm/f*, lender

**préstamo** *nm*, loan; **préstamo a largo/corto plazo** (fin), long-/short-term loan

**préstamos** *nmpl* (fin), borrowings

**prestar** *vb*, lend

**presupuestar** vb, 1 (make a written quotation), quote. 2 (fin), budget for; **hemos presupuestado un aumento de los gastos generales**, we have budgeted for an increase in overheads. 3 (quotation), estimate

**presupuesto** nm, 1 (fin), budget; **presupuesto de explotación** (fin, acct), operating budget; **presupuesto publicitario**, advertising account. 2 (quotation), estimate

**prever** vb (fin), forecast

**previsión** nf (fin), forecast

**prima** nf, 1 (ins, gen), bonus; **prima de no reclamación** (ins), no claims bonus; **prima por rendimiento** (pers), production/productivity bonus. 2 (ins), premium

**primero(-a)** adj, 1 first; **la primera vez**, the first time. 2 prime; **Primer Ministro**, prime minister

**principal** adj, main; **actividad** nf **principal**, main activity

**principio** nm, 1 principle. 2 start

**print-out** nm (comp), printout; **hacer un print-out**, make a printout

**prioridad** nf, priority; **mucho les agradeceríamos que dieran prioridad a...**, we would be grateful if you would give priority to...

**prioritario(-a)** adj, priority; **un pedido prioritario**, a priority order

**privado(-a)** adj, private

**privatizado(-a)** adj, privatised

**privatizar** vb, privatise

**probable** adj likely; **probable que**, likely that; **poco probable**, unlikely; **es poco probable que las condiciones económicas mejoren a corto plazo**, it is unlikely that economic conditions will improve in the short term; **en nuestra opinión es poco probable que la situación cambie en el futuro próximo**, in our opinion the situation is unlikely to change in the near future

**probar** vb, 1 sample, try out; **puede probar la máquina sin cargo alguno por una semana**, you may try the machine for one week at no expense. 2 try, taste; **quisiéramos probar varias botellas antes de comprar**, we would like to taste several bottles before buying

**procedimiento** nm, procedure; **sírvase seguir el procedimiento correcto para...**, please follow the correct procedure for..; **el procedimiento para pedir se expone al final del catálogo**, the procedure for ordering is set out at the back of the catalogue

**procesador** nm **de textos** (comp), word processor

**proceso** nm, 1 (industry), (manufacturing), process. 2 processing; **proceso de datos**, data processing; **proceso de textos** (comp), word processing. 3 (law), trial

**producción** nf, 1 production; **coste** nm **de producción**, production cost. 2 (of factory), output

**producir** vb, produce

**productividad** nf, productivity

**producto** nm, product; **beneficios** nmpl **del producto** (mktg, sales), product benefits; **diseñador(-ora)** nm/f **de productos**, product designer; **línea** nf **de productos**, product line; **jefe/jefa** nm/f **de producto** (pers), product manager; **producto defectuoso**, reject; **productos agrícolas**, farm produce; **productos de explotación** (fin), operating income; **productos lácteos**, dairy products, dairy produce; **productos químicos**, chemicals

**productor** nm, producer

**profesional** adj, professional; **es un traductor profesional**, he is a professional translator; **experiencia** nf **profesional** (CV), professional experience

**profesional** nm/f, professional

**pro forma, factura** nf **pro forma**, pro forma invoice

**profundizar** vb (mktg, sales), follow up after a meeting

**programa** nm, 1 (comp), program. 2 (list of events), schedule; **nuestro programa incluyó visitas a fábricas en Madrid**, our schedule included visits to factories in Madrid

**programador(-ora)** nm/f (comp), programmer

**programar** vb, 1 (comp), programme. 2 (gen), (plan a series of events), schedule

**progresar** vb, make progress

**progreso** nm, progress

**prohibición** nf (on publication, export etc), ban

**prohibir** vb, prohibit, ban; **han prohibido el boletín de prensa**, they have put a ban on the press release

**prohibitivo(-a)** adj, prohibitive; **el coste de enviar bienes por avión es prohibitivo**, the cost of airfreighting goods is prohibitive

**promedio** nm, average; **calcular el promedio**, average; **las ventas alcanzaron un promedio de 1000 unidades mensuales**, sales reached an average of 1000 per month

**prometedor(-ora)** adj, **nada prometedor**, (financial outlook), gloomy

**prometer** vb, promise

**promoción** nf (mktg, sales), promotion

**promotor(-ora)** nm/f, promoter; **promotor inmobiliario**, property developer

**pronto** adv, quickly, promptly

**pronto(-a)** adj (quick), early; **podemos garantizar una pronta entrega**, we can guarantee early delivery; **una pronta respuesta**, an early reply

**propaganda** nf **publicitaria** (mktg, sales), blurb

**propenso(-a)** adj a, (liable to), subject to; **propenso al sobrecalentamiento**, subject to overheating

**propicio(-a)** adj, favourable (eg outlook); **poco propicio**, unfavourable; **las perspectivas son poco propicias**, the outlook is unfavourable

**propiedad** nf, property; **propiedad privada**, private property

**propietario(-a)** nm/f, owner

**propina** nf (gratuity), tip

**proponer** vb, propose; **proponer que ..**, propose that ..; **quisiera proponer una solución**, I would like to propose a solution

**proponerse** vb, aim to

**propósito** nm, object, purpose; **el propósito de la reunión ..**, the object of the meeting ..; **el propósito de la visita será ..**, the purpose of the visit will be ...

**propuesta** nf, 1 (meetings), proposal; **hacer una propuesta**, make a proposal; **hemos estudiado su propuesta y ..**, we have studied your proposal and ... 2 proposition

**prospección** nf **de clientes** (mktg, sales), prospection

**próspero(-a)** adj, thriving

**protección** nf **antivirus** (comp), virus protection

**protector** nm **de sobretensión** (comp), surge protector

**provecho** *nm*, advantage, benefit; **sacar provecho de . . .**, benefit from . . .

**provisión** *nf*, 1 (fin), ~ provision; **hacer provisión para cuentas incobrables**, make provision for bad debts. 2 supply; **una provisión de . . .**, a supply of . . .

**provisional** *adj*, 1 temporary; **dirección** *nf* **provisional**, temporary address. 2 (agreement), tentative. 3 (fin), provisional

**provisiones** *nfpl* (acct), supplies

**próximo(-a)** *adj*, near; **en el futuro próximo**, in the near future

**proyectar** *vb* (fin), project

**proyecto** *nm*, project; **un proyecto interesante**, an interesting project; **jefe/jefa** *nm/f* **de proyecto** (pers), project manager; **proyecto de contrato**, draft contract; **proyecto de ley** (politics), bill

**proyector** *nm* projector; **proyector de diapositivas** (mktg, sales), slide projector; **proyector de transparencias** (mktg, sales), OHP

**prueba** *nf* (trial of product), test; **someter a prueba**, (products, machines), test; **a prueba** (mktg, sales), on approval; **período de prueba**, trial period; **prueba ácida** (fin), acid test ratio

**publicaciones** *nfpl* **profesionales**, trade press

**publicar** *vb* (public relations), issue; **publicar un boletín de prensa**, issue a press release

**publicidad** *nf*, advertising; **jefe/jefa** *nm/f* **de publicidad**, advertising manager; **hacer publicidad**, promote (eg a product); **publicidad en el punto de venta** (mktg, sales), POS advertising

**publicitario(-a)** *adj*, advertising; **agente** *nm* **publicitario**, advertising agent; **campaña** *nf* **publicitaria**, advertising campaign

**público(-a)** *adj*, public; **XYZ es una empresa del sector público**, XYZ is a public sector company; **relaciones** *nfpl* **públicas** (mktg, sales), public relations; **transporte** *nm* **público**, public transport; **obras públicas**, public works

**puente** *nm* **aéreo**, shuttle

**puerta** *nf*, door; **de puerta en puerta**, door-to-door; **ventas** *nfpl* **de puerta en puerta**, door-to-door sales; **vendedor(-ora)** *nm/f* **de puerta en puerta**, door-to-door salesman

**puerto** *nm*, port; **puerto de embarque** (imp/exp), POE, port of embarkation; **puerto de entrada** (imp/exp), port of entry; **puerto de escala** (transp), port of call; **puerto deportivo**, marina

**puesto** *nm*, 1 **puesto de trabajo**, (job, position), post. 2 **primer puesto**, (best), top

**puntero** *nm* (presentations), pointer

**punto** *nm*, 1 point; **establecer un punto**, make a point; **un punto importante**, a major point; **éste es un punto interesante**, this is an interesting point; **punto de venta**, point of sale; **publicidad** *nf* **de punto de venta**, point of sales advertising; **punto más alto** (results), peak; **las exportaciones alcanzaron su punto más alto en marzo**, exports reached peak in March; **punto de equilibrio** (fin), breakeven point. 2 item (part of a list)

**PVP, precio** *nm* **de venta al público**, retail selling price

**PYME, Pequeña y Mediana Empresa** *nf*, SME, Small or Medium-sized Enterprise

# Q

**quebrar** vb, go bankrupt

**quedarse** vb **sin gasolina** (transp), run out of fuel

**queja** nf (gen, mktg, sales), complaint; **hacer una queja**, make a complaint

**quejarse** vb, complain

**querella** nf (law), complaint; **presentar una querella (contra)**, lodge a complaint (against)

**querer** vb, want

**querido(-a)** adj (corr), dear (as form of address); **Querido Señor Smith**, Dear Mr Smith

**quiebra** nf, business failure

**químico(-a)** adj, chemical; **productos** nmpl **químicos**, chemicals

**químico(-a)** nm/f (techn), chemist

**quintal** nm, cwt, hundredweight (50.7 kilos)

# R

**racionalización** nf (pers), rationalisation

**racionalizar** vb, rationalise

**racionar** vb, ration

**radio** nf, radio; **en la radio**, on the radio

**RAM** nm (comp), RAM

**ranura** nf (in machines), slot

**rápidamente** adv, quickly, fast; **trabaja rápidamente**, he works fast

**rápido(-a)** adj, quick, fast, rapid; **entrega** nf **rápida** (transp), rapid delivery; **la industria de comida rápida**, the fast food industry; **entrega rápida garantizada**, fast delivery guaranteed

**rápido** nm (transp), express (train)

**rasgar** vb (materials), tear

**rasgo** nm, (of product), feature; **un rasgo clave**, a key feature; **un rasgo destacado es..**, an outstanding feature is..; **un rasgo único**, a unique feature; **uno de los rasgos del producto es...**, one of the features of the product is ...

**ratio** nm (maths), ratio

**ratón** nm (comp), mouse

**razón** nf, 1 (maths), ratio; **razón de disponible** (fin), acid test ratio; **razón de utilidad bruta** (fin), margin ratio. 2 rate; **a razón de..**, at the rate of ... (regular amount/time). 3 **razón social**, company name

**reabastecer** *vb* **de combustible**, (ship, plane), refuel

**realizar** *vb* **una auditoría informática**, to carry out a computer systems audit

**reaprovisionar** *vb*, restock

**rebajar** *vb* (gen, retail), reduce, mark down; **hemos rebajado nuestros precios en un 10%**, we have reduced our prices by 10%

**rebajas** *nfpl* (e.g. Autumn sale) sale; **las rebajas de otoño**, the Autumn sale; **rebajas de fin de temporada**, end of season sale

**recado** *nm* (offce), 1 message; **enviar un recado**, send a message; **recibir un recado**, receive a message. 2 (short message), note; **gracias por su recado ..**, thank you for your note ...

**recargo** *nm*, 1 (increase in price) mark-up. 2 (penalty; **el recargo por entrega atrasada es ...**, the penalty for late delivery is ... 3 (gen), surcharge

**recepción** *nf*, 1 (of goods), receipt; **pago a la recepción de la mercancía**, payment on receipt. 2 reception desk, reception area. 3 (drinks, snacks), reception; **celebrar una recepción**, hold a reception

**recepcionista** *nm/f*, receptionist

**receta** *nf*, 1 (med), prescription. 2 (cooking), recipe

**recibir** *vb* (gen), receive; **recibir devuelto**, take back; **estamos dispuestos a recibir devueltos los artículos insatisfactorios**, we are willing to take back the unsatisfactory goods

**recibo** *nm* (documents), receipt; **extender un recibo**, make out a receipt; **recibo de a bordo** (imp/exp), mate's receipt

**reciclaje** *nm*, 1 (gen), recycling; **una fábrica de reciclaje**, a recycling plant. 2 (pers), retraining

**reciclar** *vb* (gen), recycle

**reclamación** *nf* (gen), claim

**reclamar** *vb*, 1 call for (eg political change); **reclamar cambios**, call for changes. 2 (a right, damages), claim

**recoger** *vb*, 1 (transp), collect; (a load), pick up; **recoja las mercancías de ..**, please pick up the goods from ..; **pasar a recoger** (transp), call for (a load); **nuestro conductor pasará a recoger la carga**, our driver will call for the load. 2 (a person), call for, collect; **le recogeré en su hotel**, I will call for you at your hotel

**recogida** *nf* (of loads), collection; **recogida y entrega** (imp/exp), pickup and delivery

**recolectar** *vb* (crop), pick

**recomendaciones** *nfpl* (of inquiry), findings

**recomendar** *vb*, recommend

**reconocer** *vb*, 1 (acknowledge), admit. 2 (gen), recognise

**reconocimiento** *nm*, recognition

**récord** *adj*, record; **exportaciones** *nfpl* **récord**, record exports; **ventas récord**, record sales

**recordar** *vb*, 1 remind; **debo recordarle que ..**, I must remind you that. 2 remember

**recordatorio** *nm*, reminder

**recorrer** *vb* (a country), cross

**recortar** *vb* **el cupón** (mktg, sales), clip the coupon; **recorte el cupón y envíelo a la dirección indicada en la parte superior del anuncio**, just clip the coupon and return it to the address at the top of the advertisement

**recortes** *nmpl* (newspaper), clippings

**recubierto(-a)** *adj* **de plástico**, film-wrapped

## recuperar

**recuperar** vb (el tiempo perdido), make up (a delay)

**recurrir** vb **a la vía judicial** (law), take to court

**recurso** nm, resource; **recursos humanos** (pers), human resources; **recursos propios** (fin), equity

**rechazar** vb, 1 refuse; **rechazar una propuesta/una oferta**, turn down a proposal/an offer. 2 (request, charge), deny

**red** nf (comp), network; **estar conectado a una red**, be networked; **transmitir por la red**, send on the network; **red de área local** (comp), LAN (local area network); **red eléctrica** (electr), mains; **funciona con electricidad de la red**, runs on mains electricity

**redactar** vb, 1 (gen), draft, write; **redactar un informe**, write a report. 2 (agreements), draw up; **redactar un convenio**, draw up an agreement; **redactar un contrato**, draw up a contact. 3 (agreement), word

**redondo(-a)** adj (shape), round

**reducción** nf, 1 reduction; **reducción de precios**, price reduction; **una reducción en el precio de ..**, a reduction in the price of ... 2 cutback; **una reducción de la producción**, a cutback in production. 3 **reducción gradual**, phasing out; **reducción de la plantilla** (pers), downsizing; **reducción de tamaño** (comp), downsizing

**reducir** vb, reduce, mark down; **hemos reducido nuestros costes por ..**, we have reduced costs by using ..; **la tasa se ha reducido al 4%**, the rate has been reduced to 4%; **han reducido sus precios en un 5%**, they have reduced their prices by 5%; **reducir a chatarra** (product), scrap

**reembolsar** vb (de), reimburse (for), refund

**reemplazar** vb, 1 (goods), substitute; **sírvase reemplazar plástico por aluminio**, please substitute plastic for aluminium. 2 **reemplazar a**, take over from; **El Sr. Jones ha reemplazado a la Sra. Smith en su sector**, Mr Jones has taken over from Mrs Smith in your sector. 3 (gen, ins), replace

**reestructuración** nf (pers), restructuring

**reestructurar** vb (a company), restructure

**referencias** nfpl (CV), references

**refinar** vb, refine

**reforzado(-a)** adj (imp/exp), strengthened, reinforced; **reforzado de ..**, reinforced with ...

**reforzar** vb, strengthen, reinforce

**refrendar** vb, countersign

**refrigerado(-a)** adj, refrigerated; **contenedor** nm **refrigerado** (imp/exp), refrigerated container; **camión** nm **refrigerado** (transp), refrigerated lorry; **almacenaje** nm **refrigerado** (transp), refrigerated storage; **transporte** nm **refrigerado** (transp), refrigerated transport

**regalar** vb, give (gifts)

**regalo** nm, 1 (gen), present, gift. 2 (mktg, sales), free gift, freebie, giveaway

**regatear** vb (mktg, sales), bargain, haggle

**región** nf, region, area

**regional** adj, regional; **director(-ora)** nm/f **regional**, regional manager

**registrado(-a)** adj, registered; **compañía registrada en ..**, company registered in ...

**registrar** vb, register; **registrar una compañía**, register a company; **registrar como copyright** (law), copyright

**registro** nm, register

**regla** nf, rule

**reglamentos** nmpl, regulations

**Reino** nm **Unido**, UK, United Kingdom

**reintegro** nm **de derechos de aduana por reexportación** (imp/exp), drawback

**reivindicar** vb, (responsibility, better rights or conditions), claim; **el sindicato reivindica un aumento salarial**, the union is claiming a wage increase

**relación** nf, 1 (maths), ratio; **relación entre el valor del patrimonio y el pasivo** (acct), owner's equity to debt; **relación entre la producción física y la capacidad física** (fin), operating ratio; **relación precio/beneficios** (fin), p/e ratio. 2 relationship; **relaciones empresariales**, industrial relations

**reloj** nm (offce), clock

**rellenar** vb, 1 (a document), complete. 2 (a form), fill in

**relleno** nm (imp/exp), padding

**remesa** nf (fin), remittance

**remitente** nm/f, sender

**remitir** vb (send money), remit

**remolcar** vb, tow

**remolque** nm (transp), trailer

**rendimiento** nm, 1 (fin, gen), yield. 2 (fin), return; **rendimiento de la inversión**, return on investment; **tasa de rendimiento**, rate of return. 3 (of company) performance

**rendir** vb, yield

**renovar** vb (gen), renew

**renta** nf, income; **impuesto** nm **sobre la renta**, income tax

**rentabilidad** nf, profitability

**rentable** adj, 1 profitable. 2 cost effective

**renuncia** nf (ins), waiver

**renunciar** vb (ins), (a right), waive

**reorganización** nf, reorganisation

**reorganizar** vb, reorganise

**reparación** nf, repair

**reparar** vb, repair, mend

**reprogramar** vb (modify a plan), reschedule

**repuestos** nmpl, spare parts

**reputación** nf, 1 reputation; **gozar de una buena reputación**, have a good reputation. 2 (references, morals), character; **de buena reputación**, of good character

**reserva** nf, reservation, booking; **tener una reserva**, have a reservation; **hacer una reserva**, make a reservation; **cancelar una reserva**, cancel a reservation; **reserva anticipada**, advance booking

**reservar** vb, reserve, book; **reservar una plaza**, reserve a seat; **reservar una habitación por una noche**, reserve a room for one night; **reservar un stand**, book a stand

**resistencia** nf (materials), strength

**resistir** vb (withstand, resist), stand; **la caja puede resistir temperaturas de hasta 100°C**, the case can stand temperatures of up to 100°C

**resolver** vb resolve; **resolver (problemas)**, solve (problems); **resolver una disputa**, settle a disagreement/a dispute

**respaldo** nm (gen), backing

**responder** vb (a), reply (to); **responder a un anuncio de trabajo**, reply to a job advertisement

**responsabilidad** nf (law), liability; **responsabilidad de fabricante** (law), product liability

**responsable** *adj*, responsible, liable; **ser responsable**, (legal implication), be liable

**respuesta** *nf*, reply; **recibir una respuesta**, receive a reply;

**resto** *nm* (remainder), rest; (of orders), balance; **el resto del pedido se enviará en breve**, the balance of the order will be sent shortly

**resultado** *nm*, 1 outcome. 2 result; **resultados** (fin), results; **tener mejores resultados que...**, outperform..; **resultados insatisfactorios**, poor results

**resumen** *nm*, summary

**resumir** *vb*, summarise; **resumir un informe**, make a summary of a report

**resurgimiento** *nm* (fin, trends), revival; **un resurgimiento en las ventas**, a revival in sales

**retirar** *vb* (money), withdraw

**retirarse** *vb* (pers), retire

**reto** *nm*, challenge

**retrasado(-a)** *adj*, delayed; **estar retrasado**, be delayed

**retrasar** *vb*, delay

**retraso** *nm*, delay, hold-up; **lamentamos que se haya producido un retraso en la producción**, we are sorry that there has been a hold-up in production

**retribuido(-a)** *adj* (work), paid; **no retribuido**, unpaid; **trabajo** *nm* **no retribuido**, unpaid work

**reunidos(-as)** *adj* (for a meeting), assembled

**reunir** *vb*, 1 (information), gather. 2 (for a meeting), assemble

**reunirse** *vb* (have a meeting), meet; **los representates se reunieron en...**, the representatives assembled in...

**revaluación** *nf*, reassessment

**revaluar** *vb*, reassess

**reventa** *nf*, resale

**revés** *nm*, setback; **sufrir un revés**, receive a setback

**revisar** *vb*, 1 revise; **revisar a la baja**, revise down; **revisar las condiciones de pago**, revise terms of payment. 2 (a machine), service, inspect. 3 (fin), audit

**revisión** *nf*, 1 revision. 2 (of vehicle), servicing; **la revisión regular es esencial**, regular servicing is essential

**revista** *nf* (gen), magazine; **revista comercial**, trade journal; **revista de la empresa** (mktg, sales), in-house magazine; **revista elegante**, glossy (magazine); **revista profesional**, trade magazine; **revistas**, periodicals

**riesgo** *nm*, 1 (gen, ins), risk; **todo riesgo**, all risks; **a todo riesgo** (ins), against all risks; **sacar una póliza a todo riesgo**, take out an all risks policy; **capital** *nm* **riesgo**, risk capital; **por cuenta y riesgo del propietario** (ins), OR, owner's risk; **riesgos de puerto** (ins), PR, port risks. 2 danger; **hay riesgo de contaminación**, there is a danger of contamination

**riguroso(-a)** *adj* (discipline), strict

**robado(-a)** *adj* (transp), stolen

**robar** *vb*, 1 (law), rob. 2 steal; **robar la participación del mercado de otra empresa**, steal market share; **robar clientela** (gen, mktg, sales), poach; **robar personal** (recruitment), poach staff

**robo, pequeño hurto, falta de entrega** (imp/exp), PND, theft, pilferage, non-delivery

**robot** *nm*, robot; **montaje** *nm* **por robot**, (assembly by robots), robot assembly

**rociar** *vb* (crops), spray

**rodar** *vb* (gen), roll

**rodear** *vb* (make a ring round), ring

**ROM** *nf* (comp), ROM

**rompecabezas** *nm* (mktg, sales), teaser

**romper** *vb* (gen), (piece of equipment), break

**roro, ro ro** *nm* (imp/exp, transp), ro ro, roll-on, roll-off

**rotación** *nf*, turnover; **rotación de existencias**, stock turnover; **rotación de personal**, staff turnover

**roto(-a)** *adj*, broken

**rotulador** *nm*, marker pen; **rotulador de pizarra** (mktg, sales), dry marker

**rueda** *nf*, wheel

**ruido** *nm*, noise; **a prueba de ruidos**, soundproof

**ruta** *nf*, route

# S

**SA, sociedad** *nf* **anónima**, PLC, joint stock company

**sabor** *nm* (of food), taste; **un sabor nuevo**, a new taste; **tener un sabor**, taste; **la mezcla tiene un sabor muy dulce**, the mixture tastes very sweet

**sacapuntas** *nm* (offce), pencil sharpener

**sacar** *vb* **provecho de**, benefit from

**saco** *nm* (imp/exp), (container), sack

**sala** *nf*, hall; **sala de congresos**, conference hall; **sala de espera**, waiting room; **sala principal**, main hall

**salario** *nm*, wage, salary; **congelación** *nf* **de salarios**, wage freeze

**saldar** *vb*, 1 (acct) balance. 2 pay off

**saldo** *nm*, 1 clearance sale. 2 (fin), balance; **tener un saldo positivo**, be in credit; **saldo acreedor**, credit balance; **saldo a cuenta nueva** (fin), balance brought down; **saldo deudor** (fin), balance due, overdraft; **tener un saldo deudor**, be overdrawn

**salida** *nf*, (sales), outlet

**salir** *vb*, 1 (a place), leave; **el camión ha salido**, the lorry has left; **los bienes saldrán de nuestra fábrica el 12 de junio**, the goods will leave our factory on 12 June. 2 come out; **el nuevo modelo saldrá el mes que viene**, the new model will come out next month

**salón** *nm*, hall; **salón de exposiciones**, exhibition hall;

**salón de recepciones** (mktg, sales), hospitality tent

**saluda, le saluda atentamente**, Yours faithfully; **le saluda cordialmente**, Yours sincerely,

**saludar** vb, greet

**salvaguardar** vb, safeguard

**salvo error**, EE, errors excepted; **salvo error u omisión**, E + O E, errors and omissions excepted

**satisfacer** vb, satisfy; **satisfacer las condiciones**, satisfy conditions; **satisfacer los requisitos/las condiciones**, meet the requirements/the conditions

**satisfecho(-a)** adj, satisfied; **según nuestra investigación los clientes están muy satisfechos con el servicio nuevo**, according to our research customers are very satisfied with the new service

**saturación** nf, saturation

**saturado(-a)** adj, saturated

**scanner** nm, scanner

**sección** nf, 1 (in shop), department. 2 (of company), section; **sección de siniestros** (ins), claims department

**seco(-a)** adj, dry

**secretario(-a)** nm/f, secretary; **secretaria de dirección** (offce), director's secretary

**secreto(-a)** adj, secret

**sectorial** adj (economics), sectorial

**sede** nf (registered office), headquarters; **con sede en**, based in; **la empresa tiene sede en . .**, the company is based in . .,

**segmentación** nf (mktg, sales), segmentation

**segmento** nm **de mercado** (mktg, sales), market segment

**seguir** vb, follow; **seguir el rumbo previsto**, be on target; **seguir las instrucciones**, carry out instructions; **seguir una venta potencial** (mktg, sales), follow up a lead

**según** adv, according to; **según valor** (fin), ad valorem

**segundo(-a)** adj, second; **el segundo punto es . .**, the second point is . .; **en segundo lugar**, secondly

**seguridad** nf, 1 (gen), security. 2 safety; **normas** nfpl **de seguridad**, safety standards

**seguro** nm, insurance; **seguro a todo riesgo**, comprehensive insurance; **seguro de responsabilidad empresarial**, employer's liability insurance; **seguro de vida**, life insurance; **seguro provisional** (ins), cover note; **emitir un seguro provisional**, issue a cover note; **seguros**, insurance; **póliza** nf **de seguros** (ins), insurance policy; **sector** nm **de seguros**, insurance sector

**seguro(-a)** adj, safe; **una inversión segura**, a safe investment

**selección** nf, selection; **hacer una selección**, make a selection; **el procedimiento de selección** (pers, recruitment), the selection procedure

**sellar** vb (law), put a seal on a legal document

**sello** nm, 1 stamp; **poner un sello en**, (put a postage or tax stamp on), stamp. 2 company seal; (law), seal

**semáforo** nm, traffic lights

**semana** nf, week

**semanal** adj, weekly; **entregas** nfpl **semanales**, weekly deliveries

**semanario** nm, weekly magazine

**semestral** adj, half-yearly; **los resultados semestrales**, the half year results

**semestre** nm, half year

**sensibilidad** nf, sensitivity

**sensibilizar** *vb* de (mktg, sales), make aware of; **sensibilizar a los clientes de..**, make customers aware of...

**sensible** *adj*, sensitive; **ser sensible a..**, be sensitive to..; **un producto cuya demanda es muy sensible al precio**, price sensitive product

**sentencia** *nf* (law), sentence

**sentir** *vb*, 1 (orally), apologise; **siento..**, I apologise about... 2 regret

**señal** *nf*, 1 sign; **señal de carretera**, road sign. 2 (on a form, a document), tick; **poner una señal**, (documents), tick; **ponga una señal en la casilla apropiada**, please tick the appropriate box. 3 (goods, surety), deposit

**señalar** *vb*, mark

**señas** *nfpl* (name and address), details; **señas del cliente** (mktg, sales), customer details

**separar** *vb*, 1 (copies), separate. 2 divide (between)

**serie** *nf*, series

**servicio** *nm*, service; **servicio de mantenimiento**, maintenance service; **servicio postventa**, after-sales service; **servicio rápido**, fast service; **servicio de reparaciones**, servicing (appliances); **servicio de reparto nocturno**, overnight delivery service; **servicio de secretariado**, secretarial service; **servicio de traducción**, translation service; **servicio de 24 horas**, 24-hour service; **servicios** (gen), services, facilities; **entre los servicios ofrecidos por nuestro... hay ..**, among the facilities offered by our... are..; **una amplia gama de servicios**, a comprehensive range of facilities; **contrato** *nm* **de servicios** (mktg, sales), service contract; **industrias** *nfpl* **de servicios**, service industries

**sesión** *nf* **informativa**, briefing

**SEUO, salvo error u omisión**, E + O E, errors and omissions excepted

**siglas** *nfpl*, acronym

**significativo(-a)** *adj*, significant; **un aumento significativo**, a significant increase

**sigue**, to be continued

**sin** *prep*, without; **sin fuerza legal**, null and void; **sin marca** (mktg, sales), off label; **sin precedentes**, (best), record; **declarar unos resultados sin precedentes**, declare record results; **un número sin precedentes de peticiones de información de ventas**, a record number of sales inquiries; **sin valor comercial** (imp/exp), NCV, no commercial value; **sin vender**, unsold; **artículos** *nmpl* **sin vender**, unsold items; **según el contrato los artículos sin vender se pueden devolver**, according to the agreement unsold items may be returned

**sindical** *adj*, trade union; **delegado (-a)** *nm/f* **sindical** (pers), union representative

**sindicato** *nm*, trade union

**síndico** *nm* (law, fin), receiver; **nombrar a un síndico**, call in the receiver

**siniestro** *nm* **total** (ins), write off; **en nuestra opinión el vehículo es un siniestro total**, in our opinion the vehicle is a write off

**sintético(-a)** *adj*, synthetic

**sistema** *nm*, system; **sistema operativo** (comp), operating system; **sistema operativo de redes** (comp), networked system

**sitio** *nm* (for a machine), site

**situación** *nf*, 1 (gen), situation; **la situación económica**, the economic situation. 2 location. 3 **situación financiera**, financial status

**situado(-a)** *adj* (company), located; **situado en Gales**, located in Wales

**situar** *vb*, site

**sobre** *nm* (stationery), envelope; **sobre franqueado y con sus señas**, stamped addressed envelope; **sobre con las propias señas de uno y con sello**, SAE, Stamped Addressed Envelope

**sobre buque** (imp/exp), EXS, Exs, Ex Ship

**sobrecapacidad** *nf*, overcapacity

**sobrecargar** *vb*, 1 (fin, payment), overcharge. 2 overload

**sobre muelle** (imp/exp), EXQ, Exq, Ex Quay

**sobreprima** *nf* (ins), additional premium

**sobrereservar** *vb*, overbook

**sobresalido(-a)** *adj*, extruded

**sobresalir** *vb* (gen), extrude

**sobretasa** *nf* (customs), surcharge

**social** *adj*, social

**sociedad** *nf*, company; **sociedad anónima (por acciones) SA**, 1 Plc, public limited company. 2 joint stock company; **sociedad (comanditaria)**, partnership; **sociedad de responsabilidad limitada**, private limited company; **sociedad limitada**, private limited company

**socio(-a)** *nm/f*, partner; **socio comanditario** (fin), sleeping partner

**software** *nm* (mktg, sales), software

**solar** *nm*, building site

**soldar** *vb*, weld

**solicitar** *vb*, apply (for); **solicitar un puesto de trabajo**, apply for a job

**solicitud** *nf*, 1 (request), demand. 2 (a request for a job, a loan), application; **formulario** *nm* **de solicitud**, application form; (at exhibitions etc), **rogamos rellenen el formulario de solicitud de stand adjunto**, please complete the enclosed application form for a stand

**solucionar** *vb* **un problema**, solve a problem

**sondeo** *nm*, poll; **hacer un sondeo**, (opinion), poll; **llevar a cabo un sondeo**, conduct a survey

**sonido** *nm*, sound

**sorteo** *nm* (in competitions), prize draw

**stand** *nm* (mktg, sales), stand; **jefe/jefa** *nm/f* **de stand**, stand manager

**subarrendar** *vb*, sublet

**subasta** *nf*, auction

**subcontratación** *nf* (pers, gen), subcontracting

**subcontratar** *vb*, subcontract; **la empresa tiene intención de subcontratar el trabajo de montaje**, the company intends to contract out assembly work

**subcontratista** *nm/f* (gen), subcontractor

**subdirector(-ora)** *nm/f*, assistant manager, deputy manager

**subestimar** *vb*, underestimate

**subida** *nf* (fin) (increase in value), appreciation

**subir** *vb*, 1 go up, raise; **subir los precios**, raise prices; **subir bruscamente/ligeramente/constantemente**, rise sharply/slightly/steadily; **subir en**, be up by; **subir en un 2%**, go up by 2%; **subir en 5000 Ptas**, be 5000 Ptas up. 2 (increase in value), appreciate

**subproducto** *nm*, by-product

**subrayar** *vb*, 1 stress (insist, point out), emphasise; **debo subrayar que ...**, I must stress that ...

2 underline

**subvalorar** *vb*, undervalue

**subvención** *nf* (fin), subsidy

**subvencionar** *vb*, subsidise

**sucursal** *nf* (company), 1 subsidiary. 2 branch

**sueldo** *nm*, wage(s)

**suelo** *nm* (e.g. floor/ceiling), floor

**suelto(-a)** *adj*, loose

**sufrir** *vb* **(de)**, suffer (from)

**sujetar** *vb* (fasten), attach

**sujeto(-a)** *adj*, **sujeto a** (conditions) (law), subject to

**suma** *nf*, (of money), sum; **suma anterior** (fin, acct), brought forward; **suma global**, lump sum; **suma y sigue** (acct), carried forward

**sumar** *vb*, (figures), add up

**suministrador** *nm*, supplier

**suministrar** *vb*, supply

**suministro** *nm*, supply; **problemas** *nmpl* **de suministro**, supply problems

**supermercado** *nm*, supermarket

**supervisor(-ora)** *nm/f* (pers), supervisor

**suponer** *vb*, guess

**suposición** *nf*, guess

**suprimir** *vb* (gen, comp), delete, cut out

**surtido** *nm*, selection; **un buen surtido de . .** , a wide selection of . . .

**surtidor** *nm* **de gasolina**, petrol pump

**suscribir** *vb* **(una opción)**, take up (an option)

**susodicho(-a)** *adj* (corr), above; **la dirección susodicha**, the above address

**suspender** *vb*, 1 (stop), suspend; **suspender los pagos** (fin), suspend payments. 2 discontinue; **suspender la producción**, discontinue production. 3 cease; **ha sido necesario suspender la producción**, it has been necessary to cease production

**suspensión** *nf*, suspension; **suspensión de pagos**, suspension of payments; **declarar suspensión de pagos**, cease trading; **suspensión de trabajo** (pers), stoppage of work

**sustituto** *nm* (materials), substitute

# T

**tabla** *nf* (of figures), table; **la tabla muestra las cifras de ventas para el mes en curso**, the table shows the sales figures for this month

**tablero** *nm* **de hojas sueltas**, flip chart

**tácito(-a)** *adj*, tacit; **tenemos el acuerdo tácito del fabricante**, we have the manufacturer's tacit agreement

**táctica** *nf*, tactic; **su táctica habitual es . .** , their usual tactic is . . ; **una táctica de negociación**, a negotiating tactic

**tachar** *vb*, cross out; **sírvase tachar lo que no proceda**, please cross out the parts which do not apply

**talón** *nm* (fin), cheque

**talonario** *nm*, chequebook

**talla** *nf*, 1 (clothes), size. 2 (people), height

**tangible** *adj* (acct), tangible

**tanque** *nm* (imp/exp), tank

**tapa** *nf* (of container), top

**taquigrafía** *nf*, shorthand

**taquigráfico(-a)** *adj* (offce), shorthand; **nota** *nf* **taquigráfica**, shorthand note

**taquimecanógrafa** *nf* (offce), shorthand typist

**taquimecanografía** *nf* (offce), shorthand and typing

**tarde** *adv*, late; **llegar tarde**, arrive late/be late

**tarea** *nf*, task, job

**tarifa** *nf* (set charges, rates), scale, rate; **tarifa de precios**, scale of charges; **tarifa diaria**, daily rate; **tarifa de anuncios** (mktg, sales), insertion rate; **tarifa de cargamento mixto** (transp), GCR, general cargo rates

**tarjeta** *nf*, 1 (gen), card; **tarjeta de crédito**, charge card, credit card; **tarjeta inteligente**, smart card; **tarjeta telefónica**, phone card. 2 business card

**tasa** *nf*, rate; **nos figuramos que las tasas bajarán**, we expect rates to fall; **tasa uniforme**, flat rate

**tasador(-ora)** *nm/f* **de averías** (ins), loss adjuster

**tecla** *nf*, (on keyboard), key

**teclado** *nm* (comp), keyboard; **operador(-ora)** *nm/f* **de teclado**, keyboard operator

**teclear** *vb* (comp), 1 key in. 2 keyboard

**técnica** *nf*, technique

**técnico(-a)** *adj*, technical; **representante** *nm/f* **de ventas técnicas** (mktg, sales), technical sales representative

**técnico(-a)** *nm/f*, technician

**tecnología** *nf*, technology; **incorpora la última tecnología**, it incorporates the latest technology; **emplea una tecnología muy avanzada**, uses very advanced technology; **tecnología de vanguardia**, leading edge technology

**techo** *nm* (maximum), ceiling

**tela** *nf*, material, fabric

**telediario** *nm* (TV), news programme

**telefónico(-a)** *adj*, telephone; **llamada** *nf* **telefónica**, telephone call; **con respecto a su llamada telefónica reciente**, following your recent telephone call; **recibir**

**una llamada telefónica de ...**, receive a telephone call from ...

**telefonista** *nm/f* (telephone), operator

**teléfono** *nm*, telephone; **llamar por teléfono**, telephone; **ventas** *nfpl* **por teléfono** (mktg, sales), telesales; **número** *nm* **de teléfono**, phone number; **teléfono de coche**, carphone; **teléfono inalámbrico** (telec), cordless telephone; **teléfono móvil**, mobile phone

**teleimpresora** *nf* (comp), telewriter

**telemarketing** *nm*, telemarketing

**teletipo** *nm*, teleprinter

**televisión** *nf* (gen), television; **en la tele(visión)**, on the TV; **programa** *nm* **de televisión**, television programme; **televisión por cable** (mktg, sales), cable TV; **televisión por satélite** (mktg, sales), satellite TV

**televisor** *nm*, television set

**télex** *nm*, telex; **(máquina** *nf* **de) télex**, telex machine; **número** *nm* **de télex**, telex number; **enviar por télex**, telex; **llamar a una compañía por télex**, telex a company; **enviar un pedido por télex a ..**, telex an order to ..; **sírvase hacernos saber por télex los detalles de la carga**, please telex details of the load

**temporada** *nf*, season; **la temporada baja**, the quiet season; **la temporada alta**, the busy season

**temporal** *adj*, temporary

**temprano** *adv* (in the day), early

**tendencia** *nf*, **1** tendency; **una tendencia a ..**; a tendency to ..; **tiene una tendencia a ..**, it has a tendency to ..; **tener tendencia a**, be liable to ... **2** trend; **tendencia a la baja** (gen, fin), downward trend; **tendencia al alza**, upward trend

**tender** *vb* **a**, tend to

**tenedor** *nm*, beneficiary

**tener** *vb*, **1** have; **tener dinero invertido en la empresa**, have a financial stake in the company; **tener derecho (a)**, have the right (to); **tener en cuenta** (fin), allow for. **2** own. **3** (have in store), carry; **tener x en existencia** (mktg, sales), carry a stock of x; **nuestro almacén tiene existencias sustanciales de ..**, our warehouse holds considerable stocks of ...

**tercero(-a)** *adj*, third; **en tercer lugar**, thirdly

**terceros** *nmpl*, third party; **seguro** *nm* **contra robo e incendios a terceros** (ins), third party fire and theft

**tercio** *nm*, (fraction, 1/3), third

**terminal** *nf* (transp), terminal

**terminal** *nm* (comp), terminal

**terminar** *vb* (gen) (a job), complete

**términos** *nmpl*, wording; **según los términos del contrato ..**, according to the wording of the agreement ...

**terreno** *nm*, **1** ground. **2** field; **sobre el terreno**, on the spot; (mktg, sales), in the field

**test** *nm*, test

**testigo(-a)** *nm/f* (law), witness; **testigo(-a) ocular**, eyewitness; **actuar como testigo** (law), act as a witness; **firmar (un documento) como testigo**, witness a document

**tiempo** *nm*, time; **mucho tiempo**, long time; **tiempo de inactividad**, down time

**tienda** *nf*, shop

**tierra** *nf* (gen), land

**tijeras** *nfpl*, scissors

**tipo** *nm*, **1** type; **un nuevo tipo de**

**máquina**, a new type of machine. 2 (fin), (of interest), rate; **tipo actual** (fin), CR, current rate; **tipo de cambio**, rate of exchange; **tipo de interés**, rate of interest; **tipo de interés base** (fin), base rate

**tirada** nf, (print run of newspaper), circulation; **una tirada importante**, large circulation

**tirar** vb (a product), throw out, scrap

**titulares** nmpl, headline

**título** nm, 1 (gen), title; **título de propiedad**, title deed. 2 (stock market), bond; **título de una acción** (fin), share certificate. 3 **títulos** (stock market), securities. 4 (CV), qualifications; **obtener el título** (pass an exam), qualify; **títulos especiales**, special qualifications

**tiza** nf, (mktg, sales), chalk

**todo(-a)** adj, all; **todo incluido**, all inclusive; **viaje** nm **todo incluido**, package tour; **todo riesgo** (fin, ins), all risks; **póliza** nf **de seguros a todo riesgo**, all risks insurance policy

**tolerancia** nf (measurement, attitude), tolerance

**tolerar** vb (materials), tolerate

**toma** nf **de corriente** (electr), power point

**tomar** vb (gen), take; **tomar apuntes**, take notes; **tomar en cuenta**, take into account; **tomar medidas (para)**, take steps (to); **tomar nota de**, (be aware of), note; **tomar prestado**, borrow

**tómbola** nf, prize draw

**tonadilla** nf (mktg, sales), jingle

**tonelada** nf, ton; **tonelada larga**, long ton (1016 kilos); **tonelada corta**, short ton (907 kilos)

**tonelaje** nm, tonnage

**tono** nm (colour), shade; **a tono**, matching; **colores** nmpl **a tono**, matching colours

**tormenta** nf **de cerebros**, brainstorming

**total** adj, total; **gestión** nf **de calidad total**, total quality management

**total** nm, total; **un total de £23.664**, a total of £23,664; **total cobrado** (acct), cash receipts

**trabajador(-ora)** nm/f **cualificado(-a)**, skilled worker

**trabajando** adv, on the job

**trabajar** vb (gen, employees), work; **trabajar para ...** (pers), work for ..; **trabajar a las órdenes de ..**, work under ...

**trabajo** nm, 1 work; **trabajo a destajo**, piecework; **trabajo administrativo**, paperwork; **terminaremos el trabajo administrativo**, we will complete the paperwork; **trabajo en progreso**, work in progress; **trabajo lento** (pers), go slow. 2 (pers), job; **anuncio** nm **de trabajo**, job advertisement, **descripción** nf **del trabajo**, job description; **un trabajo arduo**, a challenging job

**trackball** nm (comp), trackball

**traducción** nf (imp/exp), translation

**traducir** vb, translate

**traer** vb (gen), bring

**tragaperras** nm (amusement), slot machine

**tramitar** vb, process; **tramitar un pedido**, process an order; **tramitar el despacho de aduanas** (imp/exp), clear customs

**trámites** nmpl **burocráticos**, red tape

**transacción** nf, transaction

**transbordo** nm (transp), transhipment

**transferencia** nf, transfer;

**transferencia bancaria**, credit transfer; **transferencia de fondos**, credit transfer; **transferencia por vía aérea** (fin), Air Mail Transfer; **transferencia telegráfica** (fin), telegraphic transfer

**transferible** *adj* (fin), (e.g. securities), transferable

**transferir** *vb* (fin), transfer; **transferir dinero de la cuenta Número . . . a la cuenta Número . .** , transfer money from account No . . . to account No . . .

**transitario** *nm* (transp), forwarding agent

**tránsito** *nm*, transit; **de tránsito** (transp, ins), in transit; **bienes dañados o perdidos de tránsito**, goods damaged or lost in transit

**transmisión** *nf*, (propulsion), drive; **correa** *nf* **de transmisión**, drive belt

**transmitir** *vb* (**a, de**), transmit (to, from); **transmitir un mensaje por radio**, send a message by radio

**transparencia** *nf* (OHP), transparency

**transportar** *vb*, 1 transport. 2 (on vehicle), carry; **transportar un camión cargado en un vagón de ferrocarril** (transp), piggyback

**transporte** *nm* (transp), haulage; **transporte combinado** (imp/exp), CT, combined transport

**transportista** *nm/f* (transp), (company), transporter, haulier, carrier

**transportista** *nm* **multimedio** (imp/exp), MTO, multimodal transport operator

**tratamiento** *nm*, processing; **tratamiento de residuos**, waste processing; **tratamiento de textos**, word processing; **software** *nm* **de tratamiento de textos**, word processing software

**tratar** *vb* **(con)** (negotiate with), deal (with); **tratar de** (a report) deal with; **el informe trata de . .** , the report deals with . . ; **tratar de llamar la atención** (pers), keep a high profile; **tratar de pasar inadvertido**, keep a low profile

**trato** *nm*, deal; **trato hecho**, it's a deal

**trayecto** *nm*, (distance to travel), drive; **es un trayecto corto de la oficina a la ciudad**, the office is a short drive from the town

**trazado** *nm* (a plan), outline

**tren** *nm* (transp), train; **tren directo**, through train; **tren de mercancías**, freight/goods train; **tren de pasajeros**, passenger train

**trimestral** *adj*, quarterly

**trimestre** *nm* (fin), (three months), quarter

**triplicar** *vb*, triple; **los beneficios se han triplicado**, profits have tripled

**tripulación** *nf* (gen), crew

**trueque** *nm* (imp/exp), barter; **hacer negocios de trueque**, barter; **negocios** *nmpl* **de trueque**, barter trade

**turismo** *nm*, tourism

**turista** *nm/f*, tourist

**turno** *nm*, shift; **el turno de noche**, the night shift; **jefe/jefa** *nm/f* **de turno**, shift manager

# U | V

**UE, Unión** *nf* **Europea**, EU, European Union

**últimamente** *adv*, lately

**ultimátum** *nm*, ultimatum

**último(-a)** *adj*, **1** (model, figures), latest; **el último modelo**, the very latest model; **los últimos resultados**, the latest results. **2** last

**umbral** *nm*, threshold; **llegar al umbral del 5%**, reach the 5% threshold

**unánime** *adj*, unanimous

**unanimidad** *nf*, **por unanimidad**, unanimously

**unidad** *nf* (of goods), unit; **unidad central de proceso** (comp), CPU, Central Processing Unit; **unidad de discos externa** (comp), external disc drive

**uniforme** *adj*, uniform

**Unión** *nf* **Europea**, European Union

**unitario(-a)** *adj*, unit; **coste** *nm* **unitario**, unit cost; **precio** *nm* **unitario**, unit price

**urbano(-a)** *adj* (gen), urban

**urgente** *adj*, express; **entrega** *nf* **urgente** (transp), express delivery

**usado(-a)** *adj* (second-hand), used

**usar** *vb*, use; **sin usar** (goods), unused

**uso** *nm*, use; **de uso fácil**, user friendly; **uso externo**, outside use

**usual** *adj*, usual

**usuario** *nm*, user

**utilidad** *nf* (comp), utility

**vacaciones** *nfpl*, holiday; **el Sr. Bright está de vacaciones hasta fines del mes**, Mr Bright is on holiday until the end of the month; **las vacaciones**, the holiday period

**vacante** *nf*, vacancy

**vacío(-a)** *adj*, empty; **cerrado al vacío**, vacuum sealed

**vagón** *nm* (transp), wagon; **vagón de mercancías** (transp), goods wagon

**vagón-cisterna** *nm* (transp), (rail), tanker

**vale** *nm*, voucher; **vale de comida**, LV, luncheon voucher

**valedero(-a)** *adj*, valid; **valedero a partir de ...** (tickets), valid from ...

**valer** *vb*, be worth; **valer la pena**, be worthwhile

**validez** *nf*, validity

**válido(-a)** *adj*, valid

**valioso(-a)** *adj*, valuable

**valor** *nm*, worth, value; **sin valor comercial** (imp/exp), no commercial value; **valor contable** (acct, ins), book value; **valor de rescate** (fin), surrender value; **valor nominal** (fin, stock market), face value; **valor real** (ins), current value

**valoración** *nf* (pers), appraisal

**valorado(-a)** *adj*, valued; **valorado en £5000**, valued at £5000

**valorar** *vb* **algo**, estimate the value of something

**valores** *nmpl* (stock market),

securities

**valla** *nf* **publicitaria** (mktg, sales), hoarding

**vapor** *nm*, **1** steam. **2** (imp/exp, transp), **Vapor, buque** *nm* **de vapor**, steamship

**variable** *adj*, variable; **la demanda es muy variable**, demand is very variable; **la calidad de los bienes es muy variable**, the quality of the goods is very variable

**variación** *nf*, variation

**variar** *vb*, fluctuate, vary; **el precio varía según la temporada**, the price varies according to the season

**varios(-as)** *adj*, **1** several. **2** miscellaneous

**veces** *nfpl*, **dos/tres veces más alto/bajo que . .**, twice/three times as high/low as . . .

**vehículo** *nm*, vehicle

**velocidad** *nf*, speed

**vencer** *vb* (fin), mature, fall due; **el pago vence en mayo/el uno de mayo**, payment falls due in May/on 1 May

**vencido(-a) y no pagado(-a)** *adj*, overdue; **factura** *nf* **vencida y no pagada**, overdue account

**vendedor(-ora)** *nm/f*, **1** vendor. **2** salesperson. **3** seller

**vendedora** *nf* **automática**, (for drinks), vending machine

**vender** *vb*, **1** sell; **se vende**, for sale; **vender más barato que**, undercut; **vender más barato que los competidores**, undercut competitors; **vender a un precio inferior al coste de producción**, (sell at a loss), dump; **vender más que . .**, outsell . . . **2** (fin), cash (in)

**venta** *nf*, sale; **a la venta**, on sale; **venta por oferta**, sale by tender; **una posible venta**, sales lead; **poner a la venta**, (a product), market; **venta al contado** (mktg, sales), cash and carry; **venta al detalle** (sales), retail; **venta potencial** (mktg, sales), sales lead;

**ventaja** *nf*, **1** (mktg, sales), advantage. **2** (gen, not fin), asset; **su principal ventaja es . .**, his main asset is . . .

**ventanilla** *nf* (in bank), counter

**ventas** *nfpl*, sales; **gráfico** *nm* **de ventas**, sales chart; **departamento** *nm* **de ventas**, sales department; **ingeniero(-a)** *nm/f* **de ventas**, sales engineer; **cifra** *nf* **de ventas**, sales figure; **personal** *nm* **de ventas**, sales force; **previsión** *nf* **de ventas**, sales forecast; **incentivo** *nm* **de ventas**, sales incentive; **director(-ora)** *nm/f* **de ventas**, sales manager; **punto** *nm* **de ventas**, sales point, sales outlet; **promoción** *nf* **de ventas**, sales promotion

**ver** *vb*, notice, see

**verbal** *adj*, verbal

**verdadero(-a)** *adj*, true

**verde** *adj* (colour, environmentally friendly), green; **tarjeta** *nf* **verde** (ins), green card

**verificar** *vb*, verify

**vertedero** *nm* (pile of waste), tip

**verter** *vb* (gen), spill; **nuestro camión ha vertido su carga**, our lorry has spilt/shed its load

**veto** *nm*, veto; **poner un veto**, veto

**VGA** *n* (comp), VGA

**viajar** *vb*, travel

**viaje** *nm*, **1** (mktg, sales), travel; **viajes de negocios**, business travel; **viajes regulares**, (pers, job ads), regular travel; **agencia** *nf* **de viajes**, travel agency; **agente** *nm/f* **de viajes**, travel agent; **cheque** *nm* **de viaje**, traveller's cheque; **gastos** *nmpl* **de viaje**, travel expenses; **seguro** *nm* **de viaje** (ins), travel insurance. **2** trip; **estar de viaje en Venecia**, be on a trip to Venice;

## 80 viajero(-a)

**viaje con todo incluido**, package tour

**viajero(-a)** *nm/f*, traveller; **viajero(-a) de negocios**, business traveller

**vicepresidente** *nm/f*, 1 vice chairman/chairwoman. 2 vice president

**vida** *nf*, life; **vida de producto**, product life

**vídeo** *nm*, 1 video (film); **hacer un vídeo**, video; **vídeo de la empresa**, corporate video; **vídeo de promoción**, promotional video. 2 video cassette recorder

**vinculante** *adj* (law), binding; **acuerdo** *nm* **vinculante**, binding agreement

**violar** *vb* **una patente** (law), infringe a patent

**virus** *nm* (comp), virus

**visita** *nf*, 1 visit; **visitas no solicitadas** (mktg, sales), cold calling (visits). 2 (of factory), tour

**visitante** *nm/f*, visitor

**visitar** *vb*, 1 visit. 2 (travel), call at

**vista** *nf*, sight; **a X días vista** (fin), X days after sight; **giro** *nm* **a la vista** (fin), sight draft; **letra a la vista** (fin), sight draft; **en vista de ..**, in view of ..; **en vista del coste de las materias primas ...**, in view of the cost of raw materials ...

**vivo(-a)** *adj*, living; **en vivo** (TV), live; **transporte** *nm* **de animales vivos**, transport of live animals

**volante** *nm*, (of paper), slip

**volcar** *vb* (a load), tip

**volquete** *nm* (transp), tail-lift truck

**voluntario(-a)** *adj*, voluntary

**volver** *vb*, return; **volverá a Madrid dentro de poco**, he will return to Madrid shortly; **volver a cargar** (batteries), recharge

**votar** *vb*, vote

**voto** *nm*, vote

**vuelo** *nm*, flight; **vuelo chárter**, charter(ed) flight; **vuelo directo** (transp), through flight; **vuelo regular**, scheduled flight

**vuelta** *nf*, **a vuelta de correo**, by return of post

# W

**walkman** *nm*, walkman

# Y

**yate** *nm*, yacht

# Z

**zarpar** *vb* (ships) (leave port), sail, depart

**zona** *nf*, **1** (mktg, sales), territory; **zona de ventas**, sales territory. **2** area; **gerente** *nm* **de zona**, area manager; **zona comercial**, business quarter; **zona franca**, free trade zone; **zona industrial**, trading estate

# ENGLISH — SPANISH

# A

**aar, against all risks** (ins), a todo riesgo

**able, be able to** vb (ability), poder; **we are able to deliver**, podemos entregar

**aboard** adv, a bordo

**about** adv/prep, **1** (approximately), alrededor de; **they have spent about £3000 on new equipment**, han gastado alrededor de £3000 en equipo nuevo. **2** (on the subject of, to be about); **the meeting will be about the new product launch**, la reunión tratará del lanzamiento del nuevo producto

**above** adv/prep, **1** (gen), encima, encima de; **above the main entrance**, encima de la entrada principal. **2** (on forms) susodicho (-a); **the above address**, la dirección susodicha. **3** (fin, figures), más de; **above 5%**, más del 5%

**abroad** adv, en el extranjero; **go abroad**, ir al extranjero

**absenteeism** n (pers), absentismo nm

**abuse** n (gen), abuso nm; **abuse of confidence**, abuso nm de confianza

**A/C, account/current** (fin), cuenta nf corriente

**A/C, a/c, AC** (alternating current), corriente nf alterna

**acc, acct, account**, cuenta nf

**accelerate** vb, acelerar

**accept** vb, aceptar

**acceptable** adj, aceptable

**acceptance** n, aceptación nf

**access** vb (comp), entrar; **access the network**, entrar en la red

**accessories** npl, accesorios nmpl

**accident** n (pers), accidente nm; **he has had an accident**, ha sufrido un accidente

**accommodate** vb, **1** (hotels etc), alojar. **2** (available space, machines etc), tener espacio para

**accommodation** n (hotel, flat), alojamiento nm

**accompany** vb, acompañar; **accompanied by**, acompañado de; **our manager will be accompanied by...**, nuestro gerente irá acompañado de ...

**according to** adv, según

**account** n (fin), cuenta nf; **account/current** (fin), cuenta corriente; **account executive** (mktg, sales), ejecutivo(-a) nm/f de cuentas; **account of...** (fin), cuenta de; **account sales**, cuenta de ventas; **accounts receivable to purchases** (fin, accounts), cuentas por cobrar en compras; **accounts receivable to sales** (fin), cuentas por cobrar en ventas; **advertising account**, presupuesto nm publicitario; **on account** (financial statements), a cuenta; **buy on account**, comprar a cuenta; **pay money into an account**, ingresar dinero en una cuenta

**accountant** n, contable nm, contador nm público (Lat. Am.); **chartered accountant**, censor(-ora) nm/f jurado(-a) de cuentas

**accounting** n, contabilidad nf; **accounting period** n, período nm contable, ejercicio nm financiero

**accounts clerk** n, empleado(-a) nm/f de contabilidad

**accurate** adj, correcto(-a)

**accuse** vb **(of)**, acusar (de)

**achieve** vb (fin results), lograr

**achievement** n, logro nm

**acid test ratio** n (fin), razón nm de disponible, prueba nf ácida

**acknowledge** vb **receipt (of)**, acusar recibo (de)

**acronym** n, siglas nfpl

**ad** n (mktg, sales), anuncio nm

**a/d, after date** (fin), a X días fecha; **bill payable 90 days after date**, letra a 90 días fecha

**adapt** vb, adaptar; **adapt to our needs**, adaptar a nuestras necesidades

**add** vb **(to)**, añadir (a); **please add to our order**, sírvanse añadir a nuestro pedido

**add up** vb (fin, offce), sumar

**additional** adj, adicional; **additional charge**, cargo nm adicional; **additional premium** (ins), sobreprima nf

**address** vb, 1 (letters), dirigir a; **address your cv for the attention of...**, dirija su currículum a la atención de ... 2 (deal with), **address a problem/a task**, aplicarse a un problema/una tarea

**addressee** n, destinatario(-a) nm/f

**adjust** vb, ajustar

**adjustment** n, ajuste nm; **adjustment of the figures**, ajuste financiero

**administration** n, administración nf

**admit** vb, 1 (allow to enter), admitir. 2 (acknowledge), reconocer

**admittance** n, entrada nf

**ad valorem** (fin), ad valorem, según valor

**advance** n, 1 (move forward), adelanto nm. 2 (part payment in advance), anticipo nm; **advance payment**, anticipo nm; **in advance**, de antemano; **advance booking**, reserva nf anticipada

**advantage** n (mktg, sales), ventaja nf

**advertise** vb, 1 (advertise a post), anunciar una vacante. 2 (advertise a product), hacer publicidad; **we plan to advertise in the trade journals**, nos proponemos hacer publicidad en las revistas comerciales

**advertisement** n, anuncio nm; **place an advertisement**, poner un anuncio; **reply to an advertisement**, responder a un anuncio

**advertiser** n (mktg, sales), anunciante nm

**advertising** n, publicidad nf; **advertising agent**, agente nm publicitario; **advertising campaign**, campaña nf publicitaria; **advertising manager**, jefe/jefa nm/f de publicidad

**advertorial** n (mktg, sales), informe nm publicitario

**advice** n, 1 (piece of advice), consejo nm. 2 (corr), aviso nm; **advice of..**, aviso de; **advice of payment**, aviso de pago; **advice of receipt** (imp/exp), acuse nm de recibo; **advice note**, aviso de envío

**advise** vb, 1 (counsel), aconsejar. 2 (as paid adviser, e.g. technical) asesorar. 3 (formal, letters etc), informar; **please advise us of the date of delivery**, rogamos nos informen del plazo de entrega

**advocate** n (law), abogado nm

**affect** vb (have an effect on), afectar

**affected** adj, afectado(-a); **affected by**, afectado por

**after** adv (gen), después; **after date** (fin), a X días fecha; **90 days after date**, a 90 días fecha; **after sight** (fin), a la vista; **30 days after sight**, a 30 días vista; **we will contact you after we have tested the samples**, nos pondremos en contacto con Vds. después de probar las muestras

**aftersales** adj, postventa; **our aftersales service**, nuestro servicio postventa

**against** adj (opposed to, opposite direction), contra; **the board has decided against the project**, el consejo ha decidido en contra del proyecto; **be against the trend**, ir contra la corriente; **against all risks** (ins), a todo riesgo

**agency** n, agencia nf

**agenda** n, orden nm del día; **be on the agenda**, estar entre los asuntos a tratar

**agent** n, agente nm

**aggressive** adj (mktg, sales), agresivo

**AGM, Annual General Meeting**, Junta nf General Anual

**agree** vb, **1** (a point, a figure), aceptar. **2 agree to** (action), convenir; **at the meeting we agreed to ...** en la reunión convenimos ... **3 agree to** (give assent), aceptar; **we agree to the terms of the contract**, aceptamos las condiciones del contrato. **4 agree with**, estar de acuerdo con; **we agree with your assessment of the situation**, estamos de acuerdo con su valoración de la situación

**agreed** adj, convenido(-a)

**agreement** n, acuerdo nm; **reach agreement**, llegar a un acuerdo

**agt, agent**, agente nm/f

**aid** n, ayuda nf

**aim** n, objetivo nm

**aim to ...** vb, proponerse

**air** n **by air** (transp), **1** (travel), en avión. **2** (send), por avión, aéreo; **air cargo** (transp), flete nm aéreo; **air consignment note** (imp/exp), conocimiento nm aéreo; **Air Mail Transfer** (fin), transferencia nf por vía aérea; **air waybill** (imp/exp), conocimiento nm aéreo; **air-conditioned** adj, aire acondicionado; **air-conditioned rooms**, habitaciones nfpl con aire acondicionado

**airfreight** n (transp), flete nm por avión; **send by airfreight** (transp), enviar por avión; **airfreight collect** (imp/exp), flete aéreo contra reembolso

**airport** n, aeropuerto nm; **airport terminal**, terminal nf de aeropuerto

**airtight** adj, hermético(-a)

**A Level, advanced Level** n, ~ Bachillerato nm

**all-in price** n, precio nm todo incluido

**allow for** vb (fin), tener en cuenta

**all risks** adj (fin, ins), todo riesgo; **all risks insurance policy**, póliza nf de seguros a todo riesgo

**almost** adv, casi; **inflation has reached almost 9%**, la inflación ha alcanzado casi el 9%; **your order is almost ready**, su pedido casi está listo

**alter** vb, cambiar

**alternating current** n (electricity), corriente nf alterna

**alternative** n (arrangement), posibilidad nf

**a.m. ante meridian**, de la mañana

**amt, amount** n (fin), importe nm; **the amount of the invoice is £321**, el importe de la factura es de £321

**AMT, Air Mail Transfer** (fin), transferencia nf por vía aérea

**analyse** vb, analizar

**analysis** n (of figures, of results), análisis nm; **an analysis of the figures indicates that ..**, un análisis de las cifras indica que ...

**analyst** n, analista nm/f

**annual** adj, anual; **anual bonus** (pers), sobrepaga nf anual; **Annual**

## ansaphone/answerphone

**General Meeting**, Junta nf General Anual; **annual report** (fin), memoria nf

**ansaphone/answerphone** n, contestador nm (automático)

**answer** n **(to)**, contestación nf (a); **in answer to**, en contestación a

**answer** vb, contestar

**a/o, account of ...** (fin), por cuenta nf de ...

**A/P, Additional Premium** (ins), sobreprima nf

**apologise** vb, 1 (orally), sentir; **I apologise about..**, siento ... 2 (corr), disculparse de; **we apologise for the delay**, nos disculpamos del retraso

**apology** n, disculpa nf; **please accept our apologies**, rogamos acepten nuestras disculpas

**appeal** vb, 1 **appeal against** (law), apelar contra. 2 (be attractive to customers), atraer

**application** n, 1 (request for a job, loan), solicitud nf; **application form** (exhibitions etc), formulario nm de solicitud; **please complete the enclosed application form for a stand**, rogamos rellenen el formulario de solicitud de stand adjunto; **job application form**, formulario nm de solicitud de trabajo. 2 (use of a product), aplicación nf; **our new product has many applications**, nuestro producto nuevo tiene numerosas aplicaciones. 3 (comp), aplicación nf; **this is a new application for word processing**, ésta es una nueva aplicación para el tratamiento de textos

**apply** vb, 1 (something), aplicar. 2 (for something), solicitar; **apply for a job**, solicitar un puesto de trabajo

**appoint** vb, 1 (nominate), nombrar. 2 (recruit), contratar

**appointment** n, cita nf; **make an appointment** (offce), citarse

**appraisal** n (pers), valoración nf

**appreciate** vb, 1 (understand), comprender; **we appreciate your situation**, comprendemos su situación. 2 (increase in value), subir

**appreciation** n (fin, increase in value), subida nf

**approach** vb (figures), acercarse a; **the rate is approaching the 3% mark**, el tipo se acerca al 3%

**appropriation** n (balance sheet), ~ asignación nf

**approval** n, aprobación nf; **we have the approval of..**, tenemos la aprobación de ..; **on approval** (mktg, sales), a prueba

**approve** vb, aprobar

**approved** adj (authorised), oficial, autorizado(-a); **approved retailer**, distribuidor nm autorizado; **approved supplier**, suministrador nm oficial

**AR, advice of receipt** (imp/exp), acuse nm de recibo

**A/R, all risks** (ins), todo riesgo

**arbitration** n (pers), arbitraje nm

**arcade** n (mktg, sales), galería nf; **shopping arcade**, centro nm comercial

**area** n, 1 (geog), región nf. 2 (sales territory etc), zona nf; **area manager**, gerente nm de zona; **sales area**, zona nf de ventas

**argument** n, 1 (reason), argumento nm. 2 (discussion), discusión nf

**armchair** n (offce), butaca nf

**around** adv (roughly), aproximadamente; **the price is around £5,000**, el precio es de aproximadamente 5.000 libras

**arr, arrival**, llegada nf

**arrange** vb **for**, arreglar; **we have arranged for the goods to reach you tomorrow**, hemos arreglado para que las mercancías le

## aware, be aware of 89

lleguen mañana

**arrangements** *npl*, preparativos *nmpl*

**arrears** *n*, atrasos *nmpl*; **in arrears** (of payment), moroso

**arrival** *n*, llegada *nf*; **the arrival of the consignment**, la llegada *nf* del envío

**arrive** *vb* (transp), llegar

**articulated lorry** *n* (transp), camión *nm* con remolque

**artwork** *n*, material *nm* gráfico

**A/S, Account Sales** *n*, cuenta *nf* de ventas

**a/s, after sight** (fin), a ... días vista

**assemble** *vb*, 1 (eg kits), montar; **easy to assemble**, de fácil montaje. 2 (for a meeting), reunir; **the representatives assembled in..**, los representantes se reunieron en ...

**assembled** *adj*, 1 (kits), montado(-a). 2 (meeting), reunidos(-as)

**assembler** *n* (gen), ensamblador *nm*

**assembly** *n*, 1 (completed assembly of parts), montaje *nm*; **assembly line**, línea de montaje. 2 (formal meeting, politics), junta *nf*

**assess** *vb*, evaluar

**assessment** *n* (pers), evaluación *nf*; **assessment centre**, centro *nm* de evaluación del personal

**assessor** *n* (ins), asesor *nm*

**asset** *n*, 1 (gen), ventaja *nf*; **his main asset is..**, su principal ventaja es ... 2 (balance sheet), activo *nm*; **fixed assets**, activos *nmpl* fijos

**assist** *vb*, ayudar

**assistant** *n*, 1 (gen), ayudante *nm/f*; **manager's assistant**, ayudante *nm/f* del gerente. 2 (assistant to someone), adjunto *adj*; **assistant sales manager**, jefe/jefa adjunto (-a) de ventas; **assistant manager**, subdirector(-ora) *nm/f*

**ATM, Automatic Teller Machine** (fin), cajero *nm* automático

**attach** *vb*, 1 (fasten), sujetar. 2 (corr), adjuntar; **we attach..**, adjuntamos ...

**attractive** *adj*, atractivo(-a); **available in attractive colours**, disponible en colores atractivos

**auction** *n*, subasta *nf*

**audiotypist** *n*, mecanógrafo(-a) *nm/f*

**audit** *n*, auditoría *nf*

**audit** *vb*, 1 (gen), revisar; **carry out a computer systems audit**, realizar una auditoría informática. 2 (fin), auditar

**auditor** *n* (fin), censor(-ora), *nm/f* de cuentas

**authorise** *vb* **(to do something)**, autorizar (a hacer algo)

**authorised** *adj*, autorizado(-a); **authorised capital** (fin), capital *nm* autorizado

**Automatic Teller Machine** *n* (fin), cajero *nm* automático

**A/V, ad valorem** (imp/exp), ad valorem, según valor

**av, average** *n*, promedio *nm*

**average** *n*, 1 (maths), promedio *nm*; **on average**, por término medio; **sales reached an average of 1000 per month**, las ventas alcanzaron un promedio de 1000 unidades mensuales. 2 (ins), avería *nf*; **general average** (ins), avería gruesa; **with particular average** (imp/exp, ins), con avería simple

**average** *vb* (calculate the average), calcular el promedio

**aviation** *n*, aviación *nf*

**avoid** *vb*, evitar

**aware** *adj*, **be aware of**,
1 (problems), ser consciente de.
2 (situation), estar enterado de; **make aware of** (mktg, sales), informar; **make customers**

**aware of...**, informar a los clientes sobre...

**AWB, air waybill** (imp/exp), conocimiento *nm* aéreo

# B

**BA, Bachelor of Arts**, ≈ Licenciado en Filosofía y Letras

**back** *vb*, **1** (support), apoyar. **2** (fin, guarantee), garantizar. **3** (written guarantee), avalar; **the bill has been backed by...**, la letra ha sido avalada por...

**back up** *vb* (compt), hacer una copia de seguridad

**backer** *n* (financial backer), avalista *nm/f*, garante *nm/f*

**backing** *n* (gen), respaldo *nm*

**back load** *n* (transp), carga *nf* de regreso

**back-to-back credit** *n* (fin), crédito *nm* al fabricante con respaldo de un crédito exterior

**badge** *n*, chapa *nf*

**BAF, bunker adjustment factor** (imp/exp), factor *nm* de ajuste de carbonera de un buque

**bag** *n*, bolsa *nf*

**bail** *n* (law), fianza *nf*; **release on bail**, poner en libertad bajo fianza

**bailiff** *n* (law), alguacil *nm*

**balance** *n*, **1** (fin), saldo *nm*; **balance due** (fin), saldo *nm* deudor; **balance sheet**, balance *nm*. **2** (orders), resto *nm*; **the balance of the order will be sent shortly**, el resto del pedido se enviará en breve

**balance** *vb* (acct), saldar

**bale** *n* (imp/exp), bala *nf*

**ban** *n* (on publication, export etc), prohibición *nf*; **they have put a**

**ban on the press release**, han prohibido el boletín de prensa

**ban** *vb*, prohibir

**bank** *n*, banco *nm*; **bank charges** (in a particular transaction), gastos *nmpl* bancarios; **bank deposit**, depósito *nm* bancario; **bank draft**, letra *nf* de cambio; **bank note**, billete *nm*; **bank rate**, tipo *nm* bancario; **Bank for International Settlements**, Banco de Operaciones Internacionales

**bank** *vb*, (fin), ingresar

**bank on** *vb*, contar con

**bankrupt** *adj*, **go bankrupt**, quebrar

**bar** *n* (for drinks), bar *nm*

**bar chart** *n*, gráfico *nm* de barras

**bar code** *n* (gen, comp), código *nm* de barras

**bargain** *n* (gen), ganga *nf*

**bargain** *vb* (mktg, sales), regatear

**barge** *n* (transp), barcaza *nf*

**barrel** *n* barril *nm*

**barrister** *n* (law), abogado *nm*

**barter** *n* (imp/exp), trueque *nm*; **barter trade** (imp/exp), negocios *nmpl* de trueque

**barter** *vb* (gen), hacer negocios de trueque

**based** *adj*, **based in**, con sede *nf* en; **the company is based in ..**, la empresa tiene sede en..; **based on**, basado en; **the assessment is based on ..**, la evaluación se basa en ...

**base rate** *n* (fin), tipo *nm* de interés base

**basic** *adj*, básico(-a); **basic equipment**, equipo *nm* básico; **basic point**, lo básico

**batch** *n* (gen), lote *nm*; **batch processing** (comp), tratamiento *nm* por lotes

**battery** *n* (electr), **1** (small), pila *nf*. **2** (large, multicell), batería *nm*

**B + B, Bed and Breakfast**, cama *nf* y desayuno *nm* ≈ pensión *nf*

**bbl, barrel**, barril *nm*

**B/D, bank draft** (fin), letra *nf* de cambio

**bd, b/d, brought down, balance brought down** (fin), saldo *nm* a cuenta nueva

**B/E 1** (imp/exp), **bill of entry** declaración *nf* aduanal. **2** (fin), **bill of exchange** letra *nf* de cambio

**bear** *n* (stock market), mercado *nm* bajista

**bear** *vb* (stand, put up with), aguantar

**bearer** *n* (of a document), portador *nm*; **bearer securities**, títulos *nmpl* al portador

**Bed and Breakfast** *n*, cama *nf* y desayuno *nm*, ≈ pensión *nf*

**before** *adv*, antes; **before 5 June**, antes del 5 de junio; **before ordering**, antes de colocar un pedido

**behalf** *n*, **on behalf of 1** (gen), de parte de. **2** (fin), en beneficio de

**below** *prep*, debajo de; **below 5%**, debajo del 5%

**benefit** *n* (gen), beneficio *nm*; **one of the benefits of our service is ..**, uno de los beneficios de nuestro servicio es ...

**benefit from ...** *vb*, sacar provecho de ...

**berth** *n*, **1** (harbour), amarradero *nm*. **2** (in trains), litera *nf*

**berth** *vb* (transp), atracar

**between** *prep*, entre

**bf, b/f, brought forward** (fin, acct), suma *nf* anterior

**bid** *n* (fin), oferta *nf*

**bid for** *vb* (fin), hacer una oferta por

**big** *adj*, **1** (size), grande.

**2** (reputation), importante

**bill** n, **1** (to be paid), factura nf. **2** (negotiable), letra nf. **3** (politics), proyecto nm de ley; (imp/exp)

**bill of entry** declaración nf aduanal; (fin)

**bill of exchange** letra nf de cambio

**Bill of Lading** (imp/exp), conocimiento nm de embarque; **clean bill of lading**, conocimiento de embarque sin objeciones

**bill of sale**, contrato nm de compraventa

**billboard** n (mktg, sales), cartelera nf

**binding** adj (law), vinculante; **binding agreement**, acuerdo nm vinculante

**biro** n, bolígrafo nm

**BIS, Bank for International Settlements**, Banco nm de Operaciones Internacionales

**Bk, bank** (fin), banco nm

**B/L, Bill of Lading** (imp/exp), conocimiento nm de embarque

**bl** (imp/exp), **1 barrel**, barril nm. **2 bale**, bala nf

**blackboard** n, pizarra nf

**blister pack** n (mktg, sales), embalaje nm de plástico tipo burbuja

**blue-chip** adj (fin), (share), fiable; **blue-chip company**, compañía nf fiable

**blue collar** n (pers), obrero(-a) nm/f (manual)

**blurb** n (mktg, sales), propaganda nf publicitaria

**board of directors**, n, Consejo nm de Administración; **member of the board of directors**, consejero(-a) nm/f

**boat** n (transp), barco nm

**bolt** n (engineering), perno nm

**bolted** adj (engineering), unido(-a) con pernos

**bond** n **1** (stock market), obligación nf, título nm. **2** (guarantee), fianza nf

**bonded warehouse** n (imp/exp), almacén nm de depósito

**bonus** n, **1** (ins), prima nf; **no claims bonus**, bonificación nf. **2** (extra wage payment), paga nf extra(ordinaria)

**book** vb (accommodation), reservar; **book a stand**, reservar un stand; **book an order**, hacer un pedido

**booking** n, reserva nf

**booking form** n formulario nm de reserva; **please complete the enclosed booking form**, rogamos rellene el formulario de reserva adjunto

**book value** n (acct, ins), valor nm contable

**boom** n (mktg, sales, fin), boom nm; **we have seen a boom in sales**, hemos visto un alza rápida de las ventas

**booming** adj (mktg, sales, fin), en fuerte expansión

**boot up** vb (comp), arrancar

**born** adj (pers), nacido(-a); **born 12 June 1972**, nacido el 12 de junio de 1972

**borrow** vb, tomar prestado

**borrowings** npl (fin), préstamos nmpl

**box** n, **1** (gen), caja nf. **2** (on a form), casilla nf; **tick the appropriate box**, poner una señal en la casilla apropiada

**brainstorming** n, tormenta nf de cerebros

**brake** vb, frenar

**branch** n, sucursal nf

**brand** n (mktg, sales), marca nf; **brand image**, imagen nf de marca; **brand loyalty**, lealtad nf a la marca; **brand name**, nombre nm comercial

**breach** n, incumplimiento nm;

**breach of an agreement**, incumplimiento de un contrato; **be in breach of an agreement** (law), estar en incumplimiento de contrato; **breach of contract**, incumplimiento de contrato; **be in breach of contract**, estar en incumplimiento de contrato

**break** vb 1 (gen, e.g. a piece of equipment), romper. **2 break the law**, infringir una ley

**break** vb **bulk** (transp), desestibar

**break down** vb, 1 (car), averiarse. 2 (figures), analizar. 3 (analysis of figures), desglosar

**break even** vb (fin), cubrir gastos

**break in** vb (law), forzar una entrada

**breakdown** n, 1 (car), avería nf. 2 (analysis of figures), desglose nm

**break-even point** n (fin), punto nm de equilibrio

**break-in** n (law), escalamiento nm

**bridge** n, puente nm

**bridge** vb (gap between positions), llenar (un vacío)

**brief** vb (**on/about**), informar (de)

**briefing** n, sesión nf informativa

**bring** vb (gen), traer

**bring out** vb (new model), lanzar

**broadcast** vb (on radio, TV), emitir

**brochure** n, folleto nm

**broken** adj, roto(-a)

**broker** n (fin), agente nm/f

**bros, brothers** npl, hermanos nmpl

**brown goods** npl (mktg, sales), línea nf marrón

**B/S**, 1 (fin), **balance sheet**, balance nm. 2 (fin, imp/exp), **bill of sale**, contrato nm de venta

**BS 5750** n, certificado de calidad del Instituto Británico de la Estandarización

**bt fwd, brought forward** (fin), suma nf anterior

**budget** n (fin), presupuesto nm

**budget for** vb (fin), presupuestar; **we have budgeted for an increase in overheads**, hemos presupuestado un aumento de los gastos generales

**build** vb, construir

**building** n, 1 (accommodation), edificio nm. 2 (activity), construcción nf

**building site**, 1 solar nm. 2 (being built on), obra nf

**bulk** adj (transp), 1 (quantity), en grandes cantidades; **bulk buying** (mktg, sales), compras nfpl en grandes cantidades. 2 (loose), a granel

**bulk carrier** n (transp, sea), granelero nm

**bulk storage** n 1 (transp), almacenaje nm a granel. 2 (comp), almacenamiento nm masivo

**bull** n (stock market), mercado nm alcista

**buoyant** adj (mktg, sales), con tendencia al alza; **the market is buoyant**, el mercado tiene tendencia al alza

**burglary** n (law), escalamiento nm

**burgle** vb escalar

**bus** n (transp), autobús nm; **bus station** n, estación nf de autobuses

**business** n (gen), negocio nm; **do business**, comerciar con; **business address**, dirección nf comercial; **business trip**, viaje nm de negocios; **business year** ejercicio nm social; **businessman**, empresario nm; **businesswoman** empresaria nf

**bust, go bust** vb (fin), 1 (file for bankruptcy), declararse en quiebra. 2 (business failure), ir a la quiebra

**busy** adj, 1 (telec), ocupado(-a); **the**

**line is busy,** la línea está ocupada. **2** (person), ocupado(-a); **I have no spare time – I am very busy,** no tengo tiempo libre – estoy muy ocupado

**buy** *vb,* comprar

**buy out** *vb* (gen), comprar la parte de; **we bought out W's share in XYZ in 1993,** compramos la parte de W en XYZ en 1993

**buyer** *n,* **1** (gen), comprador(-ora) *nm/f.* **2** (in charge of purchasing), jefe/jefa *nm/f* de compras

**by-product** *n,* subproducto *nm*

# C

**C & F, cost and freight** (imp/exp), C y F, coste y flete

**CA, chartered accountant,** censor(-ora) *nm/f* jurado(-a) de cuentas

**cable** *n* cable *nm;* **cable TV** (mktg, sales), televisión *nf* por cable

**CAC, currency adjustment charge** (fin, imp/exp), gasto *nm* de ajuste de moneda

**CAD, Computer Assisted Design** (comp), Diseño *nm* Asistido por Ordenador; **CAD/CAM, Computer Assisted Design and Manufacture** (comp), Diseño *nm* Asistido por Ordenador/Fabricación Asistida por Ordenador

**CAF, currency adjustment factor** (fin, imp/exp), factor *nm* de ajuste de moneda

**calculate** *vb* (fin), calcular

**calculator** *n* (offce), calculadora *nf*

**calendar** *n* (offce), calendario *nm;* **calendar year,** año *nm* civil

**call** *n,* **1** (telephone call), llamada *nf.* **2** (visit), visita *nf*

**call** *vb,* **1** (gen, name, phone), llamar; **the new product is called 'Luxus',** el nuevo producto se llama 'Luxus'. **2** (committee meeting), convocar; **call a committee meeting,** convocar una reunión de la junta;

**call at** *vb* (travel), visitar

**call back** *vb* (telephone), volver a llamar

**call for** *vb,* **1** (a load) (transp), ir a recoger; **our driver will call for**

**the load**, nuestro conductor irá a recoger la carga. **2** (a person), recoger; **I will call for you at your hotel**, le recogeré en su hotel. **3** (political change), reclamar; **call for changes**, reclamar cambios. **4** (union movements), declarar; **call for a strike**, declarar una huelga

**call in** vb **a loan**, denunciar un préstamo

**call in** vb **the receiver** (fin), nombrar a un síndico

**call on** vb, **1** (visit), visitar. **2** (request support), pedir; **we shall call on the chamber of commerce to support the exhibition**, pediremos a la Cámara de Comercio su apoyo para la exposición

**camera** n, **1** (photographs), máquina nf. **2** (video), cámera nf (de vídeo)

**campaign** n, campaña nf

**campaign** vb, hacer una campaña

**can** n, **1** (tin), lata nf. **2** (larger metal container), bidón nm

**can** vb, poder

**canal** n (transp), canal nm

**cancel** vb, cancelar

**cancellation** n (of reservation), cancelación nf

**canvass** vb (mktg, sales), buscar clientes

**capacity** n, **1** (volume held), capacidad nf; **production capacity**, capacidad productiva. **2** (potential), capacidad nf; **he has the capacity to..**, tiene la capacidad de... **3** (role), calidad nf; **in the capacity of**, en la calidad de; **he is acting in the capacity of**, actúa en su calidad de

**capital** n, **1** (fin), capital nm; **capital assets**, activo nm fijo; **capital gains tax**, impuesto nm sobre la plusvalía; **capital goods**, bienes nmpl de equipo; **capital investment**, inversiones nfpl de capital; **capital outlay**, gastos nmpl de capital; **called up capital**, capital cuyo desembolso se ha solicitado. **2** (letter), mayúscula nf

**capital intensive** adj, intensivo(-a) de capital

**captain** n (transp), capitán nm

**car** n, coche nm; **car hire**, alquiler nm de coche; **car parking**, aparcamiento nm

**card** n, tarjeta nf; **business card**, tarjeta nf; **file card**, ficha nf; **card index**, fichero nm

**cardboard box** n (imp/exp), caja nf de cartón

**care** n, cuidado nm; **with care**, con cuidado; **take care of**, **1** (protect), cuidar; **2** (see to), encargarse de; **our agent will take care of the..**, nuestro agente se encargará de...

**career** n (pers), carrera nf profesional; **career objective** (pers), objetivo nm profesional

**cargo** n (transp), carga nf; **cargo handler**, cargador nm

**carousel** n (slide projector), bombo nm de diapositivas

**carphone** n, teléfono nm de coche

**carriage** n (transp), porte nm; **carriage forward** (imp/exp), porte debido; **carriage free** (transp), franco de porte; **carriage paid** (fin), porte pagado; **carriage paid to..**, (imp/exp), porte pagado hasta...

**carried forward** adj (acct), suma y sigue

**carrier** n (transp), transportista nm

**carry** vb, **1** (on vehicle), transportar. **2** (in hands), llevar. **3** (have in store), tener; **carry a stock of x** (mktg, sales), tener x en existencia

**carry forward** vb **(to)** (fin), pasar a cuenta nueva

**carry out** vb (gen, accomplish), llevar a cabo; **carry out a project**, llevar a cabo un proyecto; **carry out instructions**, seguir las instrucciones

**carton** n (imp/exp), caja nf de cartón

**case** n, **1** (gen), caso nm; **a case study**, un estudio nm de casos. **2** (crime, problem), asunto nm; **the case of the stolen lorry**, el asunto del camión robado. **3** (suitcase), maleta nf. **4** (cardboard box) caja nf; **a case of wine**, una caja de vino

**cash** n (notes and coins), dinero nm en efectivo; **I have £220 sterling in cash**, tengo 220 libras esterlinas en efectivo; **cash and carry** (mktg, sales), venta nf al contado; **cash before delivery** (mktg, sales), pago nm antes de la entrega; **cash cow** (fin), cash cow; **cash desk** (gen), caja nf; **pay at the cash desk**, pagar en caja; **cash discount** (mktg, sales), descuento nm por pronto pago; **cash dispenser** (bank), cajero nm automático; **cash in advance**, pago nm por anticipado; **cash on delivery**, pago nm contra reembolso; **cash on shipment** (imp/exp), envío nm contra reembolso; **cash receipts** (acct), total nm cobrado; **cash with order** (mktg, sales), pago nm al hacer el pedido; **in cash** (fin), en efectivo; **pay cash** (at time of purchase), pagar al contado; (in notes/coins), pagar en efectivo

**cash (in)** vb (fin), vender

**cashflow** n (pre-tax) (fin), cash-flow nm; **cashflow problems** (fin), problemas nmpl de cash-flow; **cashflow projection** (fin), proyección nf de cash-flow

**cashier** n (fin), cajero(-a) nm/f

**cast** vb (techn), fundir

**casting** n (techn), pieza nf fundida

**catalogue** n (mktg, sales), catálogo nm

**catch** vb **a train/plane**, coger un tren/un avión

**catch up** vb **(with)** (gen), alcanzar

**cater for** vb, **1** (gen) (take into account), atender a; **the plan caters for disabled persons**, el plan atiende a los minusválidos. **2** (food), abastecer (de comida)

**caterer** n (gen), abastecedor(-ora) nm/f

**cause** n, causa nf

**cause** vb, causar

**CBD, cash before delivery** (mktg, sales), pago nm antes de la entrega

**CBI, Confederation of British Industry**, Confederación nf de la Industria Británica (Spain ~ CEOE, Confederación Española de Organizaciones Empresariales)

**cc, charges collect** (imp/exp), gastos nmpl a cobrar a la entrega

**cc, cubic centimetre**, centímetro nm cúbico

**CCTV, closed circuit television**, circuito nm interno de televisión

**CD-ROM** n (comp), CD-ROM

**cease** vb, suspender; **it has been necessary to cease production**, ha sido necesario suspender la producción; **cease trading**, cerrar la compañía

**ceiling** n (maximum), techo nm; **go through the ceiling**, disparar

**central** adj, central

**centralise** vb, centralizar

**CEO, Chief Executive Officer**, Jefe/Jefa nm/f Ejecutivo(-a)

**certificate** n, certificado nm; **certificate of origin** (imp/exp), certificado de origen

**certification** n, certificación nf

**certified** adj, certificado(-a); **certified copy**, copia nf certificada

**certify** vb, certificar

**CF, cost and freight** (imp/exp), coste y flete

**cf, carried forward** (fin), suma y sigue

**cge pd, carriage paid** (mktg, sales), porte *nm* pagado

**chain** *n*, cadena *nf*; **chain store**, cadena *nf* de tiendas

**chair** *vb* **(a meeting)**, presidir (una reunión)

**chairman/chairwoman** *n* (pers), presidente(-enta) *nm/f*

**chalk** *n* (mktg, sales), tiza *nf*

**challenge** *n*, reto *nm*

**challenging** *adj*, desafiante; **a challenging job**, un trabajo *nm* arduo

**chamber** *n*, 1 (of commerce), cámara *nf*; **chamber of commerce**, cámara de comercio. 2 (large room), sala *nf*

**change** *n*, cambio *nm*; **have you got change for 100 pesetas?**, ¿me puede cambiar 100 pesetas?

**change** *vb* cambiar

**channel** *n*, canal *nm*

**channel** *vb* (gen), dirigir; **channel the ... towards**, dirigir el ... hacia

**character** *n*, 1 (references, morals), reputación *nf*; **of good character**, de buena reputación. 2 (personality), carácter *nm*; **a pleasant character**, un carácter agradable. 3 (comp), carácter *nm*

**charge** *n*, 1 (cost), gasto *nm*; **charge card**, tarjeta *nf* de crédito; **charges** (fin), gastos *nmpl*; **charges payable** (fin), gastos a pagar; **charges collect** (imp/exp), entrega *nf* contra reembolso. 2 (accusation), acusación *nf*

**charge** *vb*, 1 (with crime), acusar de. 2 **charge (for)**, cobrar; **we will have to charge you for ...**, le tendremos que cobrar ...

**chart** *n* (offce), gráfico *nm*

**chart** *vb* (results), presentar en forma gráfica

**charter** *n* (transp), fletamento *nm*; **time charter**, fletamento por tiempo; **charter party** (transp), contrato *nm* de fletamento

**charter** *vb* (transp), fletar

**chartered accountant** *n* (fin), censor(-ora) *nm/f* jurado(-a) de cuentas

**chartered flight** *n*, vuelo *nm* chárter

**chartering** *n* (transp), fletamento *nm*

**cheap** *adj*, 1 (cost), barato(-a). 2 (quality), de mala calidad

**check** *vb*, 1 (monitor regularly), controlar. 2 (make sure), comprobar. 3 (stop), detener; **check inflation**, detener la inflación

**check in** *vb*, 1 (air), facturar. 2 (hotel), firmar el registro; **check in desk**, mesa *nf* de facturación

**check out** *vb*, 1 (verify), comprobar. 2 (of hotel), pagar y marcharse

**checklist** *n*, lista *nf* de comprobación

**chemicals** *npl*, productos *nmpl* químicos

**chemist** *n*, 1 (techn), químico(-a) *nm/f*. 2 (shop), farmacia *nf*

**cheque** *n* (fin), cheque *nm*, talón *nm*; **crossed cheque**, cheque cruzado; **cheque book**, talonario *nm*

**chief executive officer** *n*, director (-ora) *nm/f*

**children** *npl* (forms, CV), hijos(-as) *nmpl/nfpl*

**choose** *vb*, escoger

**chq, cheque** (fin), cheque *nm*, talón *nm*

**CIA, cash in advance** (mktg, sales), pago *nm* por anticipado

**CIF, cost, insurance, freight** (imp/exp), coste, seguro y flete (CIF)

**CIF & E, cost, insurance, freight and exchange variations/or banker's charges** (imp/exp), coste, seguro, flete y gastos de cambio y negociación (CIF&E)

**CIP, carriage, freight and insurance paid to ...** (imp/exp), flete, porte y seguro pagado hasta ... (CIP)

**circle** vb (on forms), indicar

**circuit** n, circuito nm

**circulate** vb (document), hacer circular

**circulation** n (of newspaper), 1 (distribution), circulación nf. 2 (print run), tirada nf; **large circulation**, una tirada importante

**circumstances** npl, circunstancias nfpl

**claim** n, 1 (gen), reclamación nf. 2 (ins), demanda nf de indemnización por siniestro; **claims department** (ins), sección nf de siniestros

**claim** vb, 1 (to be true), afirmar. 2 (a right), reclamar. 3 (damages), reclamar. 4 (responsibility), reivindicar. 5 (better rights or conditions), reivindicar; **the union is claiming a wage increase**, el sindicato reivindica un aumento salarial

**clause** n, cláusula nf

**clean** adj, limpio(-a); **clean bill of lading** (imp/exp), conocimiento nm de embarque sin objeciones

**clear** adj (transparent, obvious), claro(-a); **it is clear that..**, está claro que ..; **a clear increase/decrease** (trends), un aumento/descenso claro

**clear** vb. 1 **clear customs** (imp/exp), tramitar el despacho de aduanas; **cleared customs** (imp/exp), pasado por aduana. 2 **clear stocks** (mktg, sales), liquidar las existencias

**clearance** n, 1 (of customs), despacho nm aduanero. 2 **clearance sale** (mktg, sales), liquidación nf

**clerical assistant** n (offce), oficinista nm/f

**client** n, cliente nm/f; **client database** (mktg, sales), base nf de datos de clientes

**climb** vb, subir

**clip** vb **the coupon** (mktg, sales), recortar el cupón; **just clip the coupon and return it to the address at the top of the advertisement**, recorte el cupón y envíelo a la dirección indicada en la parte superior del anuncio

**clock** n (offce), reloj nm

**clone** n (comp), clon nm

**close** vb, cerrar

**close down** vb, 1 (a computer), apagar. 2 (a company), cerrar

**closing date** n (gen), fecha nf de cierre

**C/N, credit note** (mktg, sales), nota nf de crédito

**C/O, care of** (transp), a la atención de

**Co, company**, compañía nf

**coach** n (transp), autocar nm; **coach station**, estación nf de autobuses

**COD, cash on delivery** (mktg, sales), pago nm a la entrega de las mercancías

**code** n (of practice, security of software), código nm

**code** vb (encode), cifrar

**coin** n, moneda nf

**cold calling** n (mktg, sales), 1 (possible customers), visitas nfpl no solicitadas. 2 (telephoning possible customers), llamadas nfpl no solicitadas

**cold storage** n (transp), almacenaje nm frigorífico

**collapse** vb (sales), hundirse; **the**

**price of 32 bit microchips has collapsed**, el precio de los microprocesadores de 32 bits se ha hundido

**collateral** *n* (fin), garantía *nf* subsidiaria

**collect** *vb*, **1** (hobby), coleccionar. **2** (a load), recoger

**collection** *n* (loads), recogida *nf*

**column** *n* (of figures), columna *nf*; **columns** (of a bar chart), barras *nfpl*

**combine** *vb*, combinar

**combined** *adj*, combinado(-a); **combined transport bill of lading** (imp/exp), conocimiento *nm* de embarque para el transporte combinado; **combined transport operator** (imp/exp), cargador *nm* de transporte combinado

**come out** *vb*, salir; **the new model will come out next month**, el nuevo modelo saldrá el mes que viene

**command** *n* (comp), orden *nf*

**comment** *vb*, comentar

**commercial** *n* anuncio *nm*

**commission** *n* (sales, fin), comisión *nf*; **charge commission on ...**, cobrar una comisión por ...

**commodities** *npl* (fin), mercancías *nfpl*

**communicate** *vb*, comunicar

**communication** *n*, comunicación *nf*; **corporate communication** (pers), comunicación corporativa

**compact disc** *n*, disco *nm* compacto

**company** *n* (Plc, Ltd etc), sociedad *nf*, empresa *nf*; **company accommodation** (pers), instalaciones *nfpl* de la empresa; **company car**, coche *nm* de la empresa; **company secretary**, secretario(-a) *nm/f* de la empresa

**comparative** *adj*, comparativo(-a)

**compare** *vb* **(with)**, comparar (con)

**compared** *adj* **(with)**, comparado(-a) (con)

**comparison** *n* (gen, fin), comparación *nf*; **in comparison with ...**, en comparación con ...

**compensate** *vb* (gen, ins), indemnizar; **we would like to compensate you for ...**, quisiéramos indemnizarle ...

**compensation** *n* (law), indemnización *nf*

**competition** *n* (mktg, sales), competencia *nf*

**competitive** *adj*, competitivo(-a); **competitive price**, precio *nm* competitivo

**competitor** *n*, competidor(-ora) *nm/f*

**complain** *vb*, quejarse

**complaint** *n*, **1** (gen, mktg, sales), queja *nf*; **make a complaint**, hacer una queja. **2** (law), querella *nf*; **lodge a complaint**, presentar una querella

**complete** *adj*, completo(-a); **a complete set of documents**, un juego completo de documentos

**complete** *vb*, **1** (a document), rellenar. **2** (a manufacturing process), acabar. **3** (a job), terminar

**complimentary ticket** *n*, entrada *nf* de favor

**comply with** *vb* (law), acatar

**component** *n*, pieza *nf*

**composed** *adj* **of**, **be composed of**, estar compuesto(-a) de

**comprehensive** *adj*, completo(-a); **comprehensive insurance**, seguro *nm* a todo riesgo; **a comprehensive report**, un informe *nm* completo

**compromise** *n*, arreglo *nm*, acuerdo *nm* amistoso

**computer** *n* (comp), ordenador *nm*; **computer manager** (pers), jefe/jefa nm/f de informática; **computer operator**, operador (-ora) nm/f de ordenador

**computing** n, informática nf

**concessionaire** n, concesionario nm

**condition** n, 1 (general state), condición nf, estado nm; **market conditions are..**, las condiciones de mercado son..; **the machinery is in good condition**, la maquinaria está en buen estado. 2 (agreements), condición nf; **conditions of sale**, condiciones de venta; **on condition that..**, a condición de que...

**conduct** vb **(a survey)**, llevar a cabo (un sondeo)

**conference** n, congreso nm; **conference hall**, sala nf de congresos

**confidence** n (be sure of), confianza nf; **have confidence in..**, tener confianza en...

**confidential** adj, confidencial; **a confidential document**, un documento nm confidencial

**confirm** vb, confirmar

**confiscate** vb (law), confiscar

**congratulate** vb, felicitar

**congratulations** npl, felicitaciones nfpl

**connect** vb (comp), conectar

**connection** n (gen travel), enlace nm; **catch a connection**, enlazar con

**consider** vb, 1 (reflect), considerar. 2 (take into account), tomar en cuenta

**considerably** adv, mucho; **considerably higher/lower than...** (gen, fin), mucho más alto/bajo que..; **considerably more/less than...** (gen, fin), mucho más/menos que...

**consignee** n (imp/exp), consignatario(-a) nm/f

**consignment** n (transp), envío nm

**consignor** n (transp), consignador (-ora) nm/f

**construction industry** n, industria nf de la construcción

**consular invoice** n (imp/exp), factura nf consular

**consultancy** n, consultoría nf; **on a consultancy basis**, a base de consultoría

**consultant** n (gen), consultor(-ora) nm/f; **a firm of consultants**, una consultoría nf, una asesoría nf

**consumer** n (fin), consumidor(-ora) nm/f; **consumer goods** (gen), bienes nmpl de consumo; **consumer protection**, protección nf al consumidor

**consumption** n (fin), consumo nm

**cont**, **to be continued**, sigue

**contact** vb (gen), ponerse en contacto con, contactar; **please contact me on this number**, contácteme en este número, por favor; **contact our office**, póngase en contacto con nuestra oficina

**container** n (transp), contenedor nm; **container lorry**, camión nm portacontenedores; **container ship**, buque nm contenedor; **refrigerated container**, contenedor frigorífico; **sealed container**, contenedor precintado

**containerised** adj (transp), contenerizado(-a)

**continuous** adj, continuo(-a); **continuous production** (gen), producción continua; **continuous stationery**, papel nm continuo

**contract** n, contrato nm; **temporary contract**, contrato temporal; **contract of employment** (pers), contrato de empleo

**contract out** vb, subcontratar; **the company intends to contract out assembly work**, la empresa tiene intención de subcontratar el trabajo de montaje

**contracted** *adj*, contratado(-a)

**contractor** *n* (gen), contratista *nm/f*

**contravene** *vb* (law), contravenir

**control** *vb*, controlar

**convenient** *adj*, cómodo(-a); **be convenient**, ser conveniente; **when will it be convenient?**, ¿cuándo será conveniente?

**cooling-off period** *n* (law), período *nm* de reflexión

**copy** *n*, 1 (of magazine, book), ejemplar *nm*. 2 (photocopy, carbon copy), copia *nf*. 3 (of journal or newspaper), número *nm*. 4 (advertising text), material *nm*

**copy** *vb* (file/document), copiar; **copy something to ..**, copiar algo a ...

**copyright** *n* (law), derechos *nmpl* de autor, copyright *nm*

**copyright** *vb* (law), registrar como copyright

**copywriter** *n* (mktg, sales), escritor (-ora) *nm/f* de material publicitario

**cordless telephone** *n* (telec), teléfono *nm* inalámbrico

**corporate** *adj*, empresarial, de la empresa; **corporate identity** (mktg, sales), identidad *nf* de la empresa; **corporate strategy**, estrategia *nf* empresarial

**corporation tax** *n* (companies), ≈ impuesto *nm* sobre sociedades

**correspond to** *vb*, 1 (equivalent to), corresponder a. 2 (meet legal requirement), conformarse con

**COS**, **cash on shipment** (imp/exp), pago *nm* al embarcar

**cost** *n*, 1 (gen), coste *nm*; **cost and freight** (imp/exp), coste y flete; **cost, insurance, freight** (imp/exp), coste, seguro y flete; **cost effective** *adj*, rentable; **cost of living**, coste de vida; **cost of living index**, índice *nm* de coste de vida; **cost price** (fin), precio *nm* de coste; **cost savings** (gen), economías *nfpl*; **achieve cost savings**, hacer economías. 2 (recurring expenses), gastos *nmpl*

**cost** *vb*, 1 (calculate expenditure), calcular el coste de; **the project has been costed at £200,000**, el coste del proyecto se ha calculado en £200.000. 2 (price), costar; **the machinery cost £40,000**, la maquinaria costó £40.000

**costly** *adj*, costoso(-a)

**counsel** *n* (law), abogado(-a) *nm/f*; **counsel for the defence**, defensor(-ora) *nm/f*

**count** *vb*, contar; **count on**, contar con

**counter** *n*, mostrador *nm*

**countersign** *vb*, refrendar

**country** *n*, 1 (nation), país *nm*; **country of origin** (imp/exp), país de origen. 2 (out of town), campo *nm*; **be in the country**, estar en el campo

**coupon** *n* (mktg, sales), cupón *nm*

**course** *n*, 1 (in restaurant), plato *nm*. 2 (in education), curso *nm*; (a series of lectures, a programme of studies), un ciclo *nm* de conferencias; **a course in ..**, un curso de ...

**court** *n* (law), juzgado *nm*

**cover** *n* (fin, ins), cobertura *nf*; **cover note** (ins), seguro *nm* provisional; **issue a cover note**, emitir un seguro provisional

**cover** *vb* (gen), cubrir; **be covered for ... risks** (ins), tener cobertura para ... riesgos

**CP**, **carriage paid** (mktg, sales), porte *nm* pagado

**CP**, **charter party** (imp/exp), contrato *nm* de fletamento

## 102 CPT, cost per thousand

**CPT, cost per thousand** (mktg, sales), coste *nm* por mil

**CPU, Central Processing Unit** (comp), unidad *nf* central de proceso

**CR, current rate** (fin), tipo *nm* actual

**Cr, credit, creditor** (fin), acreedor (-ora) *nm/f*

**craft** *n*, 1 (profession, trade), oficio *nm*. 2 (handcrafts), artesanía *nf*

**crane** *n* (transp), grúa *nf*

**crash** *n* (vehicle), choque *nm*; **the lorry carrying your order has had a crash**, el camión que llevaba su pedido ha tenido un choque

**crash** *vb*, 1 (comp), caer. 2 (car), estrellarse; **our lorry has crashed**, nuestro camión se ha estrellado

**crate** *n* (imp/exp), cartón *nm*

**create** *vb*, 1 (gen), crear. 2 (a company), fundar; **the company was created in 1991**, la empresa fue fundada en 1991

**creation** *n*, 1 (of a company), fundación *nf*. 2 (artistic), creación *nf*

**credit** *n* (fin), crédito *nm*; **credit advice** (imp/exp), aviso *nm* de abono; **credit balance** (fin), saldo *nm* acreedor; **credit card** (fin), tarjeta *nf* de crédito; **credit note** (fin), nota *nf* de abono; **credit rating** (fin), límite *nm* de crédito; **credit terms** (mktg, sales), facilidades *nfpl* de pago; **credit transfer**, transferencia *nf* bancaria; **on credit**, a crédito; **to be in credit**, tener un saldo positivo

**credit** *vb* (fin), abonar

**creditor** *n* (fin), acreedor(-ora) *nm/f*; **creditors** (on balance sheet), acreedores *nmpl*

**crew** *n* (gen), tripulación *nf*

**crime** *n* (law), 1 (minor), delito *nm*. 2 (serious), crimen *nm*

**crisis** *n*, crisis *nf*; **go through a crisis**, pasar por una crisis; **be in a crisis**, estar en crisis

**critical path analysis** *n*, análisis *nm* del camino crítico; **carry out a CPA**, llevar a cabo un análisis del camino crítico

**criticise** *vb*, criticar

**cross** *vb*, 1 (in documents), indicar con una X. 2 (a country), recorrer. 3 (frontier), pasar. 4 (a cheque), cruzar

**cross out** *vb*, tachar; **please cross out the parts which do not apply**, sírvase tachar lo que no proceda

**crossroads** *n*, cruce *nm*

**CT, combined transport** (imp/exp), transporte *nm* combinado

**CTC, combined transport document** (imp/exp), documentación *nf* para el transporte combinado

**CTO, combined transport operator** (imp/exp), cargador *nm* de transporte combinado

**cu ft, cubic foot** (gen), pie *nm* cúbico

**cupboard** *n* (offce), armario *nm*

**curr, currt, current** (fin), corriente

**currency** *n*, moneda *nf*, divisas *nfpl*; **currency dealer** (fin), agente *nm* de cambio; **foreign currency**, moneda *nf* extranjera

**current** *adj*, 1 (current period), corriente; **current account** (fin), cuenta *nf* corriente. 2 (now), actual. 3 (fin, acct), circulante; **current assets** (fin), ≈ activo *nm* circulante; **current liabilities**, pasivo *nm* circulante; **current ratio** (fin), razón *nm* del circulante. 4 (ins), **current value**, valor *nm* real

**currently** *adv*, actualmente

**curve** *n* (gen, fin), curva *nf*

**customer** *n*, cliente *nm/f*; **customer loyalty** (mktg, sales), lealtad *nf* del cliente; **customer services** (offce), departamento *nm* de atención al cliente

**customised** *adj*, 1 (appearance of a product), personalizado(-a). 2 (made to special requirements), hecho(-a) de encargo

**customs** *npl* (imp/exp), aduana *nf*; **customs clearance** (imp/exp), despacho *nm* de aduanas; **customs officer** (gen, imp/exp), aduanero(-a) *nm/f*

**cut** *n*, 1 (reduction), reducción *nf*. 2 (in electricity etc), apagón *nm*

**cut** *vb*, 1 (prices, costs, production), reducir. 2 (gen, comp), cortar; **cut and paste commands** (comp), ordenes *nfpl* de cortar y pegar

**cut out** *vb*, 1 (delete), suprimir. 2 (eg coupon), recortar

**cutback** *n*, reducción *nf*; **a cutback in production**, una reducción de la producción

**cut-off date** *n* (fin), fecha *nf* de corte

**CV**, **curriculum vitae** (pers), currículum *nm* vitae

**CWE**, **cleared without examination** (imp/exp), despachado sin inspección

**CWO**, **cwo**, **cash with order** (mktg/sales), pago *nm* al hacer el pedido

**cwt**, **hundredweight** (50.7 kg), quintal *nm*

**cycle** *n*, ciclo *nm*

**cyclical** *adj*, cíclico(-a)

**DA**, **deposit account** (fin), cuenta *nf* a plazo fijo

**D/A**, **documents against acceptance** (imp/exp), aceptación *nf* contra entrega de documentos

**DAF**, **delivered at frontier** (imp/exp), entregado en frontera

**daily** *adj*, diario(-a); **daily newspaper**, diario *nm*

**dairy products** *npl*, productos *nmpl* lácteos

**damage** *n*, 1 (gen), daño *nm*. 2 (mech), avería *nf*

**damaged** *adj*, 1 (gen), dañado(-a). 2 (mech), averiado(-a)

**damages** *npl* (law), indemnización *nf*

**damp** *adj* (gen), húmedo(-a)

**damp** *n* (gen), humedad *nf*; **the goods have been spoilt by damp**, los bienes han sido estropeados por la humedad

**damp-proof**, *adj*, a prueba de humedad; **damp-proof packing**, embalaje *nm* a prueba de humedad

**danger** *n*, 1 (gen), peligro *nm*. 2 (risk of), riesgo *nm*; **there is a danger of contamination**, hay riesgo de contaminación

**dangerous** *adj*, peligroso(-a)

**data** *n* (comp), datos *nmpl*; **data base**, base *nf* de datos; **data capture**, recogida *nf* de datos; **data processing**, proceso *nm* de datos; **data protection** (law), protección *nf* de datos; **data transmission**, transmisión *nf* de datos; **database manager**, jefe/jefa *nm/f* de base de datos; **database software**, software *nm* de base de datos

**date** *n*, fecha *nf*; **date of birth**, fecha de nacimiento; **be up to date**, 1 (with a job), estar al día. 2 (have the latest information), estar al corriente

**date** *vb* (document), fechar

**date stamp** *n* (offce), fechador *nm*

**date stamp** *vb* (offce), estampar la fecha (en)

**day** *n*, 1 (day in week), día *nm*; **at ... days after sight** (fin), a ... días vista; **the first day of the month**, el primer día del mes; **day book** (acct), diario *nm*; **day return ticket**, billete *nm* de ida y vuelta en un día; **day to day** (usual, everyday), cotidiano(-a); **the day to day management of ..**, la gestión cotidiana de ... 2 (length of time, a day full of ...), jornada *nf*; **a whole day of meetings**, una jornada de reuniones

**DC**, **direct current**, corriente *nf* continua

**DCP**, **Freight/Carriage paid to ...** (imp/exp), flete *nm* pagado hasta ...

**dd, d/d, del'd, delivered**, (imp/exp, transp), entregado

**DDP**, **delivered duty paid** (imp/exp), entregado libre de derechos

**dead** *adj*, muerto(-a)

**deadline** *n*, fecha *nf* límite; **deadline for delivery**, fecha límite de entrega; **meet a deadline**, terminar antes de la fecha límite

**deal** *n*, trato *nm*; **it's a deal**, trato hecho

**deal in** *vb*, comerciar en

**deal with** *vb*, 1 (a report), tratar de; **the report deals with ..**, el informe trata de ... 2 (a customer), ocuparse de. 3 (negotiate with), tratar con

**dealer** *n* (mktg, sales), 1 (gen), comerciante *nm/f*. 2 (exclusive), concesionario(-a) *nm/f*

**dear** *adj*, 1 (cost), caro(-a). 2 (form of address), querido(-a); **Dear Mr Smith** (corr), Querido Señor Smith; **Dear Sir** (corr), Muy Señor Mío

**debate** *n*, discusión *nf*

**debate** *vb*, discutir

**debit** *n*, debe *nm*

**debit** *vb* **an account** (fin), cargar algo en cuenta

**debt** *n*, deuda *nf*

**debtor** *n*, deudor(-ora) *nm/f*

**debug** *vb*, 1 (sort out problems), resolver los problemas. 2 (comp), depurar

**decide** *vb*, decidir; **decide on the best solution**, decidir por la mejor solución

**decision** *n*, decisión *nf*

**deck** *n*, cubierta *nf*; **cargo deck** (transp), cubierta de carga; **deck cargo** (transp), carga *nf* de cubierta

**declaration** *n*, declaración *nf*

**declare** *vb*, declarar

**decline** *n*, descenso *nm*

**decline** *vb*, 1 (say no to), negarse a. 2 (get worse), empeorar

**decrease** *n*, disminución *nf*

**decrease** *vb*, disminuir

**dedicated** *adj* (for special use), dedicado(-a); **a dedicated printer**, una impresora *nf* dedicada; **dedicated software**, software *nm* dedicado

**deduct** *vb*, descontar; **please deduct the cost of ... from ..**, sírvase descontar el costo de ... de ...

**deductible** *adj*, descontable

**deduction** *n*, (fin), descuento *nm*

**deed** *n* (law), escritura *nf*; **draw up a**

**deed**, redactar una escritura

**defect** n, defecto nm; **hidden defect**, defecto escondido

**defective** adj, defectuoso(-a)

**defence** n (gen, law), defensa nf

**defend** vb **(against)** (law), defender (contra)

**defer** vb (put off), aplazar; **defer a decision**, aplazar una decisión; **defer payment**, aplazar el pago

**deferred** adj, aplazado(-a)

**definite** adj, 1 (fixed), determinado(-a). 2 (clear), claro(-a); **be definite about..**, tener muy claro que...

**definitely** adv, claramente

**delay** n, retraso nm

**delay** vb, retrasar

**delayed** adj, retrasado(-a); **be delayed**, estar retrasado

**delete** vb (gen, comp), suprimir

**deliver** vb (transp), entregar

**delivered** adj (imp/exp), entregado(-a); **delivered at frontier** (imp/exp), entregado en frontera; **delivered duty paid** (imp/exp), entregado con aranceles pagados

**delivery** n (transp), entrega nf; **delivery arrangements**, condiciones nfpl de entrega; **delivery date**, plazo nm de entrega; **delivery deadline**, fecha nf límite de entrega; **delivery note** (imp/exp), nota nf de entrega

**demand** n, 1 (request), solicitud nf. 2 (demand for), demanda nf (de)

**demand** vb, exigir

**demanding** adj, exigente

**demonstrate** vb, 1 (a product), demostrar. 2 (against), hacer una manifestación contra. 3 (prove that), demostrar

**demonstration** n, 1 (of product), demostración nf. 2 (political), manifestación nf

**demurrage** n (transp), gastos nmpl de demora

**denationalise** vb, desnacionalizar

**denial** n, denegación nf

**deny** vb, 1 (dispute, refuse), negar; **deny entry**, negar la entrada; **deny responsibility**, negar la responsabilidad. 2 (request, charge), rechazar

**depart** vb (transp), 1 (gen), irse. 2 (ships), zarpar

**department** n, 1 (gen), departamento nm. 2 (part of a company), sección nf. 3 (shop), sección nf; **department store**, almacén nm

**departmental** adj, departamental; **departmental manager**, jefe/jefa nm/f de sección

**departure** n, ida nf

**depend on** vb, depender de

**deposit** n, 1 (part payment in advance), entrada nf; **pay a deposit**, pagar una entrada. 2 (law), señal nf. 3 (security, guarantee), fianza nf

**deposit** vb (fin), depositar

**deposit account** n (fin), cuenta nf de depósito

**depreciation** n (acct), depreciación nf

**deputy** adj, adjunto(-a); **deputy manager**, subdirector(-ora) nm/f

**description** n, descripción nf; **description of goods** (imp/exp), descripción de los bienes

**design** n, 1 (activity, appearance), diseño nm. 2 (type), modelo nm; **one of our new designs**, uno de nuestros modelos nuevos

**design** vb (gen), diseñar

**designed** adj **for**, pensado(-a) para

**designer** n, 1 (gen, original idea), diseñador(-ora) nm/f. 2 (art, visual appearance), dibujante nm/f

**desk** n (offce), mesa nf

**desk top publishing** n (comp), autoedición nf

**despatch** vb (imp/exp), enviar

**detached house** n (gen), chalet nm

**detail** n, detalle nm; **details** (name and address), señas nfpl; **customer details** (mktg, sales), señas del cliente; **details of ...** (an event, a company), detalles de ...

**detailed** adj, detallado(-a)

**develop** vb, desarrollar

**development** n, desarrollo nm; **development area**, polo nm de promoción

**deviation** n, desviación nf

**device** n (equipment), aparato nm

**dial** vb, marcar; **dial a number**, marcar un número

**diary** n (offce), agenda nf; **desk diary** (gen), agenda de despacho; (loose leaf), agenda de despacho de hojas sueltas

**dictate** vb (offce), dictar

**dictation** n, dictado nm; **dictation machine**, dictáfono nm

**diesel** n, gasoil nm; **diesel engine**, motor nm diesel; **diesel oil**, gasoil nm

**difference** n, diferencia nf; **the difference between ... and ... is ..**, la diferencia entre ... y ... es ...

**digital** adj (comp), digital

**digitised**, adj (comp), digitalizado(-a)

**dimensions** npl (imp/exp), dimensiones nfpl; **the dimensions of the load are 5 by 6 ..**, las dimensiones de la carga son de 5 por 6

**direct** adj, directo(-a); **direct current** (electr), corriente nf continua; **direct debit**, domiciliación nf bancaria; **direct line** (telec), línea nf directa; **direct marketing**, márketing nm directo; **direct sales**, ventas nfpl directas

**directions** npl, 1 (route), dirección nf. 2 (for use), instrucciones nfpl; **directions for use**, modo nm de empleo

**director** n (pers), director(-ora) nm/f; **director of communication**, jefe/jefa nm/f de comunicaciones; **director's secretary** n (offce), secretario(-a) nm/f de dirección; **marketing director**, jefe/jefa nm/f de márketing

**directorate** n (of company), dirección nf

**disadvantage** n, desventaja nf

**disagree with** vb, no estar de acuerdo con; **we disagree with your analysis**, no estamos de acuerdo con su análisis

**disc** n (comp), disco nm; **disc drive**, unidad nf de discos

**discharge** vb (transp), descargar

**discontinue** vb, suspender; **discontinue production**, suspender la producción; **this line has been discontinued**, esta línea está agotada

**discontinued** adj, agotado(-a); **discontinued line**, una línea nf agotada

**discount** n (fin), descuento nm; **give a discount**, conceder un descuento

**discounted** adj (fin), descontado(-a)

**discovery** n, descubrimiento nm

**discrepancy** n (gen), discrepancia nf

**discuss** vb (gen), discutir

**discussion** n (gen), discusión nf

**dishonour** vb **a bill**, no pagar una letra

**dismiss** vb, despedir

**dispatch** vb, enviar

**display** n (of goods), exposición nf

**display** vb, 1 (a product), exponer.
2 (comp screen), desplegar

**distribute** vb (gen), distribuir

**distribution** n (mktg, sales),
distribución nf; **distribution
network** (mktg, sales), red nf de
distribución; **distribution
problems** (gen), problemas nmpl
de distribución

**distributor** n (mktg, sales, transp),
distribuidor(-ora) nm/f

**diversify** vb (gen), diversificar

**divide** vb, 1 (into), dividir.
2 (between), separar

**dividend** n (fin), dividendo nm

**division** n, división nf

**DIY, do-it-yourself** (mktg, sales),
bricolaje nm

**do** vb **business with**, comerciar con

**dock** vb (transp), atracar

**dock warrant** n (imp/exp),
autorización nf para atracar

**dockyard** n, astillero nm

**document** n (offce), documento nm;
**documents against acceptance**
(imp/exp), aceptación nf contra
entrega de documentos;
**documents against payment**
(imp/exp), pago nm contra entrega
de documentos

**domestic** adj, 1 (within a country),
nacional. 2 (household),
doméstico(-a); **domestic
appliance**, aparato nm doméstico

**dominant** adj (market position),
dominante

**dominate** vb **the market**, dominar
el mercado

**door-to-door** adj, de puerta en
puerta; **door-to-door sales**,
ventas nfpl de puerta en puerta;
**door-to-door salesman**,
vendedor(-ora) nm/f de puerta en
puerta

**double** vb, doblar

**down, be down** vb (fin, results),
haber bajado

**download** vb (comp), mandar por
teléfono

**downsizing** n, 1 (comp), reducción nf
de tamaño. 2 (pers), reducción nf
de la plantilla

**down time** n, tiempo nm de
inactividad

**downturn** n (fin, mktg, sales),
descenso nm

**downturn** vb (fin), descender

**downward trend** n (gen, fin),
tendencia nf a la baja

**dozen** n, docena nf; **a dozen
bottles**, una docena de botellas; **by
the dozen**, por docenas

**D/P, documents against payment**,
(imp/exp), pago nm contra entrega
de documentos

**DP manager** n (comp), jefe/jefa nm/f
de proceso de datos

**Dr to, draw to** (fin), librar a

**Dr, debtor** (fin), deudor(-ora) nm/f

**draft** n, 1 (letters, reports), borrador
nm; **draft report**, borrador de un
informe; **draft contract**, proyecto
nm de contrato. 2 (fin), letra nf, giro
nm; **bank draft**, letra de cambio;
**sight draft**, giro a la vista.
3 (plans), bosquejo nm

**draft** vb (report, letter), 1 (make a
first attempt), hacer un borrador.
2 (gen, write), redactar

**draw** n, **prize draw**, sorteo nm

**draw up** vb (agreements), redactar;
**draw up an agreement**, redactar
un convenio; **draw up a contract**,
redactar un contrato

**drawback** n, 1 (disadvantage),
inconveniente nm. 2 (imp/exp),
reintegro nm de derechos de
aduana por reexportación

**drawee** n, girado nm, librado nm

## 108  drawer

**drawer** n, **1** (offce), cajón nm. **2** (fin), girador nm, librador nm

**drill** vb (gen), perforar

**drink** n, bebida nf; **soft drinks**, bebidas no alcohólicas

**drive** n, **1** (campaign), campaña nf. **2** (in vehicle), paseo nm en coche. **3** (distance to travel), trayecto nm; **the office is a short drive from the town**, es un trayecto corto de la oficina a la ciudad. **4** (personality), dinamismo nm; **plenty of drive**, mucho dinamismo. **5** (propulsion), transmisión nf; **drive belt**, correa nf de transmisión

**drive** vb (car), conducir

**driver** n (gen), conductor(-ora) nm/f

**driving licence** n, carnet nm de conducir

**drop** vb, caer

**drum** n (imp/exp), bidón nm

**dry** adj, seco(-a); **dry marker** (mktg, sales), rotulador nm de pizarra

**DTI, Department of Trade and Industry**, ~ Ministerio nm de Comercio e Industria

**DTP, Desk Top Publishing** (comp), autoedición nf; **DTP centre**, centro nm de autoedición; **DTP software**, software nm de autoedición

**due** adj, **1** (fin), pagadero(-a). **2** (gen), debido(-a); **due date** (fin), fecha nf de vencimiento; **fall due**, vencer

**dump** vb (sell at a loss), vender a un precio inferior al coste de producción

**duplicate** n (a second copy), duplicado nm; **in duplicate**, por duplicado

**duplicate** vb (offce), copiar

**durable** adj, duradero(-a)

**durables** npl, bienes nmpl duraderos

**duration** n, duración nf

**duty** n (customs duty), aranceles nmpl, derechos nmpl de aduana; **duty paid** (imp/exp), con aranceles pagados

**D/W, dock warrant** (imp/exp), autorización nf para atracar

# E

**E + O E, errors and omissions excepted**, SEUO, salvo error u omisión

**early** *adj*, 1 (quick), pronto(-a); **we can guarantee early delivery**, podemos garantizar una pronta entrega; **an early reply**, una pronta respuesta. 2 (before time), anticipado(-a); **early retirement**, jubilación *nf* anticipada; **early repayment**, pago *nm* anticipado

**early** *adv* (early in the day), temprano

**earn** *vb*, ganar

**earnings** *npl*, ganancias *nfpl*; **earnings per share**, ganancias por acción

**ease** *vb*, 1 (make easier), facilitar. 2 (drop in rates, prices), bajar; **rates have eased**, los tipos han bajado

**easy** *adj* (not difficult), fácil

**ECGD, Export Credit Guarantee Department**, Departamento *nm* de Garantía de Crédito a la Exportación

**economic** *adj*, económico(-a)

**economical** *adj*, 1 (saves money, uses little), económico(-a). 2 (profitable), rentable

**economics** *n* (subject, study of), economía *nf* política

**economise** *vb*, economizar

**economy** *n* (of a country), economía *nf*; **the German/Italian/Spanish economy**, la economía alemana/italiana/española

**EDI, Electronic Data Interchange**, Intercambio *nm* Electrónico de Datos

**edible** *adj*, comestible

**editor** *n* (of a newspaper), director (-ora) *nm/f*

**education** *n*, 1 (gen, teaching), enseñanza *nf*. 2 (section in CV), educación *nf*

**EE, errors excepted**, salvo error

**effect** *n* **(of/on)**, efecto *nm* (de/en); **have an effect on...**, surtir efecto en...

**effective** *adj*, eficaz

**efficiency** *n*, eficacia *nf*

**efficient** *adj*, eficiente

**electrical** *adj*, eléctrico(-a); **electrical equipment**, equipo *nm* eléctrico

**electronic** *adj*, electrónico(-a); **electronic mail** (comp), correo *nm* electrónico; **electronic system**, sistema *nm* electrónico

**electronics** *npl*, electrónica *nf*

**eligible** *adj*, **be eligible (for)**, 1 (membership), llenar los requisitos (para). 2 (rights), tener derecho (a)

**E-mail, electronic mail** (comp), correo *nm* electrónico

**embargo** *n*, embargo *nm*; **lift an embargo**, levantar un embargo; **place an embargo on...**, prohibir el comercio de

**embark** *vb*, 1 (load cargo onto a ship), cargar. 2 (take on passengers), embarcar

**emphasise** *vb* (something), subrayar

**employ** *vb*, emplear

**employee** *n*, empleado(-a) *nmf*; **employees** (staff), personal *nm*; **number of employees**, número *nm* de empleados

**employer** *n*, empresario(-a) *nm/f*, patrón(-ona) *nm/f*; **employer's liability insurance**, seguro *nm* de responsabilidad empresarial

**employment** n, empleo nm; **employment history** (CV), historial nm de empleo

**empty** adj, vacío(-a)

**Enc, Encl, enc, enclosure** (corr), anexo nm

**enclose** vb (corr), adjuntar; **I enclose a copy of our brochure**, adjunto una copia de nuestro folleto

**encounter** vb, encontrar; **encounter problems**, encontrar problemas

**end** vb (come to the end), terminar

**endorse** vb, 1 (a cheque), endosar. 2 (approve an idea), aprobar

**engine** n, motor nm; **internal combustion engine**, motor de explosión

**enquiry** n, petición nf de informes

**enter** vb, 1 (bookkeeping etc), asentar. 2 (comp), entrar

**enterprise** n, 1 (initiative), iniciativa nf. 2 (a company), empresa nf

**entrance** n, entrada nf

**envelope** n (stationery), sobre nm

**equal** vb, ser igual a

**equal** adj **to**, igual a

**equity** n (ordinary share), acción nf

**error** n, error nm; **errors and omissions excepted**, salvo error u omisión

**established** adj **in ..**, 1 (country, region), establecido(-a) en; **the company is established in ..**, la empresa está establecida en ... 2 (date), fundado(-a) en

**estate agent** n, agente nm inmobiliario

**estimate** n, 1 (quotation), presupuesto nm; **put in an estimate**, presentar un presupuesto. 2 (rough calculation), cálculo nm aproximado; **this figure is only an estimate**, esta cifra es sólo un cálculo aproximado

**estimate** vb, 1 (quotation), presupuestar. 2 (rough calculation), calcular; **we estimate that it will cost £5000**, calculamos que costará £5000

**estimated** adj, estimado(-a); **estimated cost**, coste nm estimado; **estimated time of arrival**, hora nf estimada de llegada; **estimated time of departure** (imp/exp), hora nf estimada de salida

**Ethernet** n (comp), Ethernet nm

**EU, European Union**, UE, Unión nf Europea

**event** n (gen), acontecimiento nm; **events marketing**, márketing nm de actividades

**eventual** adj, 1 (final), final. 2 (possible), posible

**eventually** adv, finalmente

**examine** vb, examinar

**exceed** vb, exceder

**exceptional items** npl (acct), partidas nfpl excepcionales

**excess** n (ins), excedente nm

**excess** adj, exceso nm de; **excess capacity** (for production), exceso de capacidad

**exchange** vb **(for)** (gen), cambiar (por)

**exchange rate** n, tipo nm de cambio

**exclusive** adj, exclusivo(-a); **exclusive deal**, acuerdo nm exclusivo; **exclusive right**, derecho nm exclusivo

**excuse** n, excusa nf

**executive** adj, ejecutivo(-a); **executive director**, director(-ora) nm/f ejecutivo(-a)

**executive** n, 1 (gen, manager), ejecutivo(-a) nm/f, directivo(-a) nm/f; **executive search**, búsqueda nf de ejecutivos; **senior executive**, ejecutivo(-a) principal. 2 (employee) ~ director(-ora) nm/f

**exhibit** vb (mktg, sales), exponer

**exhibition** n (mktg, sales), exposición nf; **exhibition centre**, salón nm de exposiciones

**exhibitor** n (mktg, sales), expositor (-ora) nm/f

**expanding** adj, en expansión; **expanding company**, una empresa en expansión; **expanding market**, un mercado en expansión

**expansion** n, expansión

**expect** vb, 1 (hope for, wait for), esperar; **we expect to sign a contract with..**, esperamos firmar un contrato con..; **we will expect you at the hotel at 7 pm**, le esperamos en el hotel a las 7. 2 (predict, calculate), figurarse; **we expect rates to fall**, nos figuramos que las tasas bajarán

**expenditure** n, gasto nm

**expenses** npl, gastos nmpl; **travelling expenses**, gastos de viaje

**experience** n, experiencia nf; **gain experience in marketing**, adquirir experiencia en márketing

**experienced** adj, con experiencia; **we are looking for an experienced manager**, buscamos gerente con gran experiencia

**experiment** n, experimento nm

**expert** n, experto(-a) nm/f

**export** n, exportación nf; **export manager**, director(-ora) nm/f de exportación

**exporter** n, exportador(-ora) nm/f

**express** n (train) (transp), rápido nm

**express** adj, urgente; **express delivery** (transp), entrega nf urgente

**ExQ, Exq, Ex Quay** (imp/exp), sobre muelle

**EXS, Exs, Ex Ship** (imp/exp), sobre buque

**external disc drive** n, unidad nf de discos externa

**extra charge** n (fin), gasto nm complementario, recargo nm

**extrude** vb (gen), sobresalir

**extruded** adj, sobresalido(-a)

**extrusion** n (gen), extrusión nf

**EXW, Ex works** (imp/exp), franco fábrica

**eyecatching** adj (mktg, sales), llamativo(-a)

# F

**FAA, faa, free of all average** (ins), franco de toda avería

**fabric** *n* (cloth), tela *nf*

**fabricate** *vb*, 1 (goods), fabricar. 2 (falsify), falsificar

**fabrication** *n*, invención *nf*

**face** *vb*, hacer frente a; **the company faces a difficult period**, la empresa hace frente a una etapa difícil

**face value** *n* (fin, stock market), valor *nm* nominal

**facilitate** *vb*, facilitar

**facilities** *npl* 1 (gen), servicios *nmpl*; **among the facilities offered by our ... are ..**, entre los servicios ofrecidos por nuestro ... hay ..; **a comprehensive range of facilities**, una amplia gama de servicios. 2 (of hotel), instalaciones *nfpl*

**factor** *n* (gen, maths), factor *nm*; **decisive factor**, factor decisivo; **a major factor in the decision was ..**, un factor importante en la decisión fue ..; **... has increased by a factor of two**, ... ha aumentado por un factor de dos

**factory** *n*, fábrica *nf*; **factory gate price**, precio *nm* puerta fábrica; **factory production**, producción *nf* fabril

**fail** *vb* (fin), 1 (to go bust), quebrar. 2 (not succeed), no tener éxito *nm*; **the division failed to reach its target for the quarter**, la sección no tuvo éxito en alcanzar sus objetivos del trimestre. 3 (to do something promised), no (+ verb); **they failed to deliver by the agreed date**, no entregaron en el plazo acordado

**failure** *n*, 1 (mech), avería *nf*. 2 (business failure), quiebra *nf*

**fair** *adj*, justo(-a); **fair average quality** (mktg, sales), calidad *nf* media buena

**fair** *n*, feria *nf*

**FAK, freight all kinds** (imp/exp), flete *nm* de todas las especies

**fall** *n*, baja *nf*, descenso *nm*; **a rapid fall in prices**, una baja rápida de precios; **a steady fall in sales**, un descenso continuo de ventas

**fall** *vb*, 1 (gen, fin), bajar; **prices have fallen this year**, los precios han bajado este año; **we expect the rate to fall to ..**, esperamos una baja del tipo hasta ..; **sales have fallen by 15%**, las ventas han bajado en un 15%. 2 **fall due** (in, on) (fin), vencer; **payment falls due in May/on 1st May**, el pago vence en mayo/el uno de mayo

**fall off** *vb*, bajar; **demand is beginning to fall off**, la demanda empieza a bajar

**fall through** *vb*, fracasar; **the negotiations fell through because of ..**, las negociaciones fracasaron debido a ...

**fall-off** *n* (reduction, slackening), baja *nf*; **a fall-off in orders**, una baja en los pedidos

**FAQ, faq**, 1 **free alongside quay** (imp/exp) franco muelle. 2 **fair average quality** (mktg, sales) calidad *nf* media buena

**fare** *n*, precio *nm* del billete; **the fare to London is £14**, el precio del billete a Londres es de £14; **half fare**, media tarifa; **second class fare**, billete *nm* de segunda clase; **single fare**, billete *nm* ida; **return fare**, billete *nm* de ida y vuelta

**farmer** *n*, agricultor *nm*

**farming** n, agricultura nf

**FAS, free alongside ship** (imp/exp), franco al costado del buque

**fast** adj, rápido(-a); **the fast food industry**, la industria de comida rápida; **fast delivery guranteed**, entrega nf rápida garantizada

**fast** adv, rápidamente; **he works fast**, trabaja rápidamente

**fault** n, **1** (machines, products), avería nf; **we believe the problem is due to a fault in the system**, creemos que el problema se debe a una avería en el sistema.
**2** (mistake), culpa nf; **we must apologise, the fault was ours**, nos disculpamos, la culpa fue nuestra

**faulty** adj, defectuoso(-a)

**fax** n (message), fax nm; **fax machine**, (máquina nf de) fax; **fax number**, número nm de fax

**fax** vb, mandar por fax

**FBL, FIATA combined transport bill of lading** (imp/exp), conocimiento nm de embarque para el transporte combinado FIATA

**FCL, full container load** (transp), contenedor nm completo

**feasibility** n, factibilidad nf; **to carry out a feasibility study**, llevar a cabo un estudio de factibilidad

**feasible** adj, factible

**feature** n (of product), rasgo nm; **a key feature**, un rasgo clave; **an outstanding feature is ..**, un rasgo destacado es ..; **a unique feature**, un rasgo único; **one of the features of the product is ..**, uno de los rasgos del producto es ..; **feature article**, informe nm especial

**feature** vb (mktg, sales),
**1** (programme or article), presentar; **the article will feature our company**, el artículo presenta nuestra empresa. **2** (of product), ofrecer; **the product features the latest technology**, el producto ofrece la última tecnología

**fee** n, **1** (cost of a professional service), honorarios nmpl; **there will be a fee of £ ... payable before ...** los honorarios de £ ... serán pagaderos antes de ...
**2** (regular contribution, club), cuota nf; **the annual membership fee includes ..**, la cuota anual de socio incluye ...

**feel** vb (opinion), opinar; **in view of ... we feel that ..**, en vista de ... opinamos que ...

**felt tip** n, rotulador nm

**female** adj, hembra; **a female connector**, un conector hembra

**ferry** n, ferry nm

**fga, free of general average** (ins), franco de avería gruesa

**field** n, **1** (terrain), terreno nm; **in the field** (mktg, sales), sobre el terreno; **field survey**, encuesta nf mediante entrevista. **2** (figurative, agric), campo nm; **a specialist in the field of ..**, un especialista en el campo de ..; **field work**, trabajo nm de campo

**fight** vb (oppose), luchar

**figure** n (1,2,3 etc), cifra nf

**file** n, **1** (single card), ficha nf.
**2** (collection of information on a subject), expediente nm.
**3** (container for storage files), archivo nm. **4** (binder to hold documents), carpeta nf. **5** (comp), archivo nm; **file management**, gestión nf de archivos; **file server**, servidor nm de archivos

**file** vb (offce), archivar

**filing cabinet** n (offce), archivador nm

**filing clerk** n (offce), archivero(-a) nm/f

**fill in** vb (a form), rellenar

**fill up** vb, llenar; **fill up with petrol**, llenar el depósito

**film** n (all senses) película nf; **film wrapped**, recubierto(-a) de plástico

**final** adj, final

**finally** adv, finalmente; **finally, the most important conclusion of the report is..**, finalmente, la conclusión más importante del informe es...

**finalise** vb, finalizar

**finance** n, finanzas nfpl

**finance** vb, financiar

**financial** adj, financiero(-a); **the financial arrangements**, los arreglos financieros; **financial director** (fin), director(-ora) nm/f financiero(-a); **financial manager** (fin), jefe/jefa nm/f financiero(-a); **the financial planning**, la planificación nf financiera; **financial year** (fin), el ejercicio nm (financiero)

**financier** n, financiero(-a) nm/f

**financing** n, financiación nf

**find** vb, encontrar

**findings** npl (of inquiry), recomendaciones nfpl

**fine** adj, 1 (small particles), fino(-a). 2 (appearance), bello(-a)

**fine** n (law), multa nf; **impose a fine**, imponer una multa; **pay a fine**, pagar una multa

**fine** vb, multar

**finish** n (on product), acabado nm

**finish** vb, acabar

**finished** adj (completed), acabado(-a); **finished goods/products** (fin), productos nmpl acabados

**FIO, free in and out**, (imp/exp), libre de entrada y salida

**fire** n (accidental), incendio nm

**firm** adj, firme; **a firm order**, un pedido en firme

**firm** n (business), 1 (gen, informal), empresa nf. 2 (formal), sociedad nf, empresa nf

**first** adj, primero(-a); **the first time**, la primera vez

**fit** vb, 1 (to be the right size), caber. 2 (fix on, adjust), montar

**fix** vb, 1 (make arrangements, repair), arreglar; **fix an appointment**, arreglar una cita. 2 (assembly), fijar

**fixed** adj, fijo(-a); **fixed assets** (fin), activo nm fijo; **fixed rate** (fin), con tipo nm de interés fijo; **fixed-term contract** (pers), contrato nm a plazo fijo

**flat** adj, 1 (appearance), plano(-a). 2 uniforme; **flat rate**, tasa nf uniforme

**flat** n (accommodation), piso nm

**flatten out** vb (trends, figures), estabilizarse

**flaw** n, desperfecto nm

**flexible** adj, flexible; **flexible working hours**, horario nm flexible de trabajo; **thanks to our flexible production system..**, gracias a nuestro sistema de producción flexible

**flier/flyer** n (leaflet), folleto nm

**flip chart** n, tablero nm de hojas sueltas

**float** vb **a company** (fin), fundar una empresa

**float** vb **a loan** (fin), emitir un empréstito

**floating** adj, flotante; **floating rates**, tipos nmpl de interés flotantes

**floor** n, 1 (first, second floor), piso nm. 2 (floor/ceiling), suelo nm

**flow chart** n (fin), flujograma nm

**fluctuate** vb, variar

**fluctuations** npl, fluctuaciones nfpl; **the change in price is due to**

**fluctuations in the exchange rate**, el cambio de precio se debe a fluctuaciones en el tipo de cambio

**fly** vb (transp), ir en avión

**FM, Frequency Modulation**, frecuencia nf modulada

**FMCG, Fast Moving Consumer Goods**, (mktg, sales), bienes nmpl de consumo de venta fácil

**FOB, free on board** (imp/exp), franco a bordo

**focus on** vb (gen, non-techn), concentrarse en

**fold** vb (documents), plegar

**folder** n, 1 (product information, mktg, sales), folleto nm. 2 (containing documents), carpeta nf

**follow** vb, seguir

**follow up** vb (contact who has not responded) (mktg, sales), enviar una carta recordativa; **follow up a lead (again)** (mktg, sales), seguir una venta potencial; **follow up after a meeting** (mktg, sales), profundizar

**food** n, comida nf; **food industry**, industria nf de la alimentación; **food products**, comestibles nmpl

**FOR, FOT, free on rail, free on truck** (imp/exp, transp), franco sobre vagón

**forecast** n (fin), previsión nf

**forecast** vb (fin), prever

**foreign** adj, extranjero(-a); **foreign currency**, divisa nf; **foreign trade**, comercio nm exterior

**foreman** n, capataz nm

**forklift** n (truck), carretilla nf elevadora

**form** n (imp/exp), formulario nm; **fill in a form**, rellenar un formulario

**forward** vb (imp/exp), 1 (corr to send off), enviar; **please forward ... to the above address**, sírvase enviar ... a la dirección arriba indicada. 2 (send to new address), hacer seguir

**forwarding agent** n (transp), transitario nm

**founded** adj **in ..**, fundado(-a) en ...

**fountain pen** n, pluma nf

**four-colour** adj (mktg, sales), en cuatricromía; **a four-colour advertisement**, un anuncio en cuatricromía

**FPA, free of particular average** (imp/exp), franco de avería particular

**FPAD, freight payable at destination** (imp/exp), flete a pagar en destino

**franchise** n (mktg, sales), franquicia nf, concesión nf

**franchise** vb (mktg, sales), otorgar concesión de

**franchisee** n (mktg, sales), distribuidor(-ora) nm/f oficial

**franchising** n (mktg, sales), franquicia nf

**franchisor** n (mktg, sales), persona nf que concede la concesión

**frank** vb (correspondence), franquear

**franking machine** n (offce), máquina nf franqueadora

**FRC, free carrier** (imp/exp), franco transportista

**free** adj (mktg, sales), 1 gratis (no cost); **free admission**, entrada nf gratis; **free delivery** (imp/exp), entrega nf gratis; **free sheet** (mktg, sales), folleto nm gratuito; **free gift** (mktg, sales), regalo. 2 franco (including cost of); **free alongside quay** (imp/exp), franco muelle; **free alongside ship** (imp/exp), franco al costado del buque; **free carrier** (imp/exp), franco transportista, **free on board** (imp/exp), franco a bordo; **free on rail, free on truck** (imp/exp, transp), franco sobre vagón. 3 (free of conditions), libre;

**free in and out**, (imp/exp), libre de entrada y salida; **free of all average** (ins), libre de toda avería; **free of general average** (ins), libre de avería gruesa; **free of particular average** (fin), libre de avería particular

**freebie** *n* (mktg, sales), regalo *nm*

**freephone number** *n* (mktg, sales), llamada *nf* telefónica sin cargo al usuario

**freeze** *vb*, **1** (weather), helar. **2** (food, prices, rates), congelar

**freight** *n* (transp), flete *nm*; **Freight/Carriage paid to ...** (imp/exp), flete pagado hasta ..; **fast freight**, flete rápido; **freight car** (transp), vagón *nm* de mercancías; **freight handling** (transp), manipulación *nf* de flete; **freight of all kinds** (imp/exp), flete de todas las especies; **freight paid** (fin), flete pagado; **freight payable at destination** (imp/exp), flete a pagar en destino; **freight train** (transp), tren *nm* de mercancías

**frequency** *n*, frecuencia *nf*

**frequent** *adj*, frecuente

**fridge** *n*, nevera *nf*

**fringe benefits** *npl*, complementos *nmpl*

**fuel** *n*, combustible *nm*; **fuel oil** (imp/exp), fuel-oil *nm*

**full** *adj*, **1** (trains, aeroplanes, containers), completo(-a); **full container load** (transp), contenedor *nm* completo. **2** (hotel), lleno(-a)

**full-time** *adj* (pers), a tiempo completo; **a full-time job/position**, un puesto a tiempo completo

**future** *adj*, futuro(-a); **future developments may include ..**, la evolución futura podría incluir

**future** *n*, futuro *nm*; **in the future**, en el futuro

**futures market** *n* (fin), mercado *nm* de futuros

# G

**GA, ga, general average** (ins), avería *nf* gruesa

**gadget** *n*, **1** (unflattering), chisme *nm*. **2** (small piece of equipment), aparato *nm*

**gain** *n* (gen, fin), ganancia *nf*

**gain** *vb*, ganar; **gain experience** (CV), adquirir experiencia

**gamble** *n*, riesgo *nm*

**gamble** *vb* **(on)**, correr un riesgo (con)

**gap** *n*, diferencia *nf*; **the gap between ... and ... is widening/narrowing**, la diferencia entre ... y ... se está ampliando/estrechando; **a wide gap**, una diferencia importante

**garden** *n*, jardín *nm*; **garden centre**, centro *nm* de jardinería; **garden furniture**, muebles *nmpl* de jardín

**gas** *n*, gas *nm*

**gather** *vb* (information), reunir

**GCR, general cargo rates** (transp), tarifa *nf* de cargamento mixto

**GDP, Gross Domestic Product**, PIB, Producto *nm* Interior Bruto

**gearing** *n* (fin), apalancamiento *nm*

**general** *adj*, general; **general cargo rates** (transp), tarifa *nf* de cargamento mixto; **general manager**, director(-ora) *nm/f* general

**get** *vb*, obtener; **get ahead**, adelantarse; **get in touch with**, ponerse en contacto con

**get off** *vb* (a train), bajar

**gift** *n*, regalo *nm*

**gift wrap** *vb*, envolver en papel de regalo

**Giro cheque** *n*, giro *nm* postal

**give** *vb*, **1** (gen), dar; **give credit** (fin), dar crédito; **give a talk to ..**, dar una charla a ..; **give notice** (pers, to an employee) despedir. **2** (gifts), regalar

**giveaway** *n* (mktg, sales), regalo *nm*

**gloomy** *adj* (financial outlook), nada prometedor(-ora)

**glossy** *n* (magazine), revista *nf* elegante

**glue** *n*, cola *nf*

**glue** *vb*, pegar

**glut** *n* **(of)**, exceso *nm* (de)

**GNP, Gross National Product**, PIB, Producto *nm* Interior Bruto

**go** *vb*, ir; **go public** (fin, stock market), ofrecer acciones al público

**go** *vb* **ahead**, ir adelante

**go down** *vb*, bajar; **go down by ...** (rates, prices), bajar en ..; **sales have gone down by 2%**, las ventas han bajado en un 2%; **go down to ..**, bajar a ..; **inflation will go down to 5%**, la inflación bajará al 5%

**go up** *vb* subir; **go up by ...** (rates, prices), subir en ..; **prices have gone up by 10%**, los precios han subido en un 10%

**go-ahead** *n*, autorización *nf*; **get the go-ahead**, obtener la autorización

**goods** *npl* (fin), bienes *nmpl*, mercancías *nfpl*; **goods wagon** (transp), vagón *nm* de mercancías; **manufactured goods**, bienes *nmpl* manufacturados; **imported goods**, bienes *nmpl* importados; **luxury goods**, bienes *nmpl* de lujo

**goodwill** *n*, **1** (gen), buena voluntad *nf*. **2** (acct) ~ fondo *nm* de comercio

**go slow** *n* (pers), huelga *nf* de celo

## 118 GP, General Practitioner

**GP, General Practitioner**, médico(-a) *nm/f* general

**grade** *n* (quality), clase *nf*

**grade** *vb* (quality of goods), clasificar

**graph** *n*, **1** (charts showing axes), gráfico *nm*. **2** (the line plotted on the graph), curva *nf*

**graphic artist** *n*, grafista *nm/f*

**graphics** *npl*, gráficas *nfpl*; **computer graphics**, gráficas de ordenador

**green** *adj*, colour (environmentally friendly), verde; **green card** (ins), tarjeta *nf* verde

**greet** *vb* (visitor), saludar

**grievance procedure** *n* (pers), juicio *nm* de faltas

**gross** *adj* (fin), bruto(-a); **gross earnings**, beneficios *nmpl* brutos; **gross national product**, producto *nm* interior bruto; **gross profit**, beneficio *nm* bruto; **gross revenue**, ingresos *nmpl* brutos; **gross weight**, peso *nm* bruto

**gross** *n* (12 dozen), gruesa *nf*

**gross** *vb* (fin), ganar en total; **the company grossed 50 million last year**, la empresa ganó 50 millones en total el año pasado

**grow** *vb*, crecer

**growth** *n*, crecimiento *nm*

**guarantee** *n*, garantía *nf*; **the product comes with a two-year guarantee**, el producto viene con una garantía de dos años

**guarantee** *vb*, **1** (assure), asegurar; **we can guarantee that ...**, podemos asegurarles que ... **2** (fin), avalar

**guaranteed** *adj*, garantizado(-a); **guaranteed delivery**, entrega *nf* garantizada

**guess** *n*, suposición *nf*

**guess** *vb*, suponer

**guest** *n*, **1** (hotel), huésped(-eda) *nm/f*. **2** (invited for meal or stay), invitado(-a) *nm/f*

# H

**haggle** *vb*, regatear

**half** *n*, mitad *nf*

**half** *adj*, medio(-a); **half-time employment** (pers), trabajo *nm* de media jornada; **half price**, a mitad de precio; **we could let you have them half price**, podríamos dejárselos a mitad de precio

**half year** *n*, semestre *nm*; **the half-year results**, los resultados semestrales

**half-yearly** *adj*, semestral

**hall** *n*, sala *nf*, salón *nm*; **conference hall**, salón de congresos; **exhibition hall**, salón de exposiciones; **main hall**, sala principal

**halve** *vb* (reduce by half), reducir por mitad

**hampered** *adj*, impedido(-a); **be hampered by ..**, ser impedido por ...

**hand over** *vb* (documents), entregar

**handbook** *n*, manual *nm*

**handle** *vb*, 1 (see to), ocuparse de. 2 (move goods) (transp), manejar

**handling** *n*, manipulación *nf*; **road handling**, maniobrabilidad *nf*; **handling costs**, gastos *nmpl* de manipulación; **handling truck** (transp), carretilla *nf* de horquilla elevadora

**handout** *n*, 1 (printed information), folleto *nm*. 2 (training, education), jandote *nm*

**hard** *adj*, 1 (materials), duro(-a); **hard copy** (comp), copia *nf* impresa; **hard disc** (comp), disco *nm* duro. 2 (difficult), difícil

**hardware** *n*, 1 (goods), ferretería *nf*; **hardware shop**, ferretería *nf*. 2 (comp), hardware *nm*

**haulage** *n*, transporte *nm*

**haulier** *n* (transp), transportista *nm*

**head** *n* (leader), jefe/jefa *nm/f*; **head of department**, jefe/jefa de departamento; **head of marketing**, jefe/jefa de márketing; **head office** (fin), oficina *nf* central

**headed paper** *n* (offce), papel *nm* con membrete; **we require official notification by letter on headed paper**, se exige un aviso oficial por escrito en papel con membrete

**headhunter** *n*, cazaejecutivos *nm*

**headline** *n*, titulares *nmpl*

**headquarters** *npl*, 1 (registered office), sede *nf*. 2 (head office), oficina *nf* central

**heat** *n*, calor *nm*

**heated** *adj*, calentado(-a)

**heating** *n*, calefacción *nf*; **central heating**, calefacción central

**heavy** *adj* (weight), pesado(-a); **heavy duty**, 1 (type of use), para cargas pesadas. 2 (strong construction), fuerte

**height** *n*, 1 (people), talla *nf*. 2 (buildings), altura *nf*

**help** *n*, ayuda *nf*; **thank you for your help**, gracias por su ayuda

**help** *vb*, ayudar; **our agent in ... will be able to help you**, nuestro agente en ... podrá ayudarle; **we would be grateful if you could help us to ..**, mucho le agradeceríamos nos ayudara a ...

**HGV, heavy goods vehicle**, camión *nm* de gran capacidad

**hi fi** *n* (mktg, sales), equipo *nm* de alta fidelidad

**high** *adj*, 1 (price), elevado(-a); **the price is very high**, el precio es muy elevado. 2 (gen), alto(-a); **a high level of..**, un alto nivel de...

**highlighter** *n* (offce), marcador *nm*

**hire** *adj* (fin), alquilado(-a); **hire car**, coche *nm* de alquiler

**hire** *vb*, 1 (employ), contratar. 2 (equipment), alquilar

**hired** *adj*, 1 (equipment), alquilado(-a). 2 (employed), contratado(-a)

**hire purchase** *n*, compra *nf* a plazos; **hire purchase terms are available**, se ofrece compra a plazos

**hit** *n* (success), éxito *nm*

**hit, be hit by** *vb* (affected), ser afectado por; **prices have been hit by the high price of fuel**, los precios han sido afectados por el precio alto del combustible

**hoarding** *n* (mktg, sales), valla *nf* publicitaria

**hobbies** *npl* (CV), aficiones *nfpl*

**hold** *n* (of ship), bodega *nf* de carga

**hold** *vb* (stocks), tener; **our warehouse holds considerable stocks of..**, nuestro almacén tiene existencias sustanciales de...

**holding** *n* (shares), acciones *nfpl*; **the company has a holding in..**, la empresa tiene acciones en..; **a holding company**, una empresa holding

**hold up** *n*, retraso *nm*; **we are sorry that there has been a hold up in production**, lamentamos que se haya producido un retraso en la producción

**hole** *n*, agujero *nm*; **hole puncher** (offce), perforadora *nf*

**holiday** *n*, vacaciones *nfpl*; **Mr Bright is on holiday until the end of the month**, el Sr. Bright está de vacaciones hasta fines del mes; **the holiday period**, las vacaciones

**home** *n*, casa *nf*; **home address** (offce), domicilio *nm* particular; **home market**, mercado *nm* interno

**honest** *adj*, 1 (upright), honrado(-a). 2 (speech), franco(-a)

**hospital** *n*, hospital *nm*

**hospitality** *n*, hospitalidad *nf*; **hospitality tent** (mktg, sales), salón *nm* de recepciones

**hour** *n*, hora *nf*

**hourly** *adj* (every hour), cada hora; **hourly flights**, vuelos *nmpl* cada hora; **hourly rate**, pago *nm* por hora

**household equipment/goods** *npl*, enseres *nmpl* domésticos

**hovercraft** *n* (transp), hidrodeslizador *nm*

**HP, hp, horse power**, caballos *nmpl* de vapor

**HP, Hire Purchase** (fin), compra *nf* a plazos

**huge** *adj*, enorme

**human resources** *npl*, recursos *nmpl* humanos

**hypermarket** *n* (mktg, sales), hipermercado *nm*

# I

**ignore** vb, no hacer caso

**illegal** adj, ilegal

**illegible** adj, ilegible; **the second page of the fax is illegible**, la segunda página del fax es ilegible

**image** n, imagen nf

**import** vb, importar

**importance** n, importancia nf

**important** adj, importante

**imported** adj, importado(-a); **imported goods**, bienes nmpl importados

**impound** vb (imp/exp), embargar

**incentive** n (mktg, sales), incentivo nm; **an incentive to buy**, un incentivo para comprar; **sales incentive**, incentivo de ventas

**include** vb, 1 (corr, enclose) adjuntar; **please include..**, sírvase adjuntar...; 2 (gen), incluir; **the contract includes a clause on..**, el contrato incluye una cláusula sobre...

**inclusion** n (of), inclusión nf (de)

**inclusive** adj (of), incluido(-a); **inclusive of delivery**, incluida entrega; **inclusive price**, precio todo incluido

**income** n, renta nf, ingreso nm; **regular income**, ingreso fijo; **income tax**, impuesto nm sobre la renta

**increase** n, aumento nm; **increase in value**, aumento de valor

**increase** vb, aumentar; **increase prices** aumentar los precios; **increase by...** (gen, fin), aumentar en..; **the cost of hire has been increased by 8%**, el costo del alquiler ha aumentado en un 8%; **increase to...** (gen, fin), aumentar a..; **the price has been increased to £5,000**, el precio se ha aumentado a £5.000

**independence** n, independencia nf

**independent** adj, independiente

**indicate** vb, indicar

**indication** n, indicación nf

**indispensable** adj, indispensable

**industrial** adj, industrial; **industrial estate**, polígono nm industrial; **industrial dispute**, conflicto nm laboral; **industrial relations**, relaciones nfpl empresariales

**industrialist** n, industrial nm/f

**industry** n, industria nf; **domestic industry**, industria nacional; **the service industries**, las industrias de servicios

**inflation** n, inflación nf

**influence** n, influencia nf; **have an influence on..**, influir en...

**influenced** adj, afectado(-a); **be influenced by..**, ser afectado por...

**inform** vb, informar

**informal** adj, informal; **an informal discussion**, una discusión informal

**information** n información nf; **some information about..**, alguna información sobre..; **management information system**, sistema nm de información gerencial

**infra-red control** n, control nm infrarrojo

**infringe** vb **a patent** (law), violar una patente

**in-house** adj, interno(-a), de la casa; **an in-house magazine**, una revista de la casa

**initial** *adj*, inicial

**Inland Revenue** *n* (fin), ≈ Hacienda *nf*

**innovate** *vb*, innovar

**innovation** *n*, innovación *nf*

**innovative** *adj*, innovativo(-a)

**input** *vb* (comp), entrar

**inquiry** *n*, 1 (investigation), investigación *nf*; **make an inquiry into**, investigar; **carry out an inquiry** (police), investigar. 2 (request for information), petición *nf* de informes; **thank you for your inquiry about..**, le agradecemos su petición de informes sobre...

**insert** *n* (mktg, sales), encarte *nm*

**insert** *vb* (mktg, sales), insertar; **insert an ad in..**, poner un anuncio en...

**insertion rate** *n* (mktg, sales), tarifa *nf* de anuncios

**insist on** *vb*, insistir en

**inspect** *vb*, examinar

**inspection** *n*, examen *nm*

**install** *vb*, instalar

**installation** *n*, instalación *nf*

**instalment** *n* (fin), plazo *nm*; **payment by instalments**, pago *nm* a plazos; **the first instalment is due to be paid on 1 June**, el primer plazo es pagadero el uno de junio

**institute** *vb* **proceedings against** (law), entablar demanda contra

**instruct** *vb* (give an order), mandar

**instructions** *npl*, instrucciones *nfpl*; **give instructions**, dar instrucciones; **the instructions for use**, el modo *nm* de empleo

**insulated** *adj*, aislado(-a)

**insulation** *n*, aislamiento *nm*

**insurance** *n*, seguros *nmpl*; **insurance policy** (ins), póliza *nf* de seguros; **insurance sector**, sector *nm* de seguros

**insure** *vb* **(against)**, asegurar (contra)

**insured** *adj*, asegurado(-a); **be insured (against)**, estar asegurado (contra)

**insured** *n* ('The insured'), el/la asegurado(-a) *nm/f*

**insurer** *n*, asegurador *nm*

**intangible** *adj* (acct), intangible; **intangible assets**, activo *nm* intangible

**interest** *n*, 1 (fin), interés *nm* financiero; **deposits earn 10% interest**, los depósitos ganan un interés del 10%. 2 (shares in), participación *nf*; **a 10% interest in..**, una participación del 10% en...

**interested** *adj*, interesado(-a); **be interested in..**, estar interesado en...

**interests** *npl* (CV), aficiones *nfpl*

**interface** *n* (comp), interfaz *nm*

**intervene** *vb*, intervenir

**intervention** *n*, intervención *nf*

**interview** *n* (pers), entrevista *nf*

**interview** *vb* **an applicant** (pers), entrevistar a un/una candidato(-a) (a un puesto)

**in-tray** *n* (offce), bandeja *nf* de entrada

**introduce** *vb*, 1 (suggest), proponer; **introduce a new idea**, proponer una idea nueva. 2 (get idea/product adopted), introducir, lanzar; **introduce a new policy**, introducir una política nueva; **introduce a new product** (mktg, sales), lanzar un producto nuevo. 3 (a person to someone), presentar; **when you come to our offices I will introduce you to our new Finance Director, Mr Collins**, cuando visite nuestras oficinas le presentaré nuestro nuevo Director Financiero, el Sr. Collins

**introductory price** n (fin), precio nm de lanzamiento

**inventory** n, inventario nm; **inventory turnover** (fin), rotación nf de existencias; **make an inventory**, hacer un inventario

**invest in** vb (fin), invertir en

**investigate** vb (law), investigar

**investment** n (fin), inversión nf

**invitation** n, invitación nf; **an invitation to tender** (mktg, sales), concurso nm; **send an invitation**, enviar una invitación

**invite** vb, invitar

**invoice** n, factura nf; **invoice value** (fin, mktg, sales), importe nm de la factura; **pro forma invoice**, factura proforma

**invoice** vb, facturar

**invoicing** n (fin), facturación nf

**involve** vb, implicar

**involved, be involved in** vb, 1 (active in), estar involucrado(-a) en ... 2 (part of a scandal), meterse en ...

**IQ, Intelligence Quotient**, CI, cociente nm intelectual

**iron** n, hierro nm

**ironmonger** n, ferretero nm

**irrevocable letter of credit** n (fin), carta nf de crédito irrevocable

**issue** n, 1 (of magazine), número nm. 2 (of new shares), emisión nf. 3 (subject, subject of discussion), cuestión nf; **we must discuss the issue of maintenance of the machinery**, tenemos que comentar la cuestión del mantenimiento de la maquinaria

**issue** vb, 1 (fin, shares), emitir. 2 (public relations), publicar; **issue a press release**, publicar un boletín de prensa

**item** n, 1 (eg, goods), artículo nm; **luxury item**, artículo de lujo; **missing items**, artículos que faltan. 2 (part of a list), punto nm

**itemised bill/invoice** n, factura nf detallada

# J

**jam** *vb* (mech), atascar

**jam** *n*, (traffic), embotellamiento *nm*

**jeopardise** *vb*, poner en peligro

**jingle** *n* (mktg, sales), tonadilla *nf*

**JIT, Just in Time**, justo a tiempo

**job** *n*, 1 (pers), trabajo *nm*; **job advertisement**, anuncio *nm* de trabajo. 2 (specific position in company), puesto *nm* de trabajo; **job description**, descripción *nf* del trabajo. 3 (piece of work to do), tarea *nf*. 4 (responsibility), **his job is to ..**, está encargado de ...

**joint** *adj*, conjunto(-a); **joint decision**, decisión *nf* conjunta; **joint stock company**, sociedad *nf* anónima; **joint venture**, empresa *nf* conjunta

**judge** *n* (law), juez *nm*

**judge** *vb* (law), juzgar

**judgement** *n* (law), juicio *nm*

**junior** *adj*, menor, auxiliar; **junior employee**, empleado(-a) *nm/f* menor; **junior executive/manager**, ejecutivo(-a) *nm/f* auxiliar

**jury** *n* (law), jurado *nm*

**just** *adv*, 1 (barely), por poco; **they just managed to ..**, por poco consiguieron ... **just over ..**, poco más de ..; **just under ..**, poco menos de ... 2 (a short while ago), acabar de; **they have just merged with XYZ Plc**, acaban de fusionarse con XYZ Plc. 3 **Just in Time** (production), justo a tiempo

**justice** *n*, justicia *nf*

**justify** *vb*, justificar

# K

**keep** *vb*, guardar; **please keep the receipt**, sírvase guardar el recibo; **keep in a dry place**, guárdese en un lugar seco; **keep ahead of ..**, llevar la ventaja a ..; **keep to a deadline**, cumplir el plazo

**keep up with** *vb*, 1 (stay informed), mantenerse al día en ... 2 (maintain the same level, price, rate), mantenerse al nivel de

**key** *adj*, clave; **a key part**, una parte *nf* clave; **a key feature** una característica *nf* clave; **a key factor**, un factor *nm* clave

**key** *n*, 1 (keyboard), tecla *nf*. 2 (locks, security), llave *nf*

**key in** *vb* (comp), teclear

**keyboard** *n* (comp), teclado *nm*; **keyboard operator**, operador (-ora) *nm/f* de teclado

**keyboard** *vb*, teclear

**kind** *adj*, bueno(-a)

**kind** *n*, **in kind**, en especie; **payment in kind**, pago *nm* en especie

**kit** *n* (mktg, sales), kit *nm*, conjunto *nm* de piezas; **in kit form**, en forma de maqueta

**know-how** *n*, pericia *nf*

**knowledge** *n*, conocimientos *nmpl*; **a good knowledge of the market**, buenos conocimientos del mercado

# L

**label** *n*, 1 (on goods), etiqueta *nf*; **sticky label**, etiqueta engomada. 2 (name, make), marca *nf*; **sold under the Prestige label**, vendido bajo la marca Prestige

**label** *vb* (goods), etiquetar; **please label the boxes clearly**, sírvase etiquetar las cajas con claridad

**labour** *n*, mano *nf* de obra; **labour costs**, costes *nmpl* de personal; **labour force** (pers), mano *nf* de obra; **labour market**, mercado *nm* de trabajo

**lack** *n*, falta *nf*; **a lack of ..**, una falta de ...

**lack** *vb*, faltar; **the report lacks detail**, faltan detalles en el informe

**laminate** *vb*, laminar

**land** *n*, 1 (gen), tierra *nf*. 2 (acct), inmuebles *nmpl*

**land** *vb*, 1 (aeroplane), aterrizar. 2 (cargo), desembarcar

**landing charges** *npl*, gastos *nmpl* de descarga

**language** *n*, lengua *nf*; **foreign language**, lengua extranjera; **languages spoken** (CV), idiomas *nmpl*; **programming language**, lenguaje *nm* de programación

**LAN network** *n* (comp), red *nf* de área local

**laptop** *n* (comp), portátil *nm*

**large** *adj*, grande

**last** *adj*, último(-a)

**last** *vb*, durar

**late** *adj*, (for a deadline), tarde; **late**

## late

**payment** (fin), pago *nm* atrasado

**late** *adv.* 1 **arrive late**, llegar tarde; **be late**, llegar tarde. 2 (towards the end of), a fines de; **in late May**, a fines de mayo

**lately** *adv*, últimamente

**latest** *adj* (model, figures), último(-a); **the very latest model**, el último modelo; **the latest results**, los últimos resultados

**launch** *n*, lanzamiento *nm*; **the product launch will be in September**, el lanzamiento del producto será en septiembre; **launch price**, precio *nm* de lanzamiento

**launch** *vb* (product), lanzar

**law** *n*, ley *nf*

**lawyer** *n*, abogado(-a) *nm/f*

**lay day** *n* (transp), estadía *nf*

**lay off** *vb* (pers), despedir

**layoffs** *npl* (pers), despidos *nmpl*

**LBO, Leveraged Buyout** (fin), ~ compra *nf* apalancada de empresas

**LC, L/C, Letter of Credit** (fin), carta *nf* de crédito

**LCL, less than container load** (transp), menos que un contenedor completo

**lead** *n*, 1 **sales lead** (mktg, sales), venta *nf* potencial. 2 **have a lead (over)**, llevar la ventaja (a)

**lead** *vb*, (be ahead), encabezar

**leader** *n*, líder *nm*; **the company is a leader in the field of...**, es una empresa líder en el campo de...

**leading** *adj*, importante, líder; **leading producer of..**, productor *nm* líder de..; **leading edge technology**, tecnología *nf* de vanguardia

**lead time** (gen), plazo *nm* de espera

**leaflet** *n* (mktg, sales), folleto *nm*

**leakage** *n*, merma *nf*

**learn** *vb*, aprender

**lease** *n*, arriendo *nm*

**lease** *vb*, 1 (to someone), arrendar, ceder en arriendo. 2 (from someone), arrendar, tomar en arriendo

**leaseback** *n*, cesión-arrendamiento *nf*

**leasing** *n*, leasing *nm*

**leather** *adj*, de cuero; **leather goods**, artículos *nmpl* de cuero

**leather** *n*, cuero *nm*

**leave** *vb*, 1 (a place), salir; **the lorry has left**, el camión ha salido; **the goods will leave our factory on 12 June**, los bienes saldrán de nuestra fábrica el 12 de junio. 2 (forget to take), olvidar; **the driver left the customs documents**, el conductor olvidó los documentos de aduana. 3 (leave behind), dejar; **please leave a copy of the report at our office**, sírvase dejar una copia del informe en nuestra oficina

**leave** *n*, **be on leave** estar de permiso

**ledger** *n* (offce), libro *nm* mayor

**left** *adj* (direction), izquierdo(-a)

**left luggage** *n* (gen), consigna *nf*

**legal** *adj*, legal; **legal adviser**, asesor(-ora) *nm/f* jurídico(-a)

**leisure** *n* (mktg, sales), ocio *nm*; **leisure centre** (mktg, sales), centro *nm* de ocio; **leisure market** (mktg, sales), mercado *nm* del ocio

**lend** *vb*, prestar

**lender** *n*, prestador(-ora) *nm/f*

**length** *n*, largo *nm*

**less than**, menos que

**lessee** *n*, arrendatario(-a) *nm/f*

**lessor** *n*, arrendador(-ora) *nm/f*

**let** *vb* (property), alquilar

**letter** n, carta nf; **letter of application** (pers), carta de solicitud; **letter box**, buzón nm; **letter of credit** (imp/exp), carta de crédito

**level** n, nivel nm

**level out** vb (gen, fin), estabilizarse

**leverage** n (fin), coeficiente nm de endeudamiento

**leveraged buyout** n (fin), compra nf apalancada de empresas; **leveraged management buyout**, compra apalancada de la empresa por sus propios directivos

**LGV, large goods vehicle** n, camión nm de gran capacidad

**liabilities** npl, 1 (gen, fin), obligaciones nfpl. 2 (acct) pasivo nm

**liability** n (legal liability), responsabilidad nf

**liable** adj, 1 responsable; **be liable** (legal implication), ser responsable. 2 **be liable to...** (likely to), tener tendencia a..; **the machine is liable to overheat**, la máquina tiene tendencia a sobrecalentarse

**library** n, biblioteca nf

**licence** n, 1 (gen), licencia nf; **import licence**, licencia de importación. 2 (driving), permiso nm

**license** vb (a process), licenciar

**life** n, vida nf; **product life**, vida de producto; **shelf life**, período nm de conservación; **life insurance**, seguro nm de vida

**lift** n, ascensor nm

**lift** vb (transp), levantar

**light** vb, encender

**lighten** vb, aligerar

**lighting** n (mktg, sales), luz nf

**limit** n, límite nm

**limit** vb, limitar

**limited company** n, sociedad nf anónima; **private limited company**, sociedad limitada; **public limited company**, sociedad anónima

**line** n, línea nf; **product line**, línea de productos; **production line**, cadena nf de montaje

**liquidation** n, liquidación nf; **go into liquidation**, entrar en liquidación; **voluntary liquidation**, liquidación voluntaria

**liquidity** n, liquidez nf; **liquidity problems** (fin), problemas nmpl de liquidez

**list** n, lista nf; **list price**, precio nm de catálogo

**list** vb, 1 (make a list of), hacer una lista de. 2 (give a list of), enumerar; **the catalogue lists all the sales points**, el catálogo enumera todos los puntos de venta

**literature** n (on a product), folletos nmpl

**litigation** n (law), litigación nf

**live** adj, 1 (TV), en vivo. 2 (electrical current), con corriente. 3 (living), vivo(-a); **transport of live animals**, transporte nm de animales vivos

**LMBO, Leveraged Management Buyout**, compra nf apalancada de la empresa por sus propios directivos

**load** n (on a vehicle), carga nf; **a load of..**, una carga de..; **please collect the load from...**, recoja la carga de...

**load** vb (transp, comp), cargar

**loan** n, préstamo nm

**local** adj, local; **local radio**, radio nf local

**locate** vb (find), encontrar

**located** adj, 1 (gen), colocado(-a). 2 (company site), situado(-a); **located in Wales**, situado en Gales

**location** n, situación nf

**lodge** vb **a complaint** (law), presentar una querella

**logo** n, logotipo nm

**long** adj, largo(-a); **long distance**, de larga distancia; **long form** (bill of lading) (imp/exp), conocimiento nm de embarque completo; **long/short term loan** (fin), préstamo a largo/corto plazo

**long** adv (long time), mucho tiempo

**loose** adj, **1** suelto(-a); **loose leaf**, de hojas sueltas. **2** (not packed), a granel

**lorry** n (transp), camión nm; **lorry driver** (transp), conductor nm de camión; **lorry load** (transp), carga nf

**lose** vb (gen), perder

**loss** n, pérdida nf; **make a loss**, experimentar pérdidas; **loss adjuster** (ins), tasador(-ora) nm/f de averías; **loss leader** (mktg, sales), artículo nm de reclamo

**lost** adj, perdido(-a)

**lot** n, **a lot of..**, mucho...

**lot** n (auctions), lote nm; **lot number**, lote número nm

**low** adj, bajo(-a); **low interest loan** (fin), préstamo nm de bajo interés; **low price**, precio nm bajo; **lower than...** (gen, fin), más bajo(-a) que...

**lower** vb, rebajar; **lower prices**, rebajar los precios

**LPG, liquified Petroleum Gas** (transp), gas nm licuado

**LSD, loading, storage and delivery** (imp/exp, transp), carga, almacenamiento y entrega

**Ltd, private limited company**, sociedad nf anónima

**luggage** n, equipaje nm

**lump sum** n, suma nf global

**luxury** adj, de lujo; **luxury goods**, artículos nmpl de lujo

**luxury** n, lujo nm

**LV, luncheon voucher**, vale nm de comida

**machine** n, máquina nf; **machine tools**, máquinas-herramienta nfpl

**machinery** n, 1 (several machines), maquinaria nf. 2 (working parts), mecanismo nm

**made** adj, hecho(-a); **made in ...** (imp/exp), hecho en ..; **made of ...** (imp/exp), hecho de ..; **made to measure**, hecho a la medida; **be made up of**, estar compuesto de

**magazine** n (gen), revista nf; **in-house magazine** (mktg, sales), revista de la empresa

**magistrate** n (law), juez nm/f

**mail** n, correo nm; **mail order** (mktg, sales), pedido nm postal; **mail order company**, casa nf de ventas por correo

**mail** vb, enviar por correo

**mailing** n (mktg, sales), mailing nm; **mailing company** (mktg, sales), empresa nf de mailing; **mailing list**, lista nf de destinatarios

**mailshot** n (mktg, sales), mailing nm

**main** adj, principal; **main activity**, actividad nf principal

**mains** n (electricity), red nf eléctrica; **runs on mains electricity**, funciona con electricidad de la red

**maintain** vb, mantener

**maintenance** n, mantenimiento nm; **on-site maintenance**, servicio nm de mantenimiento en la empresa

**major** adj, importante; **a major manufacturer**, un fabricante nm importante

**majority** n of ..., mayoría nf de ...

**make** n (of goods), marca nf

**make** vb, 1 (manufacture), fabricar. 2 (oblige), obligar. 3 **make an application**, solicitar; **make an appointment**, hacer una cita; **make an offer** (fin), hacer una oferta; **make redundant** (pers), despedir

**make up** vb, 1 (a loss), compensar (una pérdida). 2 (delay), recuperar (el tiempo perdido). 3 (an order), preparar

**maker** n, fabricante nm

**malpractice** n (law), negligencia nf; **be guilty of malpractice**, ser culpable de negligencia; **be accused of malpractice**, ser acusado de negligencia

**manage** vb (pers), dirigir; **manage to do something**, conseguir hacer algo

**management** n, 1 (the managers of a company), dirección nf, directivos nmpl, **management buyout**, adquisición nf de una empresa por sus propios directivos; **management information system** (comp), sistema nm de información a la dirección. 2 (the activity of managing) gestión nf; **management accounting**, contabilidad nf de gestión; **management problems**, problemas nmpl de gestión

**manager** n (pers), gerente nm

**manageress** n (pers), gerente nf

**managing director** n (pers), director(-ora) nm/f gerente

**manifest** n (transp), manifiesto nm

**man-made** adj, 1 (gen), artificial. 2 (fabrics), sintético(-a)

**manpower** n, mano nf de obra

**manual** adj, manual; **manual control**, control nm manual

**manual** n, manual nm; **user manual**,

manual de usuario

**manufacture** vb (gen), fabricar

**manufacturer** n, fabricante nm

**manufacturing industries** npl, industrias nfpl manufactureras

**margin** n (fin), margen nm; **margin ratio** (fin), razón nf de utilidad bruta; **profit margin**, margen de beneficios

**marginal** adj, marginal; **marginal profit**, beneficios nmpl marginales

**marina** n, puerto nm deportivo

**marine** adj, marítimo(-a); **marine insurance** (ins), seguro nm marítimo

**mark** vb, señalar; **be marked down**, **1** (stock market), ser reducido. **2** (gen, retail), ser rebajado

**mark up** vb (prices), aumentar el precio; **be marked up** (fin), ser aumentado

**marker pen** n, rotulador nm

**market** n, **1** (potential customers), mercado nm; **there is a big market for..**, hay un mercado importante de ... **2** (market place), mercado; **market analysis**, análisis nm de mercados; **market demand**, demanda nf de mercado; **market penetration**, participación nf en el mercado; **market price**, precio nm de mercado; **market research**, investigación nf de mercados; **market sector** (mktg, sales), sector nm del mercado; **market share**, participación nf en el mercado; **market trend**, tendencia nf de mercado; **market value**, valor nm en el mercado; **be in the market for..**, estar dispuesto a comprar

**market** vb (product), poner a la venta

**marketing** n (mktg, sales), márketing nm; **marketing department** (pers), departamento nm comercial; **marketing mix** (mktg, sales), el márketing mix

**mark-up** n **1** (increase in price), recargo nm. **2** (gen, profit margin), margen nm de beneficio

**married** adj (CV), casado(-a)

**mass memory** n (comp), memoria nf masiva

**mass production** n, fabricación nf en serie

**match** vb, **1** (colours), hacer juego (con). **2** (offer an equal price), ofrecer el mismo precio

**matching** adj, a tono; **matching colours**, colores nmpl a tono

**material** n (e.g. cloth), tela nf; **materials** materiales nmpl; **raw materials**, materias nfpl primas

**mate's receipt** n (imp/exp), recibo nm de a bordo

**mature** adj (person), maduro(-a)

**mature** vb (fin), vencer

**maximise** vb, potenciar

**maximum** adj, máximo(-a)

**maximum** n, máximo nm

**md, months after date** (fin), a ... meses fecha

**mean** n (maths = average), media nf

**means** npl, medios nmpl

**measure** vb, medir

**measurement** n, **pay by measurement** (transp), pagar por volumen; **measurements**, medidas nfpl

**measures** npl, medidas nfpl

**mechanical** adj, mecánico(-a)

**mechanism** n, mecanismo nm

**media, the media** npl, los medios de comunicación

**medical** adj, médico(-a)

**medicine** n, medicina nf

**meet** vb, **1** (have a meeting), reunirse.

**2** (at the station), encontrar. **3** (for first time), conocer. **4** (fulfil); **meet a target**, alcanzar una meta; **meet (one's) commitments**, honrar sus compromisos; **meet the requirements/the conditions**, satisfacer los requisitos/las condiciones

**memo** n, nota nf; **an internal memo**, una nota interior; **to write a memo to/about**, escribir una nota a/sobre; **to send a memo**, enviar una nota

**memory** n (comp), memoria nf

**mend** vb, reparar

**menu** n (comp), menú nm

**merchandising** n, comercialización nf

**merchant bank** n (fin), banco nm mercantil

**merge** vb (fin), fusionar; **merge with ...**, fusionar con ...

**merger** n (gen), fusión nf

**message** n (offce), recado nm; **send a message**, enviar un recado; **receive a message**, recibir un recado

**meter** n, contador nm

**method** n, método nm, modo nm; **method of production**, método de fabricación; **methods of payment**, modos nmpl de pago

**mpg, miles per gallon** (gen), ~ litros nmpl por 100 kilómetros

**microphone** n (mktg, sales), micrófono nm

**mile** n, milla nf

**mileage** n, kilometraje nm

**minicomputer** n (comp), miniordenador nm

**minimal** adj, mínimo(-a); **maintenance costs are minimal**, los costes de mantenimiento son mínimos

**minimise** vb, minimizar

**minimum** adj, mínimo(-a)

**minor** adj, menor

**minority** n, minoría nf; **be in a minority**, estar en la minoría

**minus** prep, menos

**minutes** npl (of meetings), el acta nf

**miscellaneous** adj, varios(-as)

**mislead** vb, engañar

**misleading** adj, engañoso(-a); **misleading advertising**, publicidad nf engañosa

**miss** vb, perder; **miss a flight**, perder un vuelo; **miss a target**, no alcanzar una meta

**missing** adj, que falta; **be missing**, faltar; **missing articles**, artículos nmpl que faltan

**mistake** n, error nm; **make a mistake**, equivocarse

**mobile phone** n (gen), teléfono nm móvil

**model** n (scale model, version of product), modelo nm; **the latest model is more powerful**, el último modelo es más potente

**mode of transport** n (imp/exp, transp), medio nm de transporte

**modification** n, modificación nf; **make modifications**, hacer modificaciones

**modify** vb, modificar

**modular** adj, modular

**module** n, módulo nm

**money** n, dinero nm

**monitor** n (comp), pantalla nf

**monitor** vb, controlar

**month** n, mes nm; **at ... months after sight** (fin), a ... meses vista

**monthly** adj, mensual; **monthly deliveries**, entregas nfpl mensuales; **monthly paid** (pers), pagado mensualmente; **monthly payments** (fin), plazos

*nmpl* mensuales

**moor** *vb* (transp), amarrar

**mooring** *n*, amarradero *nm*

**more** *adj*, más; **please send more copies of the brochure**, sírvanse enviar más ejemplares del folleto

**more** *adv*, más; **more attractive**, más atractivo; **more economical**, más económico; **more expensive**, más caro; **more than ...** (with figures, money), más de ..; **more ... than ..**, más ... que ...

**mortgage** *n*, hipoteca *nf*; **mortgage loan**, préstamo *nm* hipotecario

**mortgage** *vb*, hipotecar

**motivate** *vb*, motivar

**motivation** *n*, motivación *nf*

**motor** *n*, 1 (engine), motor *nm*. 2 (automobile), automóvil *nm*; **motor insurance** (ins), seguro *nm* de automóvil

**motorist** *n*, automovilista *nm/f*

**motorway** *n* (transp), autopista *nf*; **motorway junction**, cruce *nm* de autopista

**mouse** *n* (comp), ratón *nm*

**move** *vb* (offices, house), mudar

**MP, Member of Parliament**, diputado(-a) *nm/f*

**Ms**, no exact equivalent in Spanish, use either Señorita or possibly Señora

**m/s, months after sight** (fin), a ... meses vista

**MTO, multimodal transport operator** *n* (imp/exp), transportista *nm* multimedio

**multiple copies** *npl* (imp/exp), copias *nfpl* múltiples

**multiply** *vb* **(by)**, multiplicar (por)

**NA, N/A, not applicable** (form filling), no interesa

**name** *n*, nombre *nm*; **company name**, razón *nf* social

**name** *vb*, llamarse

**narrow** *adj*, estrecho(-a)

**national** *adj*, nacional; **national insurance contributions**, cotizaciones *nfpl* a la seguridad social; **national reputation**, reputación *nf* nacional

**nationalise** *vb*, nacionalizar

**nationalised** *adj*, nacionalizado(-a)

**nationality** *n* (CV), nacionalidad *nf*

**naval** *adj*, naval

**NCV, no commercial value** (imp/exp), sin valor comercial

**near** *adj*, próximo(-a); **the near future**, en el futuro próximo

**near** *prep* (location), cerca de; **near the airport**, cerca del aeropuerto

**nearest** *adj* (matching requirements), más parecido(-a) a

**nearly** *adv*, casi

**need** *n*, necesidad *nf*; **we think there is a need for ..**, creemos que existe una necesidad de ...

**need** *vb*, necesitar

**needs analysis** *n*, análisis *nm* de las necesidades; **carry out a needs analysis**, llevar a cabo un análisis de las necesidades

**neglect** *vb*, 1 (not look after), descuidar. 2 (forget to do), olvidar

**negotiable** adj, negociable

**negotiate** vb, negociar

**negotiation** n, negociación nf

**net** adj (fin), neto(-a); **net cashflow**, flujo nm neto de caja; **net contribution** (fin), contribución nf neta; **net income** (fin), beneficios nmpl netos; **net income to sales**, beneficios nmpl por ventas; **net result** (fin), beneficios nmpl de explotación netos; **net weight** (imp/exp), peso nm neto; **net worth**, activo nm neto

**net** vb (receive a net amount), ganar en limpio

**network** n (comp), red nf

**network** vb (comp), 1 estar conectado a una red. 2 transmitir por la red

**networked system** n (comp), sistema nm operativo de redes

**networking** n (cooperation between companies), desarrollo nm de relaciones comerciales

**new** adj nuevo(-a); **we have brought out a new model**, hemos lanzado un modelo nuevo

**news** n, 1 (radio/TV/newspaper news), noticias nfpl; **news programme** (TV), telediario nm; **news item**, noticia nf. 2 (particular event), noticia nf; **the news of the merger..**, la noticia de la fusión...

**newsletter** n (mktg, sales), boletín nm (informativo)

**niche** n, hueco nm; **market niche**, hueco del mercado

**nil** n, 1 (figs), cero nm. 2 (form filling), nada nf

**no claims bonus** n (ins), prima nf de no reclamación

**no commercial value** n (imp/exp), sin valor comercial

**non payment** n (fin), impago nm

**non-returnable** adj, 1 (disposable), de usar y tirar. 2 (no deposit on container), envase nm sin vuelta

**not applicable** adj (on forms), no interesa

**not as ordered** adj (mktg, sales), no según pedido

**note** n, 1 (short message), recado nm; **thank you for your note...**, gracias por su recado... 2 (banknote), billete nm

**note** vb, 1 (be aware of), tomar nota de. 2 (write down), apuntar. 3 (see), observar

**noted** adj **for**, conocido(-a) por

**note-pad** n, bloc nm de notas

**notice** n, 1 (on a wall), letrero nm. 2 (warning of future action), aviso nm; **give notice** (employee to employer), dimitir; (employer to employee), despedir.

**notice** vb, ver

**notification** n, aviso nm; **receive notification of**, recibir aviso de

**notify** vb, avisar

**novel** adj, original; **a novel solution**, una solución original

**novelty** n, novedad nf

**null and void** adj, sin fuerza legal

**number** n, 1 (phone), número nm; **our fax number is..**, nuestro número de fax es el... 2 (ref), código nm; **the product number is..**, el código del producto es el... 3 (quantity), cantidad nf; **there is a large number of similar products..**, hay una cantidad importante de productos similares. 4 (figures in accounts, results), cifra nf

**number** vb, numerar; **we have numbered the boxes 1 to 15**, hemos numerado las cajas de 1 a 15

**number plate** n, matrícula nf

**numerical order** n, **in numerical order**, en orden numérico

**o/a, on account of** (fin), a cuenta de

**object** n, propósito nm; **the object of the meeting ...**, el propósito de la reunión ...

**object** vb **(to)**, oponerse (a)

**objection** n, objeción nf; **make an objection**, hacer una objeción

**objective** n, objetivo nm, meta nf; **the sales team reached their objectives**, el equipo de ventas alcanzó sus metas

**obligatory** adj, obligatorio

**oblige** vb, obligar

**obsolete** adj, obsoleto(-a)

**obstacle** n, obstáculo nm; **X is an obstacle to Y**, X representa un obstáculo para Y

**obtain** vb, obtener

**obtained** adj, obtenido(-a); **qualification obtained in ...** (CV), título nm obtenido en ...

**occupation** n (pers, forms), empleo nm

**occupy** vb (premises), ocupar; **the company occupies offices in ...**, la empresa ocupa oficinas en ...

**OD, O/D, overdrawn** (fin), en descubierto

**odd numbers** npl, números nmpl impares

**offence** n (law), delito nm; **to commit an offence**, cometer un delito

**offer** n, oferta nf; **make an offer**, hacer una oferta; **receive an offer**, recibir una oferta; **refuse an offer**, rechazar una oferta

**offer** vb, ofrecer; **offer £400,000**, ofrecer £400.000; **offer to take back the goods**, ofrecer recibir devueltas las mercancías

**office** n, oficina nf; **office block**, edificio nm de oficinas; **office equipment**, equipo nm de oficina; **office furniture**, muebles nmpl de oficina; **office manager**, jefe/jefa nm/f de oficina

**official** adj, oficial

**off label** adj (mktg, sales), sin marca

**offset** vb (gen), compensar; **offset costs**, compensar los gastos

**OHP** n (mktg, sales), proyector nm de transparencias

**oil** n, **1** (crude oil), petróleo nm; **oil tanker** (ship), petrolero nm. **2** (lubricant), aceite nm

**O Level, Ordinary Level** n, ~ bachillerato nm elemental

**omission** n, omisión nf

**on, be on** vb (electr), estar encendido

**on demand, payable on demand** (fin), pagadero a la vista

**one-man business** n, empresa nf individual

**one-way street** n, calle nf de sentido único

**on line** adj (comp), en línea

**on the job** adj, trabajando

**o/o, order of** (fin), a la orden de

**open** adj, abierto(-a); **open-ended questions** (mktg, sales), preguntas nfpl sin límites fijos; **open house** (company open day), jornada nf de puerta abierta; **open market**, mercado nm libre; **open plan** (offce), oficina nf de plan abierto; **open ticket** (transp), billete nm abierto

**open** vb, abrir; **open a programme** (comp), abrir un programa; **open**

**the mail** (offce), abrir el correo; **open a branch in...**, abrir una sucursal en...

**opening** n, 1 (of a sales point, of an event), apertura nf. 2 (mktg, sales), oportunidad nf; **see an opening in the market**, ver una oportunidad de mercado

**operate** vb (a machine), manejar; **operated by** (controls, power source), funciona con; **the system is operated by hydraulic pressure**, el sistema funciona con presión hidráulica

**operating** adj, de explotación; **operating budget** (fin, accounts), presupuesto nm de explotación; **operating capital** (fin), capital nm de explotación; **operating costs** (fin), costes nmpl de explotación; **operating expenses** (fin, acct), gastos nmpl de explotación; **operating income** (fin), productos nmpl de explotación; **operating instructions**, instrucciones nfpl de funcionamiento; **operating ratio** (fin), relación nf entre la producción física y la capacidad física; **operating system** (comp), sistema nm operativo

**operations** npl (of a company), actividades nfpl

**operator** n, 1 (telephone), telefonista nm/f. 2 (machines), operario(-a) nm/f; **operator's manual**, manual nm de operario. 3 (tour operator), agente nm de viajes

**opportunity** n (gen), oportunidad nf; **a market opportunity**, una oportunidad de mercado

**optimise** vb, optimizar

**optimum** adj, óptimo(-a)

**option** n, opción nf

**optional** adj, 1 (gen), opcional. 2 (product description), optativo(-a); **alloy wheels are optional**, las ruedas de aleación son optativas. 3 (choice of action), opcional; **cancellation insurance is optional**, el seguro de cancelación es opcional

**OR, owner's risk** (ins), por cuenta y riesgo del propietario

**order** n, 1 (sales), pedido nm; **export order**, pedido de exportación; **order book**, cartera nf de pedidos; **order form**, boletín nm de pedido; **telephone/fax order**, pedido por teléfono/fax. 2 (sorting), orden nm; **in order** (in the right place), en orden; **in alphabetical order**, por orden alfabético. 3 **in the order of...** (figs, roughly), del orden de... 4 **be out of order** (machines, telephone), no funcionar

**order** vb (sales), pedir

**ordinary** adj, corriente

**ore** n, mineral nm; **ore carrier**, carguero nm de minerales

**organic** adj, orgánico(-a); **organic products**, productos nmpl orgánicos

**organisation** n, (activity), organización nf; **organisation chart**, organigrama nm

**organise** vb, organizar

**origin** n, origen nm

**original** adj, original; **original equipment**, equipo nm original

**other** adj, **other information** (forms, CV), datos nmpl adicionales

**outbid** vb, hacer mejor oferta que; **they outbid XYZ Plc**, hicieron mejor oferta que XYZ Plc

**outcome** n, resultado nm

**outlay** n (initial capital spent), desembolso nm

**outlet** n (sales outlet), salida nf

**outline** vb (plan), trazar

**outlook** n (the future), perspectivas nfpl; **the outlook is good**, las perspectivas son buenas

**out of stock** adj, agotado(-a)

**outperform** *vb*, tener mejores resultados que

**outplace** *vb* (pers), despedir

**outplacement** *n* (pers), colocación *nf* de empleados despedidos en otras empresas

**output** *n*, 1 (factory), producción *nf*. 2 (electrical), potencia *nf* de salida

**outsell** *vb*, vender más que

**outsider** *n*, forastero(-a) *nm/f*

**outside use** *n*, uso *nm* externo

**outsourcing** *n*, compras *nfpl*

**outstanding** *adj*, 1 (quality), excepcional. 2 (pending), pendiente; **outstanding items** (not delivered), artículos *nmpl* pendientes de entrega; **outstanding payment** (unpaid), pago *nm* pendiente

**out tray** *n* (offce), bandeja *nf* de salida

**over** *prep* (above), más de; **over 10%**, más del 10%; **over target**, por encima de los objetivos

**overbook** *vb*, sobrereservar

**overcapacity** *n*, sobrecapacidad *nf*

**overcharge** *vb*, sobrecargar

**overdraft** *n*, saldo *nm* deudor

**overdrawn** *adj* (fin), **be overdrawn**, tener un saldo deudor

**overdue** *adj*, vencido(-a) y no pagado(-a); **overdue account**, factura *nf* vencida y no pagada

**overheads** *npl*, gastos *nmpl* generales

**overload** *vb*, sobrecargar

**overlook** *vb*, 1 (look down on), dar a. 2 (forget, not notice), olvidar

**overpayment** *n* (fin), pago *nm* excesivo

**overprice** *vb* (mktg, sales), poner un precio excesivo

**overtime** *n*, horas *nfpl* extraordinarias, horas *nfpl* extra; **work overtime**, trabajar horas extra

**owe** *vb*, deber

**own** *vb*, 1 (gen), tener. 2 (formal), ser dueño de

**own brand** *n* (mktg, sales), marca *nf* propia

**owner** *n*, propietario(-a) *nm/f*; **owner's equity to debt** (acct), relación *nf* entre el valor del patrimonio y el pasivo; **owner's risk** (ins), por cuenta y riesgo del cliente

# P

**pa, per annum**, al año

**pack** *n* (mktg, sales), envase *nm*, paquete *nm*; **a 5 kg pack**, un paquete de 5 kilos

**pack** *vb* (imp/exp), envasar

**package** *n*, 1 (gen, comp, transp, post), paquete *nm*. 2 (fin, a financial package), conjunto *nm*; **salary package**, un conjunto de retribuciones. 3 (purchase of a set of services or facilities from one vendor), todo incluido; **a package tour**, viaje *nm* con todo incluido

**packaging** *n* (mktg, sales), embalaje *nm*

**packed** *adj* (imp/exp), envasado(-a); **packed in Belgium**, envasado en Bélgica; **packed in 5 kg plastic containers**, envasado en contenedores de plástico de 5 kilos

**packet** *n* (mktg, sales), 1 (gen), paquete *nm*. 2 (bag containing a small, measured amount of contents) bolsa *nf*

**packing note/list** *n* (imp/exp), lista *nf* de bultos

**P + D, pickup and delivery** (imp/exp, transp), recogida *nf* y entrega *nf*

**pad** *n*, (for writing), bloc *nm*

**padded** *adj* (imp/exp), forrado(-a)

**padding** *n* (imp/exp), relleno *nm*

**page** *n* (of a book), página *nf*

**pager** *n*, localizador *nm* personal

**paging** *n* (communications), localización *nf* personal

**paid** *adj* (on bills), pagado(-a); **paid in advance** (fin), pago *nm* por adelantado; **paid on delivery**, pago *nm* a la entrega

**paid-up capital** *n* (fin), capital *nm* desembolsado

**pallet** *n* (transp), paleta *nf*

**palletisation** *n* (transp), paletización *nf*

**palletise** *vb* (transp), paletizar

**paper** *n*, 1 (newspaper), periódico *nm*, diario *nm*. 2 (eg to write on), papel *nm*

**paper clip** *n* (offce), clip *nm*

**paperwork** *n*, trabajo *nm* administrativo; **we will complete the paperwork**, terminaremos el trabajo administrativo

**par** *n* (stock market), par *nf*; **above par** (stock market), por encima de la par; **at par**, a la par; **below par** (stock market), por debajo de la par

**parcel** *n* (offce, transp), paquete *nm*

**parent company** *n*, casa *nf* matriz

**park** *n*, parque *nm*; **car park**, aparcamiento *nm*; **leisure park**, parque de atracciones; **theme park**, parque temático

**park** *vb* (gen), aparcar

**part** *adj* (incomplete), parcial; **part delivery** (transp) entrega *nf* parcial; **part load** (transp), carga *nf* parcial; **part payment**, pago *nm* parcial; **part time** (pers), por horas

**part** *n* (spare part, component), pieza *nf*

**participate** *vb* **(in)**, participar (en)

**particular average** *n* (ins), avería *nf* particular

**particulars** *npl*, detalles *nmpl*; **would you like to give me your particulars?**, ¿me da sus detalles?; **please let us have particulars of the load**, sírvanse avisarnos de los detalles del envío

**partner** n, socio(-a) nm/f

**partnership** n, sociedad nf (comanditaria)

**pass** vb, **1** (results, go higher, overtake), pasar; **interim results show that sales have passed last year's total**, los resultados provisionales indican que las ventas han pasado el total del año pasado. **2** (tests), aprobar; **pass an exam**, aprobar un examen

**passenger** n, pasajero(-a) nm/f

**password** n (comp), contraseña nf

**past** adj (former), antiguo(-a); **past president of...**, antiguo presidente de...

**past** n, pasado nm

**paste** vb (comp), pegar

**patent** n, patente nm

**patent** vb, patentar

**patented** adj, patentado(-a)

**pattern** n, **1** (design, ornamentation), diseño nm. **2** (model), modelo nm

**pay** n, sueldo nm

**pay** vb, pagar; **pay back** (fin), devolver; **pay cash**, pagar al contado; **pay for itself** (fin), amortizarse; **the machine will pay for itself in two years**, la máquina se amortizará en dos años; **pay in money**, depositar dinero; **pay into an account** (fin), depositar dinero en una cuenta; **pay off**, saldar; **pay on delivery** (transp, mktg, sales), pago nm a la entrega; **pay a visit (to)**, visitar

**payable** adj (fin), pagadero(-a); **payable at the end of June**, pagadero a fines de junio

**payee** n, portador(-ora) nm/f, beneficiario(-a) nm/f

**payload** n (transp), carga nf útil

**payment** n (fin), pago nm; **part payment**, pago parcial; **payment against documents** (fin), pago contra documentos; **payment in instalments** (fin), pago a plazos; **payment on delivery** (mktg, sales), pago a la entrega

**payphone** n, teléfono nm público

**payroll** n (fin), nómina nf

**PC, personal computer**, PC nm, ordenador personal nm; **PC operator**, operario(-a) de PC/de ordenador

**p/e ratio** n (fin), relación nf precio/beneficios

**peak** n (results), punto nm más alto; **exports reached peak in March**, las exportaciones alcanzaron su punto más alto en marzo

**peak** vb (gen, fin), llegar al máximo; **we believe that demand has peaked**, creemos que la demanda ha llegado al máximo

**peg** vb **prices** (mktg, sales), fijar los precios

**penalise** vb, penar

**penalty** n, recargo nm, multa nf; **the contract includes a penalty clause**, el contrato contiene una cláusula penal; **the penalty for late delivery is...**, el recargo por entrega atrasada es...

**pencil** n, lápiz nm; **pencil sharpener** (offce), sacapuntas nm

**pending** adj, pendiente; **pending tray**, cajón nm para documentos pendientes

**pension** n, jubilación nf; **pay a pension**, pagar una jubilación; **receive a pension**, cobrar una jubilación

**per** prep (month, ton), por, a; **per year**, al año; **per quarter**, por trimestre

**percentage** n, porcentaje nm; **a high percentage of...**, un porcentaje elevado de..; **a small percentage of...**, un pequeño porcentaje de...

**place an order** 139

**performance** n (of a company), comportamiento nm, rendimiento nm; **performance bonus** (pers), ~ plus nm de productividad; **performance related pay** (pers), pago nm por desempeño del trabajo

**period** n, período nm; **period of probation** (pers), período a prueba

**periodicals** npl (magazines), revistas nfpl

**peripherals** npl (comp), periféricos nmpl

**perishable** adj, perecedero(-a)

**perks** npl (pers), gratificaciones nfpl; **receive perks**, recibir gratificaciones

**permanent** adj, permanente

**permission** n, permiso nm; **obtain permission**, obtener permiso

**permit** n, permiso nm

**permit** vb, permitir

**personal** adj, personal; **personal assistant** (pers), ~ ayudante nm/f personal; **personal computer**, PC nm, ordenador nm personal; **personal details** (forms, CV), datos nmpl personales; **personal organiser** (paper based), organizador nm personal; **personal property** (customs), bienes nmpl personales, bienes muebles nmpl; **personal secretary** (pers), secretario(-a) nm/f personal

**personalised** adj (mktg, sales), personalizado(-a)

**personnel** n, 1 (staff), personal nm. 2 (department), departamento nm de personal; **personnel manager** (pers), jefe/jefa nm/f de personal

**PERT** n (fin), el método nm PERT

**petrol** n, gasolina nf

**petroleum products** npl, derivados nmpl del petróleo

**pharmaceutical** adj, farmacéutico (-a); **pharmaceutical industry**, industria nf farmacéutica; **pharmaceutical products**, productos nmpl farmacéuticos

**phase** n, fase nf; **the first phase of the project**, la primera fase del proyecto

**phase in** vb, introducir poco a poco

**phasing** n, 1 (phasing in), introducción nf gradual. 2 (phasing out), reducción nf gradual

**PhD, Doctorate**, ~ doctorado nm; **a doctorate in ...**, un doctorado en ...

**phone** n, teléfono nm; **phone card**, tarjeta nf telefónica; **phone number**, número nm de teléfono

**phone** vb, llamar por teléfono

**photocopier** n, fotocopiadora nf

**photocopy** vb, fotocopiar

**pick** vb, 1 (choose), escoger. 2 (crop), recolectar

**pick up** vb, 1 (a load) (transp), recoger; **please pick up the goods from ..**, recoja las mercancías de ..; **pickup and delivery** (transp), recogida nf y entrega nf. 2 (improve, sales, profits, economy), mejorar; **sales picked up in the second quarter**, las ventas mejoraron en el segundo trimestre

**picket** n, piquete nm; **strike picket** (pers), piquete de huelga

**picket** vb (pers), formar piquetes; **picket a factory**, formar piquetes a la entrada de una fábrica

**pie chart** n (fin), gráfico nm de sectores

**piggyback** vb (transp), transportar un camión cargado en un vagón de ferrocarril

**pile** n, montón nm

**pile up** vb (transp), amontonar

**pilfering** n (imp/exp), hurto nm

**place** vb **an order** (mktg, sales),

colocar un pedido

**placement** n, (work placement) (education), prácticas nfpl de trabajo

**plan** n, 1 (gen), plan nm; **a strategic plan**, un plan estratégico; **a marketing plan**, un plan de márketing. 2 (drawing), plano nm

**plan** vb (gen, fin), planear

**planner** n (offce), diagrama nm de planificación del trabajo

**planning** n (gen), planificación nf

**plant** n, 1 (factory), fábrica nf; **the company has a new plant in Guadalajara**, la empresa tiene una nueva fábrica en Guadalajara. 2 (production unit), instalación nf; **the packing plant**, la instalación de embalaje. 3 (number of large machines eg earthmoving machines), maquinaria nf

**plastic** adj, plástico(-a); **plastic covered**, revestido de plástico

**plastic** n (gen), plástico nm

**plate** vb (gen), planchear

**platform** n, 1 (railway), andén nm. 2 (comp), plataforma nf

**Plc, plc, public limited company**, sociedad nf anónima (por acciones), SA

**plot** n (for building), solar nm

**plug in** vb (comp), enchufar

**plummet** vb (gen, fin), caer a plomo

**plunge** vb (figures, rates), caer en picado

**PM, Prime Minister**, Primer(-a) Ministro(-a) nm/f

**poach** vb, 1 (gen, mktg, sales), robar clientela. 2 (recruitment), robar personal

**POD, pay on delivery** (transp, mktg, sales), pago nm a la entrega

**POE**, 1 **port of embarkation** (imp/exp), puerto nm de embarque.
2 **port of entry**, puerto nm de entrada

**point** n, punto nm; **make a point**, establecer un punto; **a major point**, un punto importante; **this is an interesting point**, éste es un punto interesante; **decimal point**, decimal; **23 point zero three (23.03)**, 23 coma cero tres (23, 03); **point of sale**, punto de venta; **point of sales advertising**, publicidad nf de punto de venta

**pointer** n, 1 (figurative, sign), indicación nf. 2 (presentations), puntero nm

**police** n (law), policía nf

**policy** n, 1 (gen), política nf. 2 (ins), póliza nf

**poll** n, sondeo nm

**poll** vb (opinion), hacer un sondeo

**pollute** vb, contaminar

**pollution** n, contaminación nf

**pool** n, 1 (swimming), piscina nf. 2 (shared resource), consorcio nm; **a car pool**, grupo nm de personas que comparten el coche para ir al trabajo

**pool** vb, reunir; **pool equipment**, reunir equipo

**poor** adj, 1 (no money), pobre. 2 (not very good), malo(-a); **poor quality** (imp/exp), de baja calidad; **poor results**, resultados nmpl insatisfactorios

**popular** adj (goods), popular

**population** n, población nf

**port** n, puerto nm; **port of call** (transp), puerto de escala; **port of entry** (imp/exp), puerto de entrada; **port charges** (transp), derechos nmpl portuarios

**portable** adj, portátil

**portfolio** n, cartera nf

**POS advertising** n (mktg, sales), publicidad nf en el punto de venta

**position** n, posición nf; **the site is in an ideal position**, el local está en una posición ideal; **to be in a position to..**, estar en condiciones de...

**post**, n, 1 (letters delivered), correo nm; **post code**, código nm postal; **post office**, (oficina nf de) correos; **post and packing**, gastos de franqueo y embalaje. 2 (job, position), puesto nm (de trabajo)

**post** vb, 1 (a letter), mandar por correo. 2 (figures in accounts), asentar

**postage** n (rate), tarifa nf de correo

**postal service** n, servicio nm postal

**poster** n (mktg, sales), cartel nm; **poster campaign** (mktg, sales), campaña nf de carteles

**postman** n (offce, gen), cartero nm

**postmark** n, matasellos nm

**postpone** vb, aplazar

**potential** adj, potencial; **there is a potential market of 3 million units**, hay un mercado potencial de 3 millones de unidades

**potential** n, potencial nm; **the product has great potential**, el producto tiene gran potencial

**power** n, 1 (mech, maths), potencia nf. 2 (electricity), fuerza nf eléctrica; **power cut** (gen, comp), apagón nm; **power point** (electrical), toma nf de corriente. 3 (gen), poder nm

**powerful** adj, potente

**PR**, **port risks** (ins), riesgos nmpl de puerto

**practise** vb, 1 (gen), practicar. 2 (a profession), ejercer

**precedent** n, precedente nm

**precision** n, precisión nf; **high precision**, alta precisión; **precision casting**, fundición nf de precisión

**prefer** vb, preferir; **we would prefer to..**, preferiríamos..; **our customers prefer branded goods to unbranded goods**, nuestros clientes prefieren artículos de marca a los sin marca

**preference** n, preferencia nf; **there is a preference for...**, existe una preferencia por...

**premises** npl, local nm; **on the premises**, en el local

**premium** n, 1 (ins), prima nf. 2 (prices), **X is at a premium**, X tiene mucha demanda

**prepacked** adj, preempaquetado(-a)

**prepaid** adj (fin), pagado(-a) por adelantado

**prescription** n (medical), receta nf

**present** n, regalo nm

**present** vb, presentar; **present a bill for acceptance** (fin), presentar una letra a la aceptación

**presentation** n, presentación nf; **give a presentation** (give a talk about a product), hacer una presentación; **presentation pack** (mktg, sales), muestra nf regalo

**president** n (of a company), presidente(-enta) nm/f

**press** n ('the press'), la prensa nf; **a press release**, un boletín de prensa; **an article in the press**, un artículo en la prensa; **press coverage of the exhibition**, la cobertura en la prensa de la exposición

**pressure** n, presión nf; **high/low pressure**, presión alta/baja; **be under pressure**, estar apremiado; **working pressure**, apremio nm de trabajo

**price** n (of goods), precio nm; **price cut** (eg special offer), reducción nf de precio; **price/earnings ratio** (fin), relación nf precio/ganancias; **price freeze** (fin), congelación nf de precios; **price increase**, aumento nm de precios; **price list**,

**price** vb **at..**, 1 (act of pricing), poner un precio de ... 2 (carry a price of), llevar un precio de ..; **the machine is priced at £120,000**, la máquina lleva un precio de £120.000

**pricing policy** n, política nf de precios

**prime** adj, principal, primer; **Prime Minister**, primer ministro; **prime site** (property), local nm selecto; **prime time** (TV, mktg, sales), horas nfpl de mayor índice de audiencia

**print** vb, 1 (brochure), imprimir. 2 (form filling), escribir en caracteres de imprenta; **please print**, sírvase escribir en caracteres de imprenta. 3 **print off/out** (comp), imprimir

**printer** n, 1 (comp), impresora nf. 2 (occupation), impresor(-ora) nm/f

**printing** n (gen), impresión nf

**printout** n (comp), print-out nm; **make a printout** (comp), hacer un print-out

**priority** adj, prioritario(-a); **a priority order**, un pedido nm prioritario

**priority** n, prioridad nf; **we would be grateful if you would give priority to..**, mucho les agradeceríamos que dieran prioridad a ...

**private** adj, privado(-a); **private limited company**, sociedad nf de responsabilidad limitada

**privatise** vb, privatizar

**privatised** adj, privatizado(-a)

**prize** n, premio nm; **prize draw**, tómbola nf

**procedure** n, procedimiento nm; **please follow the correct procedure for..**, sírvase seguir el procedimiento correcto para ..; **the procedure for ordering is set out at the back of the catalogue**, el procedimiento se expone al final del catálogo

**proceedings** npl (law), medidas nfpl

**proceeds** npl (acct), ingresos nmpl; **the proceeds from..**, los ingresos de ...

**process** n (industrial, eg manufacturing), proceso nm

**process** vb, tramitar; **process an order**, tramitar un pedido

**processing** n, proceso nm, tratamiento nm; **data processing**, proceso de datos; **waste processing**, tratamiento de residuos

**procurement** n (purchasing), compra nf; **procurement manager**, jefe/jefa nm/f de compras

**produce** n, productos nmpl; **dairy produce**, productos lácteos; **farm produce**, productos agrícolas

**produce** vb, producir

**producer** n, productor nm

**product** n, producto nm; **product benefits** (mktg, sales), beneficios nmpl del producto; **product designer** (outer appearance), diseñador(-ora) nm/f de productos; **product liability** (law), responsabilidad nf de fabricante; **product line**, línea nf de productos; **product manager** (pers), jefe/jefa nm/f de producto

**production** n, producción nf; **production cost**, coste nm de producción; **production line**, línea nf de montaje

**productivity** n, productividad nf; **productivity bonus** (pers), prima nf por rendimiento

**professional** n, profesional nm/f

**professional** adj, profesional; **professional experience** (CV), experiencia nf profesional; **he is a**

**professional translator**, es un traductor profesional

**profile** n, 1 (gen), perfil nm. 2 (pers), **keep a high profile**, tratar de llamar la atención; **keep a low profile**, tratar de pasar inadvertido

**profit** n, beneficio nm; **gross/net profit**, beneficio bruto/neto; **a high level of profits**, un alto nivel nm de beneficios; **a low level of profits**, un nivel nm bajo de beneficios; **make record profits**, obtener unos beneficios récord; **profit/earnings per share** (fin), beneficios por acción; **a profit of 10%**, unos beneficios del 10%; **profit margin**, margen nm de beneficio; **profit related pay** (pers), pago nm según rendimiento; **profit sharing** (pers), participación nf en los beneficios; **profit and loss account**, cuenta nf de pérdidas y ganancias

**profitability** n, rentabilidad nf

**profitable** adj, rentable

**pro forma invoice** n, factura nf pro forma

**programme** n (gen), programa nm

**programme** vb (comp), programar

**programmer** n (comp), programador(-ora) nm/f

**progress** n, progreso nm; **make progress**, progresar

**prohibit** vb, prohibir

**prohibitive** adj, prohibitivo(-a); **the cost of airfreighting goods is prohibitive**, el coste de enviar mercancías por avión es prohibitivo

**project** n, proyecto nm; **an interesting project**, un proyecto interesante; **project manager** (pers), jefe/jefa nm/f de proyecto

**project** vb (result, fin), proyectar

**promise** vb, prometer; **we promise to send the cheque immediately**, prometemos enviar el cheque en seguida

**promote** vb, 1 (somebody), ascender; **she has been promoted to the post of manager**, ha sido ascendida al puesto de gerente. 2 (a product), hacer publicidad

**promoter** n (starts businesses), promotor(-ora) nm/f, empresario (-a) nm/f

**promotion** n (mktg, sales), promoción nf

**property** n, propiedad nf; **private property**, propiedad privada; **property developer**, promotor nm inmobiliario

**proposal** n (meetings), propuesta nf; **make a proposal**, hacer una propuesta; **we have studied your proposal and ..**, hemos estudiado su propuesta y ...

**propose** vb, proponer; **propose that ..**, proponer que ...; **I would like to propose a solution**, quisiera proponer una solución

**proposition** n, propuesta nf

**prospect** vb (mktg, sales), buscar posibles clientes

**prospection** n, búsqueda nf de posibles clientes

**prove** vb, demostrar

**provision** n (fin), ~ provisión nf; **make provision for bad debts**, hacer provisión para cuentas incobrables

**provisional** adj (fin), provisional

**proviso** n (law), condición nf; **with the proviso that ..**, con la condición de que ...

**public** adj, público(-a); **XYZ is a public sector company**, XYZ es una empresa del sector público; **public limited company**, sociedad nf anónima (cuyas acciones se cotizan en bolsa); **public prosecutor** (law), fiscal nm; **public relations** (mktg, sales), relaciones nfpl públicas; **public transport**, transporte nm público; **public**

**works**, obras *nfpl* públicas

**publicly owned company, (PLC)** *n*, sociedad *nf* anónima (cuyas acciones se cotizan en bolsa), SA

**published accounts** *npl* (fin), cuentas *nfpl* publicadas

**publishing industry** *n*, industria *nf* editorial

**pump** *n*, 1 (techn), bomba *nf*. 2 (petrol), surtidor *nm* de gasolina

**pump** *vb* (transp), extraer con una bomba

**purchase** *vb*, comprar

**purchase price** *n* (fin), precio *nm* de compra

**purchaser** *n*, comprador(-ora) *nm/f*

**purpose** *n*, propósito *nm*; **the purpose of the visit will be to . . .**, el propósito de la visita será . . .

**put** *vb* (gen), poner

**put off** *vb* (meeting), aplazar; **the meeting has been put off until the 5 September at 2 pm**, la reunión ha sido aplazada hasta el 5 de septiembre a las dos

**put up** *vb*, 1 **put up a stand** (mktg, sales), montar un stand. 2 **put up prices**, aumentar los precios

**qualifications** *npl* (CV), títulos *nmpl*

**qualified acceptance** *n*, aceptación *nf* condicional

**qualify** *vb* (pass exam), obtener el título; **qualify for** (a grant), llenar los requisitos para

**quality** *n*, calidad *nf*; **best quality**, la mejor calidad; **a high quality product**, un producto de alta calidad; **of poor quality**, de mala calidad; **quality circle** (pers), círculo *nm* de calidad; **quality control** (gen), control *nm* de calidad

**quantity** *n*, cantidad *nf*; **a small/large quantity**, una cantidad pequeña/importante

**quarter** *n*, 1 (fraction 1/4), cuarto *nm*. 2 (3 months, fin), trimestre *nm*. 3 (part of a town), barrio *nm*; **the business quarter**, el barrio comercial

**quarterly** *adj*, trimestral

**quay** *n* (transp), muelle *nm*

**query** *n*, pregunta *nf*; **to have a query about . .**, tener una pregunta sobre . . .

**query** *vb* (an order, a figure), cuestionar

**questionnaire** *n* (mktg, sales), cuestionario *nm*; **fill in a questionnaire**, rellenar un cuestionario

**quick** *adj*, 1 (speedy), rápido(-a). 2 (early), pronto(-a); **a quick reply**, una pronta respuesta

**quickly** *adv*, rápidamente

**quota** *n* (imp/exp), cuota *nf*; **impose a quota**, imponer una cuota

**quotation/quote** *n* (quoted price for a contract), cotización *nf*

**quote** *vb*, 1 (figure, a name), citar. 2 (prices, rates), cotizar; **quoted on the stock exchange**, cotizado en la bolsa; **quote a price** (informal), dar un precio; **quote a rate** (fin), cotizar un tipo; **send a quote**, enviar una cotización de precio. 3 (make a written quotation), presupuestar

# R

**R + D, R and D, Research and Development**, I y D, Investigación *nf* y Desarrollo *nm*

**radio** *n*, radio *nf*; **on the radio**, en la radio; **radio pager**, localizador *nm* personal

**radio** *vb*, 1 (send message), transmitir un mensaje por radio. 2 (contact), contactar por radio

**rail** *n*, ferrocarril *nm*; **by rail** (transp), por ferrocarril; **rail freight**, flete *nm* por ferrocarril; **rail transport**, transporte *nm* por ferrocarril

**railway** *n* (transp), ferrocarril *nm*; **railway station**, estación *nf* de ferrocarril

**raise** *vb*, subir; **raise a loan**, contraer un empréstito; **raise prices**, subir los precios

**RAM** *n* (comp), RAM *nm* (memoria *nf* de acceso aleatorio)

**range** *n*, 1 (of goods), gama *nf*. 2 (of a vehicle or machine), alcance *nm*

**rapid** *adj*, rápido(-a); **rapid delivery** (transp), entrega *nf* rápida

**rate** *n*, 1 (price), tarifa *nf*; **daily rate**, tarifa diaria; **rate card** (mktg, sales), lista *nf* de precios. 2 (of interest), tipo *nm*, tasa *nf*; **rate of exchange** (fin), tipo de cambio; **rate of interest** (fin), tipo de interés; **rate of return** (fin), tasa *nf* de rendimiento. 3 **at the rate of ...** (percentage), a un ... por ciento de ..; (regular amount/time), a razón de ...

**ratings** *npl* (TV, radio), nivel *nm* de audiencia

**ratio** *n* (maths), relación *nf*, razón *nf*, ratio *nm*

**ration** *vb*, racionar

**rationalisation** *n* (pers), racionalización *nf*

**rationalise** *vb*, racionalizar

**raw** *adj*, crudo(-a); **raw materials** (fin), materias *nfpl* primas

**reach** *vb* (level), llegar a, alcanzar; **reach an agreement**, llegar a un acuerdo; **reach break even** (fin), alcanzar el punto de equilibrio

**read** *vb*, leer

**reader** *n*, lector(-ora) *nm/f*

**readership** *n* (number of readers), lectorado *nm*

**ready** *adj*, listo(-a); **the order is now ready**, el pedido ya está listo; **ready for use**, listo para usar

**reassess** *vb*, revaluar

**reassessment** *n*, revaluación *nf*; **to make a reassessment of**, revaluar

**rebate** *n* (mktg, sales), 1 (money back), bonificación *nf*. 2 (discount), descuento *nm*; **give a rebate**, conceder un descuento

**receipt** *n*, 1 (document), recibo *nm*; **make out a receipt**, extender un recibo. 2 (delivery of the goods), recepción *nf*; **payment on receipt**, pago *nm* a la recepción de la mercancía

**receive** *vb*, 1 (gen), recibir. 2 (radio, TV), captar

**receiver** *n* (law, fin), síndico *nm*

**reception** *n*, 1 (reception desk), recepción *nf*; **reception area**, recepción *nf*. 2 (drinks, snacks), recepción *nf*; **hold a reception**, celebrar una recepción

**receptionist** *n*, recepcionista *nm/f*

**recharge** *vb* (batteries), volver a cargar

**reciprocal** *adj* (gen), mutuo(-a); **a reciprocal agreement**, un acuerdo *nm* mutuo

**recognise** *vb*, reconocer

**recognition** *n*, reconocimiento *nm*

**recommend** *vb*, recomendar

**recommended price** *n* (fin), precio *nm* recomendado

**record** *adj* (best), sin precedentes, récord; **declare record results**, declarar unos resultados sin precedentes; **record exports**, exportaciones *nfpl* récord; **record sales**, ventas récord; **a record number of sales inquiries**, un número sin precedentes de peticiones de información de ventas

**record** *n* 1 (a record of) (offce), nota *nf*; **we have no record of your letter**, no tenemos nota de su carta. 2 **records** (offce), archivos *nmpl*

**record** *vb*, 1 (electronically), grabar; **record a message** (ansaphone), grabar un mensaje. 2 (write down, make a note of), apuntar

**recorded message** *n*, mensaje *nm* grabado

**recruit** *vb* (pers), contratar

**recruitment** *n* (pers), contratación *nf*; **recruitment agency**, agencia *nf* de colocación

**recycle** *vb* (gen), reciclar

**recycling** *n* (gen), reciclaje *nm*; **a recycling plant**, una fábrica de reciclaje

**red, be in the red** *vb* (fin), deber dinero

**reduce** *vb*, reducir, rebajar; **we have reduced our prices by 10%**, hemos rebajado nuestros precios en un 10%; **we have reduced costs by ..**, hemos reducido nuestros costes por ..; **the rate has been reduced to 4%**, el tipo se ha reducido al 4%

**reduction** n, reducción nf; **price reduction**, reducción de precios; **a reduction in the price of..**, una reducción en el precio de...

**redundancy** n (pers), despido nm

**redundant** adj (pers), despedido(-a); **make redundant**, despedir

**refer to** vb, mencionar

**references** npl (CV), referencias nfpl

**refine** vb, refinar

**refrigerated** adj, refrigerado(-a); **refrigerated container** (imp/exp), contenedor nm refrigerado; **refrigerated lorry** (transp), camión nm refrigerado; **refrigerated storage** (transp), almacenaje nm refrigerado; **refrigerated transport** (transp), transporte nm refrigerado

**refuel** vb (ship, plane), reabastecer de combustible

**refund** vb, reembolsar

**refuse** vb, 1 (to do something), negarse a. 2 (offer), rechazar

**region** n, región nf

**regional** adj, regional; **regional manager**, director(-ora) nm/f regional

**register** n, registro nm

**register** vb, registrar; **register a company**, registrar una compañía; **register for a course** (education), matricularse para un curso

**registered** adj, registrado(-a); **a company registered in..**, una compañía registrada en..; **registered capital** (fin), capital nm nominal; **registered office** (fin), domicilio nm social

**registration form** n (at exhibitions), boletín nm de inscripción

**registration number** n (gen), matrícula nf

**regret** vb, sentir

**regulations** npl, reglamentos nmpl

**reimburse** vb **(for)**, reembolsar (de)

**reinforced** adj (imp/exp), reforzado (-a); **reinforced with..**, reforzado de...

**reject** n, producto nm defectuoso

**reject** vb, rechazar

**related charges** npl (fin), gastos nmpl afines

**relationship** n, relación nf

**release** vb **(the goods)** (imp/exp), permitir la salida (de los bienes)

**relevant** adj (details, facts), pertinente

**reliability** n (of product), fiabilidad nf

**reliable** adj, fiable

**relocate** vb (move premises), mudarse; **the company is relocating to..**, la empresa se muda a...

**rely** vb **on**, fiarse de

**remind** vb, recordar; **I must remind you that..**, debo recordarle que...

**reminder** n, recordatorio nm; **a reminder letter**, una carta recordativa

**remit** vb (send money), remitir

**remittance** n (fin), remesa nf

**remote control** n, mando nm a distancia

**renew** vb, 1 (gen), renovar. 2 (lease, loan), extender

**rent** n (the money paid), alquiler nm

**rent** vb, alquilar; **rent a stand** (mktg, sales), alquilar un stand; **rent stand space** (mktg, sales), alquilar espacio en un stand; **rent offices in..**, alquilar oficinas en...

**rental** n, alquiler nm

**reorganisation** n, reorganización nf

**reorganise** vb, reorganizar vb

**repair** n, reparación nf

**repair** vb, reparar

**replace** vb (gen, ins), reemplazar

**reply** n, respuesta nf; **receive a reply**, recibir una respuesta; **reply coupon** (mktg, sales), cupón-respuesta nm

**reply** vb **(to)**, responder (a); **reply to a job advertisement**, responder a un anuncio de trabajo

**report** n **(on, about)**, informe nm (sobre, de); **write a report**, redactar un informe

**report on ...** vb (gen), informar acerca de ...

**report to** vb, 1 (inform someone of an event), informar; **I will report the accident to our insurers**, informaré a nuestros aseguradores del accidente. 2 (report to a superior), rendir cuentas (a alguien); **Mr James reports directly to the Chairman**, el Sr. James rinde cuentas directamente al Presidente

**reputable** adj, formal

**reputation** n, reputación nf; **have a good reputation**, gozar de una buena reputación

**reschedule** vb, 1 (fin, repayments), aplazar. 2 (eg, modify a plan), reprogramar

**research** n, investigación nf; **market research**, investigación de mercados; **carry out research into ..**, investigar ..; **research and development**, investigación nf y desarrollo nm

**research** vb, investigar

**reservation** n, reserva nf; **have a reservation**, tener una reserva; **make a reservation**, hacer una reserva; **cancel a reservation**, cancelar una reserva

**reserve** vb, reservar; **reserve a seat**, reservar una plaza; **reserve a room for one night**, reservar una habitación por una noche

**resign** vb (a post), dimitir

**resignation** n, dimisión nf

**responsible** adj **for**, encargado(-a) de ..; **be responsible for** (pers), estar encargado de

**restock** vb, reaprovisionar

**restructure** vb (a company), reestructurar

**restructuring** n (pers), reestructuración nf

**results** npl (fin), resultados nmpl

**retail** n (sales), venta nf al por menor, venta nf al detalle; **retail bank** (fin), banco nm al por menor; **retail outlet**, comercio nm al por menor; **retail selling price** (fin), precio nm de venta al público (PVP); **retail trade**, el comercio al por menor

**retail** vb, vender (al por menor); **the product retails at a recommended price of..**, el producto se vende al por menor a un precio recomendado de ...

**retailer** n, detallista nm

**retire** vb (pers), jubilarse

**retirement** n, jubilación nf; **early retirement**, jublicación anticipada

**retraining** n, reciclaje nm

**return** vb, 1 (goods to supplier), devolver. 2 (come back to), volver; **he will return to Madrid shortly**, volverá a Madrid dentro de poco

**return** n (fin), ganancia nf, rendimiento nm; **return on investment** (fin), rendimiento de la inversión; **return ticket**, billete nm de ida y vuelta

**revenue** n (fin), ingresos nmpl

**reverse** vb, 1 (a trend), cambiar totalmente; **the trend has reversed**, la tendencia ha cambiado totalmente. 2 (a car), dar marcha atrás

**reverse-charges call** n, llamada nf a cobro revertido

**revise** vb, revisar; **revise down**, revisar a la baja; **revise terms of payment**, revisar las condiciones de pago

**revision** n, revisión nf

**revival** n (fin, trends), resurgimiento nm; **a revival in sales**, un resurgimiento en las ventas

**revolving credit** n (fin), crédito nm renovable; **arrange a revolving credit**, arreglar un crédito renovable; **obtain a revolving credit of..**, obtener un crédito renovable de...

**revolving letter of credit** n (imp/exp), carta nf de crédito renovable

**rider** n (law), aditamento nm

**right** adj, 1 (direction), derecho(-a). 2 (correct), correcto(-a)

**right** n, derecho nm; **have the right to..**, tener el derecho a...

**rights issue** n (fin), emisión nf gratuita de acciones

**ring** n, anillo nm; **ring binder** (offce), archivador nm de anillas

**ring** vb, 1 (phone), llamar por teléfono. 2 (make a ring round), rodear

**rise** n, aumento nm; **a steep rise**, un aumento fuerte; **a rise in prices**, un aumento de precios

**rise** vb (prices, rates), subir; **rise sharply/slightly/steadily**, subir bruscamente/ligeramente/ constantemente

**risk** n (ins), riesgo nm; **all risks**, todo riesgo; **take out an all risks policy**, sacar una póliza a todo riesgo; **risk capital**, capital nm riesgo

**risk** vb, arriesgar

**rival** n, competidor(-ora) nm/f; **the main rival is..**, el competidor más importante es...

**rival** vb, competir con

**road** n (transp), carretera nf; **road haulage** (transp), transporte nm por carretera

**rob** vb (law), robar

**robot** n, robot nm; **robot assembly** (assembly by robots), montaje nm por robot

**roll** vb (gen), rodar

**rolled steel** n, acero nm laminado

**ROM** n (comp), ROM

**roro, roll-on, roll-off** (imp/exp, transp), roro nm, carga nf horizontal

**rough** adj (finish on goods), chapucero(-a)

**roughly** adv (approximation), aproximadamente

**round** adj (shape), redondo(-a)

**roundabout** n (gen), glorieta nf

**routage** n (transp), determinación nf de itinerarios

**route** n, ruta nf

**routing** n (transp), determinación nf de itinerarios

**row** n, fila nf; **in a row**, en fila; **a row of..**, una fila de...

**rubber** n, 1 (board rubber), borrador nm. 2 (offce), goma nf de borrar

**rule** n, regla nf

**run** vb (department, company), dirigir; **run a programme** (comp), ejecutar un programa; **run out of fuel** (vehicle), quedarse sin gasolina

**running costs** npl, gastos nmpl corrientes

**running expenses** npl (fin), gastos nmpl de explotación

**rush hour** n, hora nf punta

**rust** n, óxido nm; **there were patches of rust on the surface of the product**, había manchas de óxido en la superficie del producto

**rust** vb, oxidarse

# S

**sack** n (container, imp/exp), saco nm

**sack** vb (staff), despedir

**SAE, Stamped Addressed Envelope**, sobre franqueado y con sus señas

**safe** adj, seguro(-a); **a safe investment**, una inversión nf segura

**safe** n (offce, banks), caja nf de caudales

**safeguard** vb, salvaguardar

**safety** n, seguridad nf; **safety standards**, normas nfpl de seguridad

**sag** vb, 1 (results, trends), bajar. 2 (shelves, materials), hundirse

**sail** vb, 1 (leave port), zarpar. 2 (hobby, sailing), hacer vela

**salaried** adj (pers), asalariado(-a)

**salary** n, salario nm

**sale** n, 1 (gen), venta nf; **on sale**, a la venta; **sale by tender**, venta por oferta; **these goods are on sale or return**, estos productos se devolverán en el caso de que no se vendan; **for sale**, se vende. 2 (eg Autumn Sale), rebajas nfpl; **the Autumn sale**, las rebajas de otoño; **an end of season sale**, las rebajas de fin de temporada

**sales** npl, ventas nfpl; **sales chart**, gráfico nm de ventas; **sales department**, departamento nm comercial; **sales engineer**, ingeniero(-a) nm/f de ventas; **sales figure**, cifra nf de ventas; **sales force**, personal nm de ventas; **sales girl**, dependienta nf, vendedora nf; **sales forecast**, previsión nf de ventas; **sales incentive**, incentivo nm de ventas; **sales lead**, una posible venta; **salesman**, vendedor nm; **sales manager**, director(-ora) nm/f de ventas; **sales outlet**, punto nm de ventas; **sales person**, vendedor(-ora) nm/f; **sales point**, punto nm de ventas; **sales promotion**, promoción nf de ventas

**sample** n (mktg, sales), muestra nf; **free sample**, muestra gratuita; **not up to sample**, no conforme a la muestra

**sample** vb (mktg, sales), 1 (opinion), muestrear; **sample opinion**, hacer un sondeo. 2 (to try a food product), probar

**sampling** n (mktg, sales), muestreo nm

**satellite TV** n (mktg, sales), televisión nf por satélite

**satisfied** adj, satisfecho(-a); **according to our research, customers are very satisfied with the new service**, según nuestra investigación, los clientes están muy satisfechos con el servicio nuevo

**satisfy** vb, cumplir; **satisfy conditions**, cumplir con las condiciones

**saturated** adj, saturado(-a)

**saturation** n, saturación nf

**save** vb, 1 (comp, data), guardar. 2 (reduce expenditure, use less of something), ahorrar; **save electricity**, ahorrar electricidad. 3 (money) (obtain something for less than expected price), ahorrar; **save £3000 on the cost of materials**, ahorrar £3000 en el costo de los materiales. 4 (put money into a savings account), ahorrar

**scale** n (set charges, rates), tarifa nf; **scale of charges**, tarifa de precios;

**on a sliding scale**, en una escala móvil

**scanner** *n*, scanner *nm*

**scarce** *adj*, escaso(-a)

**schedule** *n* (gen), programa *nm*

**schedule** *vb*, 1 (gen, plan a series of events), programar. 2 (meetings), fijar la hora de; **the next meeting is scheduled for ..**, se ha fijado la hora de la próxima reunión para ..; **a scheduled flight**, un vuelo *nm* regular

**scheme** *n* (plan), plan *nm*; **pension scheme**, plan de pensiones

**scissors** *npl*, tijeras *nfpl*

**scrap** *n* (metal), chatarra *nf*; **scrap iron**, chatarra *nf*

**scrap** *vb*, 1 (a plan), desechar. 2 (a product), reducir a chatarra, tirar

**screen** *n* (gen, comp), pantalla *nf*

**screw** *vb* (gen), atornillar

**sea** *n*, mar *nm*; **by sea**, por vía marítima

**seal** *n*, 1 (containers), precinto *nm*. 2 (company seal, law), sello *nm*

**seal** *vb*, 1 (containers, imp/exp), precintar. 2 (law, put a seal on a legal document), sellar

**sealed** *adj* (imp/exp), precintado(-a)

**season** *n*, temporada *nf*; **the quiet season**, la temporada baja; **the busy season**, la temporada alta

**seasonal** *adj*, estacional; **seasonal employment**, empleo *nm* estacional

**second** *adj*, segundo(-a); **the second point is ..**, el segundo punto es ...

**second** *vb*, apoyar; **second a motion** (meetings), apoyar una moción; **second an idea/a proposal** (gen), apoyar una idea/una propuesta

**secondly** *adv*, en segundo lugar

**secret** *adj*, secreto(-a)

**secretary** *n*, secretario(-a) *nm/f*

**sectorial** *adj* (economics), sectorial

**secure** *vb* **an order**, obtener un pedido

**security** *n*, 1 (gen), seguridad *nf*. 2 (stock market), valores *nmpl*, títulos *nmpl*. 3 (fin, for a loan), garantía *nf*; **security deposit** (fin), depósito *nm* de garantía

**see** *vb*, ver; **see to something**, atender algo

**segment** *n*, segmento *nm*; **market segment** (mktg, sales), segmento de mercado

**segmentation** *n* (mktg, sales), segmentación *nf*

**seize** *vb*, 1 (gen), coger. 2 (property), embargar

**select** *vb*, escoger

**selection** *n*, selección *nf*; **make a selection**, hacer una selección; **the selection procedure** (pers, recruitment), el procedimiento de selección

**self-financing** *adj*, autofinanciado(-a)

**self-financing** *n*, autofinanciación *nf*

**self-service (restaurant)** *n*, autoservicio *nm*

**sell** *vb*, vender; **sell off** (eg surplus stock), liquidar

**seller** *n*, vendedor(-ora) *nm/f*

**Sellotape** *n* (offce), cinta *nf* adhesiva

**semi-detached house** *n*, chalet *nm* adosado

**send** *vb* (gen), enviar; **send back** (post), devolver; **send off** (a letter, a parcel), enviar

**sender** *n*, remitente *nm/f*

**senior** *adj*, principal; **senior executive**, director(-ora) *nm/f* principal; **senior partner**, socio (-a) *nm/f* principal

## 152 sensitive

**sensitive** *adj*, sensible; **be sensitive to..**, ser sensible a..; **price-sensitive product**, un producto cuya demanda es muy sensible al precio

**sensitivity** *n*, sensibilidad *nf*

**sentence** *n* (law), sentencia *nf*

**separate** *vb* (copies), separar

**serial connector** *n* (comp), conector *nm* en serie

**serial number** *n*, número *nm* de serie

**series** *n*, serie *nf*

**service** *adj*, de servicios; **service contract** (mktg, sales), contrato *nm* de servicios; **service industries**, industrias *nfpl* de servicios

**service** *n*, servicio *nm*; **after sales service**, servicio postventa; **overnight delivery service**, servicio de reparto nocturno; **fast service**, servicio rápido; **maintenance service**, servicio de mantenimiento; **24-hour service**, servicio de 24 horas; **secretarial service**, servicio de secretariado; **translation service**, servicio de traducción

**service** *vb* (machine), revisar

**servicing** *n*, **1** (of car), revisión *nf*; **regular servicing is essential**, la revisión regular es esencial. **2** (appliance), servicio de reparaciones

**set** *n*, juego *nm*; **a complete set of documents**, un juego completo de documentos

**setback** *n*, revés *nm*; **to receive a setback**, sufrir un revés

**settle** *vb* **a bill** (fin), liquidar una letra

**settle** *vb* **a disagreement/a dispute**, resolver una disputa

**settlement** *n* (fin), liquidación *nf*

**several** *adj*, varios(-as)

**shade** *n* (colour), tono *nm*

**share** *n*, **1** (gen), participación *nf*; **have a share of the market** (mktg, sales), tener una participación en el mercado. **2** (shareholding), acciones *nfpl*; **share certificate** (fin), título *nm* de una acción; **share option scheme**, programa *nm* de compra de acciones a cierto precio para el futuro; **share ownership scheme** (pers), programa *nm* de tenencia de acciones por los empleados; **share warrant**, ~ certificado *nm* de posesión de acciones

**share** *vb*, partir, **share the cost of repair**, compartir el coste de la reparación

**shareholder** *n*, accionista *nm/f*

**sharp** *adj*, brusco(a); **sharp rise/fall**, aumento brusco/baja brusca

**shed** *vb* **a load** (transp), descargar

**shelf space** *n* (mktg, sales), espacio *nm* en los estantes

**shelve** *vb* **a project**, aplazar indefinidamente un proyecto

**shelving** *n*, estante *nm*

**shift** *n*, turno *nm*; **the night shift**, el turno de noche; **shift manager**, jefe/jefa *nm/f* de turno

**shift** *vb*, mover; **the load/cargo has shifted**, la carga se ha movido

**ship** *n* (transp), buque *nm*, barco *nm*; **ship's papers**, documentación *nf* del buque

**ship** *vb*, **1** (send off goods), enviar. **2** (load goods), embarcar

**shipbuilding** *n*, construcción *nf* naval

**shipment** *n*, envío *nm*

**shipped bill of lading** *n* (imp/exp), conocimiento *nm* de embarque (declarando que la mercancía está en perfectas condiciones y embarcada)

**shipper** *n* (transp), **1** (loader), transportista *nm/f*. **2** (sender), remitente *nm/f.*

**shipping agent** *n* (arranging transport) (transp), agente *nm/f* de transportes

**shipping documents** *npl* (imp/exp, transp), documentos *nmpl* de embarque

**shipping instructions** *npl* (transp), instrucciones *nfpl* de envío

**shipping note** *n* (imp/exp), nota *nf* de envío

**shock-absorbent** *adj*, amortiguador (-ora); **shock-absorbent material**, material *nm* amortiguador

**shock-proof** *adj*, a prueba de choques

**shop** *n*, tienda *nf*

**shopping centre** *n* (mktg, sales), centro *nm* comercial

**shop-soiled** *adj*, deteriorado(-a)

**short** *adj*, **1** (not long), corto(-a); **short term contract** (pers), contrato *nm* a corto plazo; **short form** (bill of lading) (imp/exp), conocimiento *nm* de embarque abreviado. **2** (incomplete), incompleto(-a); **short delivery**, entrega *nf* incompleta; **short shipment** (imp/exp), envío *nm* incompleto. **3** (not enough), **be short of..**, carecer de...

**shortage** *n*, carencia *nf*; **a shortage of..**, una carencia de...

**shorthand** *n*, taquigrafía *nf*; **shorthand notes**, nota *nf* taquigráfica; **shorthand typist** (offce), taquimecanográfa *nf*; **shorthand and typing** (pers), taquimecanografía *nf*

**show** *n* (fashion show), desfile *nm*

**show** *vb*, mostrar; **the figures show that the recession has affected sales**, las cifras muestran que la recesión ha afectado las ventas; **our agent will be happy to show you the new model**, nuestro agente tendrá mucho gusto en mostrarle el nuevo modelo

**shown** *adj*, mostrado(-a)

**shrink** *vb*, encogerse; **a shrinking market**, un mercado *nm* en reducción

**shrinkage** *n*, merma *nf*, pérdida *nf*

**shrink-wrapped** *adj* (wrapping), empaquetado(-a) al vacío

**shrunk** *adj*, encogido(-a)

**shut** *adj*, cerrado(-a)

**shut** *vb*, cerrar; **shut down a company**, cerrar (una empresa)

**shuttle** *n*, puente *nm* aéreo

**sick** *adj*, enfermo(-a)

**side effect** *n*, efecto *nm* secundario

**sight** *n*, vista *nf*; **X days after sight** (fin), a X días vista; **sight draft** (fin), giro *nm* a la vista

**sign** *n*, señal *nf*; **direction sign**, indicador *nm* de dirección; **neon sign**, letrero *nm* de neón; **road sign**, señal de carreterra

**sign** *vb* (a document), firmar

**signature** *n*, firma *nf*; **authorised signature**, firma autorizada

**signed copy** *n* (documents), copia *nf* firmada; **please return the signed copies**, sírvase devolvernos las copias firmadas

**significant** *adj*, **1** (change), significativo(-a); **a significant increase**, un aumento significativo. **2** (facts, events), importante; **a significant fact**, un hecho importante

**single fare** *n*, billete *nm* de ida

**single room** *n*, habitación *nf* individual

**sit-down strike** *n* (pers), huelga *nf* de brazos caídos

**site** *n*, **1** (gen), local *nm*. **2** (for a machine), sitio *nm*. **3** (building site), solar *nm*

**site** *vb*, situar

**situation** *n* (gen), situación *nf*; **the economic situation**, la situación económica

**size** *n*, **1** (measurements), dimensiones *nfpl*; **what is the size of the load?**, ¿cuáles son las dimensiones de la carga? **2** (clothes), talla *nf*

**skilled worker** *n*, trabajador(-ora) *nm/f* cualificado(-a)

**skills** *npl* (job applications), habilidades *nfpl*

**slack** *adj*, flojo(-a); **the market is very slack at present**, el mercado está muy flojo actualmente

**slacken** *vb* (rates, trends), aflojarse

**slash** *vb* **prices**, machacar los precios

**sleeper** *n* (train), coche-cama *nm*

**sleeping compartment** *n*, **1** (in trains), coche-cama *nm*. **2** (on ships), camarote *nm*

**sleeping partner** *n* (fin), socio(-a) *nm/f* comanditario(-a)

**slide** *n* (presentations), diapositiva *nf*; **slide projector** (mktg, sales), proyector *nm* de diapositivas

**slide** *vb*, **1** (gen, slip down), deslizar. **2** (fall behind target), no alcanzar los objetivos. **3** (trends, results, slip back), declinar

**sliding** *adj* (rates), móvil; **a sliding scale**, una escala *nf* móvil

**slight** *adj* (small), leve; **a slight fall in profits**, una baja leve de los beneficios

**slightly** *adv* (gen, fin), un poco; **slightly higher than/slightly lower than . .** , un poco más alto que/más bajo que . . .

**sling** *n* (transp), eslinga *nf*

**slip** *n*, ficha *nf*, volante *nm*

**slip** *vb*, **1** (gen), deslizar. **2** (trends, slip back), declinar

**slip road** *n* (gen), carril *nm* de acceso

**slogan** *n* (mktg, sales), eslógan *nm*

**slot** *n*, **1** (mktg, sales, TV), espacio *nm*; **advertising slot**, espacio publicitario. **2** (in machines), ranura *nf*

**slot machine** *n*, **1** (for amusement), tragaperras *nm*. **2** (for hot drinks), aparato *nm* vendedor automático

**slow** *adj*, lento(-a)

**slow down** *vb*, ir más despacio, reducirse

**slowdown** *n*, desaceleración *nf*

**sluggish** *adj* (sales), flojo(-a)

**slump** *n* (fin), baja *nf*, declive *nm*

**slump** *vb* (mktg, sales, rates, sales), bajar repentinamente; **profits have slumped to . .** , los beneficios han bajado repentinamente a . . .

**small** *adj* (physical size), pequeño(-a); **a small quantity of . .** , una pequeña cantidad de . . ; **small ads** (mktg, sales), anuncios *nmpl* breves

**smart card** *n*, tarjeta *nf* inteligente

**SME, Small or Medium sized Enterprise**, PYME, Pequeña y Mediana Empresa *nf*

**smuggle** *vb*, pasar de contrabando

**S/N, SN, shipping note** (imp/exp), nota *nf* de envío

**snowball** *vb*, aumentar rápidamente

**soar** *vb* (sales, rates), dispararse; **costs have soared**, los costos se han disparado

**social** *adj*, social

**soft drinks** *npl*, bebidas *nfpl* no alcohólicas; **carbonated (fizzy) soft drinks**, gaseosa *nf*

**software** *n* (mktg, sales), software *nm*

**soiled** *adj* (goods), manchado(-a)

**sole** *adj*, exclusivo(-a); **sole agent** (mktg, sales), agente *nm* exclusivo;

**sole distributor** (mktg, sales), distribuidor *nm* exclusivo

**solicitor** *n* (law), ~ **1** (gen), abogado (-a) *nm/f*. **2** (oaths, wills, etc), notario(-a) *nm/f*

**solve** *vb* **a problem**, solucionar un problema

**sort** *vb* (comp), clasificar

**sound** *n*, sonido *nm*

**soundproof** *adj*, a prueba de ruidos

**source** *n*, fuente *nm*; **deduction at source** (fin), deducción *nf* en origen

**source** *vb* (obtain supplies), comprar componentes

**sourcing** *n*, compra *nf* de componentes

**space** *n*, **1** (gen), espacio *nm*. **2** (space occupied by something), sitio *nm*

**space out** *vb*, espaciar

**spare parts** *npl* (gen), piezas *nfpl*, repuestos *nmpl*

**speak** *vb*, hablar; **speak about**, hablar de; **speak to** (make speech at, meeting), hablar a; **speak to** (a person), hablar con

**special** *adj*, especial; **by special courier** (transp), por mensajero; **special delivery**, entrega *nf* urgente; **special qualifications** (CV), títulos *nmpl* especiales; **special offer** (mktg, sales), **1** (gen), oferta *nf* especial. **2** (price), precio *nm* especial; **special terms** (for the customer), condiciones *nfpl* especiales

**specialise (in)** *vb*, especializarse (en)

**speciality** *n*, especialidad *nf*

**specifications** *npl*, **1** (technical features required), especificaciones *nfpl*. **2** (description of technical features), plan *nm* detallado. **3** (law, contracts), estipulaciones *nfpl*

**specify** *vb*, especificar

**spectacular** *adj*, espectacular

**speculate** *vb*, especular

**speed** *n*, velocidad *nf*

**speed** *vb* **up**, acelerar

**spell out** *vb* (a word), deletrear

**spend** *vb*, **1** (money), gastar. **2** (time), pasar

**spill** *vb* (gen), verter; **our lorry has spilt its load**, nuestro camión ha vertido su carga

**spin off** *n*, **1** (negative, bad effects), efecto *nm* indirecto. **2** (positive), beneficios *nmpl* indirectos

**split (into)** *vb*, partir (en)

**spoil** *vb* (affect quality), estropear; **the goods have been spoiled by the damp**, los bienes han sido estropeados por la humedad

**spokesman** *n*, portavoz *nm/f*

**sponsor** *n* (mktg, sales), patrocinador *nm*

**sponsor** *vb*, **1** (mktg, sales), patrocinar. **2** (government support), fomentar

**sponsored** *adj* (mktg, sales), patrocinado(-a)

**sponsoring** *n* (mktg, sales), patrocinio *nm*

**sport** *n*, **1** (gen), deporte *nm*. **2** (CV, sports practised), deportes *nmpl*

**sports centre** *n* (mktg, sales), polideportivo *nm*

**sports equipment** *n*, equipamiento *nm* deportivo

**spot** *n* (mktg, sales), espacio *nm*; **on the spot**, sobre el terreno

**spray** *vb*, **1** (crops), rociar. **2** (paint), pintar con una pistola rociadora

**spread** *vb*, extender; **spread (over)**, extender (sobre); **spread (to)**, extender (a)

**spreadsheet** *n*, hoja *nf* de cálculo; **spreadsheet software** (comp), software *nm* de hoja de cálculo

## square

**square** *adj*, cuadrado(-a); **the company logo is square**, el logotipo de la empresa es cuadrado; **the rate is £15 per square metre**, la tarifa es de £15 por metro cuadrado; **the stand covers 15 square metres**, el stand cubre 15 metros cuadrados

**squeeze** *vb*, apretar

**SS, S/S, ss, s/s**, steamship, vapor *nm*

**stabilise** *vb*, estabilizarse

**stable** *adj*, estable

**stack** *n* (transp), montón *nm*

**stack** *vb* (transp), amontonar

**stacked** *adj* (transp), amontonado(-a)

**staff** *n* (pers), personal *nm*

**stage** *n* (of a project), fase *nf*; **stage payments** (fin), pagos *nmpl* por etapas; **stage report**, informe *nm* por etapas

**stagnate** *vb*, estancarse

**stake** *n*, **at stake**, en cuestión; **have a financial stake in the company**, tener dinero invertido en la empresa

**stamp** *n*, sello *nm*

**stamp** *vb*, 1 (put a postage or tax stamp on), poner un sello en. 2 (using a rubber stamp), estampillar

**stamped addressed envelope** *n*, sobre *nm* franqueado y con sus señas

**stand** *n* (mktg, sales), stand *nm*; **stand manager** (mktg, sales), jefe/jefa *nm/f* de stand

**stand** *vb* (withstand, resist), resistir; **the case can stand temperatures of up to 100°C**, la caja puede resistir temperaturas de hasta 100°C

**staple** *vb* (offce), grapar

**stapler** *n* (offce), grapadora *nf*

**start** *n*, principio *nm*

**start** *vb*, 1 (gen), comenzar. 2 (marketing), **start a campaign**, lanzar una campaña. 3 (company), **start a company**, fundar una empresa. 4 (negotiations), iniciar negociaciones

**start-up costs** *npl* (fin), gastos *nmpl* de puesta en marcha

**state** *adj*, estatal; **state aid**, ayuda *nf* estatal; **state controlled**, bajo control público

**state** *vb*, afirmar; **the report states that . .** , el informe afirma que . . .

**State, The State** *n*, El Estado *nm*

**statement** *n* (gen), afirmación *nf*; **bank statement**, estado *nm* de cuenta; **financial statement**, balance *nm* general; **statement in court** (law), declaración *nf*; **statement of account** (fin), estado *nm* de cuenta

**station** *n*, estación *nf*; **station concourse**, explanada *nf*

**stationary** *adj*, estacionario(-a)

**stationery** *n*, papelería *nf*

**statistics** *npl*, estadísticas *nfpl*

**status** *n*, 1 (gen), posición *nf*. 2 (financial status), situación *nf* financiera

**statutory** *adj*, estatutario(-a)

**stay** *n* (period of residence), estancia *nf*

**stay** *vb* (spend some time in a place), estar

**STD code** *n*, prefijo *nm* para conferencias interurbanas

**steady** *adj*, 1 (regular), continuo(-a), constante. 2 (stable), estable

**steal** *vb* (gen, theft), robar; **steal market share**, robar la participación *nf* del mercado de otra empresa

**steam** *n*, vapor *nm*

**steamship** *n* (imp/exp, transp), buque *nm* de vapor, vapor *nm*

**steel** n, acero nm; **stainless steel**, acero inoxidable; **steel industry**, industria nf siderúrgica

**steep** adj, fuerte; **a steep rise in prices**, un aumento nm fuerte de los precios

**step up** vb, 1 (speed up), aumentar. 2 (campaign), reforzar

**sterling** n (currency), libras nfpl esterlinas

**stick (on)** vb, pegar

**sticky label** n (offce), etiqueta nf engomada

**stipulate** vb, estipular

**stock** n, 1 (goods), existencias nfpl; **in stock** (fin), en existencia; **stock list**, lista nf de existencias; **stock turnover** (fin), rotación nf de existencias; **to be out of stock**, estar agotado. 2 (stock market), acciones nfpl; **stock market** (fin), bolsa nf; **stock option** (fin), opción-bono nf; **stock option plan** (fin), plan nm de opción-bono

**stock** vb, tener existencias de; **we have X in stock..**, tenemos existencias de X ..; **we stock all items in the catalogue**, tenemos (existencias de) todos los artículos en el catálogo

**stockbroker** n (fin), agente nm/f de bolsa

**stockist** n (mktg, sales), distribuidor (-ora) nm/f

**stockpile** vb, acumular

**stock-take** vb, hacer el inventario

**stolen** adj (transp), robado(-a)

**stop** vb, 1 (stop doing something), dejar de; **stop work** (strike), dejar de trabajar. 2 (prevent), impedir. 3 (travel, stop at), parar. 4 (ships), hacer escala

**stopover** n (marine, aviation), escala nf

**stoppage** n (of work, pers), suspensión nf de trabajo

## subject to    157

**storage** n (transp, own materials), almacenaje nm; **storage space**, depósito nm

**store** n, 1 (a shop), almacén nm. 2 (for storage), almacén nm, depósito nm

**store** vb, 1 (gen, to keep), tener existencias de. 2 (keep in warehouse), almacenar. 3 (comp), almacenar

**stow** vb (transp), estibar

**strategy** n, estrategia nf

**streamline** vb (production, a company), hacer más eficiente

**strength** n (materials), resistencia nf

**strengthen** vb, reforzar

**strengthened** adj (imp/exp), reforzado(-a); **strengthened with ..**, reforzado de ...

**stress** n (health), estrés nm

**stress** vb (insist, point out), subrayar; **I must stress that ..**, debo subrayar que ...

**strict** adj (discipline), riguroso(-a)

**strike** n (pers), huelga nf

**strike** vb, **go on strike** (pers), declarar la huelga

**strong** adj, 1 (materials), fuerte; **strong room**, cámara nf acorazada. 2 (acids), concentrado (-a)

**structural** adj, estructural

**structure** n, estructura nf

**study** vb, estudiar

**style** n, estilo nm

**subcontract** vb, subcontratar

**subcontracting** n (pers), subcontratación nf

**subcontractor** n (gen), subcontratista nm/f

**subject** n, asunto nm

**subject to** adj, 1 (liable to),

## 158 subscribe to

propenso(-a); **subject to overheating**, propenso al sobrecalentamiento. **2** (making conditions, law), sujeto(-a) a

**subscribe** vb **to** (journal, service), abonarse a

**subscriber** n (to magazines), abonado(-a) nm/f

**subsidiary** n (company), filial nf, sucursal nf

**subsidise** vb, subvencionar

**subsidy** n (fin), subvención nf

**substandard** adj, inferior

**substitute** n (materials), sustituto nm

**substitute** vb (goods), reemplazar; **please substitute plastic for aluminium**, sírvase reemplazar plástico por aluminio

**suburb** n, barrio nm

**subway** n (gen, underpass), paso nm subterráneo

**succeed** vb, tener éxito en; **he succeeded in..**, tuvo éxito en ...

**success** n, éxito nm

**successful** adj, exitoso(-a)

**sue** vb (law), demandar

**suffer** vb, sufrir; **suffer from**, sufrir de

**suitable** adj, **1** (people), idóneo(-a); **a suitable candidate**, un candidato idóneo. **2** (place, thing), conveniente; **a suitable location**, una ubicación conveniente

**sum** n (of money), suma nf

**summarise** vb, resumir

**summary** n, resumen nm; **make a summary of the report**, resumir el informe

**summons** n (law), citación nf; **issue a summons**, entablar demanda

**supermarket** n, supermercado nm

**superstore** n (mktg, sales), ~ hipermercado nm

**supervisor** n (pers), supervisor(-ora) nm/f

**supplementary** adj, adicional; **a supplementary charge**, un cargo nm adicional

**supplier** n (gen), suministrador nm

**supplies** npl (acct), provisiones nfpl

**supply** n, suministro nm, provisión nf; **supply and demand** (fin), oferta nf y demanda; **supply problems** (gen), problemas nmpl de suministro; **a supply of..**, una provisión de ...

**supply** vb, suministrar

**support** n (gen), apoyo nm; **the project has the support of..**, el proyecto goza del apoyo de ...

**support** vb (gen), apoyar; **support a proposal**, apoyar una propuesta

**surcharge** n, **1** (gen), recargo nm. **2** (customs), sobretasa nf

**surface mail** n, correo nm por vía terrestre/marítima

**surge** n, oleada nf; **a surge in imports**, una oleada de importaciones; **surge protector** (comp), protector nm de sobretensión

**surrender** vb (documents), entregar; **surrender the documents to**, entregar los documentos a

**surrender value** n (fin), valor nm de rescate

**survey** n (gen), encuesta nf; **market survey**, encuesta de mercados

**survey** vb (gen), inspeccionar; **survey damage** (ins), inspeccionar los daños; **survey the market**, estudiar el mercado

**suspend** vb (stop), suspender; **suspend payments** (fin), suspender los pagos

**switch** n, interruptor nm

**switch off** vb, apagar

**switch on** vb, encender

**switchboard** *n* (offce), centralita *nf*; **switchboard operator** (offce), telefonista *nm/f*

**synthetic** *adj*, sintético(-a)

**system** *n*, sistema *nm*

# T

**table** *n*, **1** (of figures), tabla *nf*; **the table shows the sales figures for this month**, la tabla muestra las cifras de ventas para el mes en curso. **2** (furniture), mesa *nf*

**table** *vb* (put on agenda), presentar

**tacit** *adj*, tácito(-a); **we have the tacit agreement of the manufacturer**, tenemos el acuerdo tácito del fabricante

**tackle** *vb*, abordar; **I would like you to tackle the problem of...**, quisiera que Vd. abordara el problema de...

**tactic** *n*, táctica *nf*; **their usual tactic is to..**, su táctica habitual es..; **a negotiating tactic**, una táctica de negociación

**tag** *n*, **1** (gen, informal), coste *nm*; **the price tag for this type of operation is very high**, el coste de este tipo de operación es muy elevado. **2** (label showing price), etiqueta *nf*

**tail lift truck** *n* (transp), volquete *nm*

**tailor** *vb* **(to)**, adaptar (a); **we can tailor our service to your exact needs**, podemos adaptar nuestro servicio a sus necesidades exactas

**tailor-made** *adj* **(for)**, creado(-a) especialmente (para)

**take** *vb*, **1** (gen), tomar. **2** (volume), tener cabida para; **the tank can take 5000 litres**, el depósito tiene cabida para 5000 litros. **3** (transport to), llevar a; **take into account**, tomar en cuenta; **take back**, recibir devuelto; **we are willing to take back the unsatisfactory**

**goods**, estamos dispuestos a recibir devueltos los artículos insatisfactorios; **take to court** (law), recurrir a la vía judicial; **take down a stand** (exhibitions), desmontar un stand; **stands must be taken down within 24 hours of the end of the exhibition**, los stands han de desmontarse dentro de 24 horas del final de la exposición; **take an exam (in) ..**, presentarse (para) ..; **take legal action (against)**, entablar demanda (contra); **take a load to ..**, llevar una carga a ..; **take minutes**, levantar acta; **take notes**, tomar apuntes; **take off, 1** (plane), despegar. **2** (sales), animarse; **sales have begun to take off**, las ventas han empezado a animarse; **take on** (pers), contratar; **take out insurance**, firmar un seguro; **take over** (a company), comprar; **Martínez Hermanos have been taken over by ..**, la casa Martínez Hermanos ha sido comprada por ..; **take over (from)**, reemplazar (a); **Mr Jones has taken over from Mrs Smith in your sector**, El Sr. Jones ha reemplazado a la Sra. Smith en su sector; **take place**, celebrarse; **the conference will take place on ... at ..**, el congreso se celebrará el día ... a las ... horas; **take steps (to)**, tomar medidas (para); **take up** (an option), suscribir una opción

**takeover** *n* (of a company), adquisición *nf*; **takeover bid** (fin), oferta *nf* pública de adquisición de acciones (OPA); **make a takeover bid**, hacer una oferta pública de adquisición de acciones; **receive a takeover bid**, recibir una oferta pública de adquisición de acciones

**talk** *vb*, hablar

**talk** *n*, charla *nf*; **to give a talk on**, dar una charla sobre

**talks** *npl*, negociaciones *nfpl*; **have talks with ... with a view to ..**, entrar en negociaciones con ... con el propósito de ...

**tamper** *vb* (with goods), estropear; **the boxes have been tampered with**, se han estropeado las cajas

**tangible** *adj* (acct), tangible

**tank** *n* (imp/exp), tanque *nm*

**tanker** *n* (transp), **1** (road), camión-cisterna *nm*. **2** (sea), petrolero *nm*. **3** (rail), vagón-cisterna *nm*

**tape** *n*, **1** (sound recording), cinta *nf* (de grabación). **2** (video recording), cinta de vídeo

**tape** *vb* (record sound), grabar

**tape recorder** *n*, magnetófono *nm*

**target** *n*, objetivo *nm*; **be on target**, seguir el rumbo previsto; **sales target**, objetivo de ventas; **target market**, mercado *nm* objetivo; **target price**, precio *nm* indicativo

**target** *vb* (mktg, sales), tener como objetivo; **the new product targets the under 21s**, el producto nuevo tiene como objetivo los menores de 21

**tarpaulin** *n* (transp), alquitranado *nm*

**task** *n*, tarea *nf*

**taste** *n* (food), sabor *nm*; **a new taste**, un sabor nuevo

**taste** *vb*, **1** (to taste), tener un sabor; **the mixture tastes very sweet**, la mezcla tiene un sabor muy dulce. **2** (sample), probar; **we will want to taste several bottles before buying**, quisiéramos probar varias botellas antes de comprar

**tax** *adj*, fiscal; **tax consultant** (fin), asesor(-ora) *nm/f* fiscal; **tax disc** (vehicles), pegatina *nf* del impuesto de circulación; **tax free** (fin), libre de impuestos; **tax relief** (fin), desgravación *nf* fiscal; **tax year** (fin), año *nm* fiscal

**tax** *n* **1** (imp/exp), derechos *nmpl*. **2** (fin), impuesto *nm*

**taxable** *adj*, imponible

**team** n, equipo nm

**tear** vb (materials), rasgar

**teaser** n (mktg, sales), rompecabezas nm

**technical** adj, técnico(-a); **technical sales representative** (mktg, sales), representante nm/f de ventas técnicas

**technician** n, técnico(-a) nm/f

**technique** n, técnica nf

**technology** n, tecnología nf; **incorporates the latest technology**, incorpora la última tecnología; **uses very advanced technology**, emplea una tecnología muy avanzada

**telegraphic address** n, dirección nf telegráfica

**telegraphic transfer** n (fin), transferencia nf telegráfica

**telemarketing** n, telemárketing nm

**telephone** n, teléfono nm; **telephone answering machine**, contestador nm automático; **telephone call**, llamada nf telefónica; **following your recent telephone call**, con respecto a su llamada telefónica reciente; **receive a telephone call from ..**, recibir una llamada telefónica de ..; **telephone sales** (mktg, sales), ventas nfpl por teléfono

**telephone** vb (gen), llamar por teléfono

**teleprinter** n, teletipo nm

**telesales** n (mktg, sales), ventas nfpl por teléfono

**television** n, 1 (set), televisor nm. 2 (gen), televisión nf; **on the TV**, en la tele(visión); **television programme**, programa nm de televisión

**telewriter** n (comp), teleimpresora nf

**telex** n télex nm; **telex machine**, máquina nf de télex; **telex number**, número nm de télex

**telex** vb, enviar por télex; **telex a company**, llamar a una compañía por télex; **telex an order to ..**, enviar un pedido por télex a ..; **please telex details of the load**, sírvase hacernos saber por télex los detalles de la carga

**temporary** adj, temporal, provisional, eventual; **temporary address**, dirección nf provisional; **temporary employment** (pers), empleo nm eventual

**tend to** vb, tender a

**tendency** n, tendencia nf; **a tendency to ..**, una tendencia a ..; **it has a tendency to ..**, tiene una tendencia a ...

**tender** n (an offer), oferta nf; **invite tenders (for)**, solicitar ofertas (para)

**tender** vb (offer a price), hacer una oferta; **tender for a contract**, hacer una oferta para un contrato

**tentative** adj (agreement), provisional

**terminal** n, 1 (transp), terminal nf. 2 (comp), terminal nm

**terminate** vb, terminar; **terminate a contract**, terminar un contrato

**terms** npl (gen), condiciones nfpl; **attractive terms** (mktg, sales), condiciones atractivas; **terms of payment**, condiciones de pago

**territory** n (mktg, sales), zona nf; **sales territory**, zona de ventas

**test** n, 1 test nm. 2 (trial of product), prueba nf

**test** vb, 1 (pers), examinar. 2 (products, machines), someter a prueba

**think** vb, 1 (reflect on something), considerar; **I will think about the question of distribution and try to suggest a suitable agent**, consideraré la cuestión de distribución e intentaré sugerir un agente idóneo. 2 (point of view, belief), creer; **I think that it would be useful to meet next month**, creo que sería útil reunirnos el mes que viene. **3** (theory, hypothesis), opinar; **we think that the circuit board may be defective**, opinamos que la placa podría ser defectuosa

**third** n (fraction, 1/3), tercio nm; **third party fire and theft** (ins), ~ seguro nm contra robo e incendios a terceros

**thirdly** adv, en tercer lugar

**thorough** adj (research, report), completo(-a)

**threat** n, amenaza nf

**threaten** vb, amenazar

**three, three times as high/low as...**, tres veces más alto/bajo que...

**threshold** n, umbral nm; **reach the 5% threshold**, llegar al umbral del 5%

**thriving** adj, próspero(-a)

**through** adj, directo(-a); **through bill of lading**, conocimiento nm de embarque directo; **through flight** (transp), vuelo nm directo; **through train** (transp), tren nm directo

**tick** n (on a form, a document), señal nf; **a tick box**, una casilla

**tick** vb (documents), poner una señal; **please tick the appropriate box**, ponga una señal en la casilla apropiada

**ticket** n, **1** (travel), billete nm. **2** (on goods), etiqueta nf

**tide** n, marea nf; **high tide**, marea alta; **low tide**, marea baja

**tidy up** vb, poner en orden

**tie up** vb (capital, resources), inmovilizar

**tight** adj, **1** (gen), apretado(-a). **2** (law, regulation), estricto(-a)

**tighten up** vb, apretar

**timber** n (gen), madera nf

**time** n, tiempo nm; **have an interesting time**, pasarlo bien; **lead time**, plazo nm de espera; **local time**, hora nf local; **a suitable time for a meeting**, una hora apropiada para una reunión

**timetable** n (gen), horario nm

**tin** n (container), lata nf

**tip** n, **1** (information, help), consejo nm. **2** (end of something), cabo nm. **3** (pile of waste), vertedero nm. **4** (gratuity), propina nf

**tip** vb (load), volcar

**title** n (gen), título nm; **title deed**, título de propiedad

**tolerance** n (measurement), tolerancia nf

**tolerate** vb (materials), tolerar

**toll** n (on road), peaje nm

**ton** n, tonelada nf; **long ton**, tonelada larga (1016 kilos); **short ton**, tonelada corta (907 kilos)

**tonnage** n, tonelaje nm

**tool** n, herramienta nf

**top** n, **1** (best), primer puesto nm; **come top of..**, encabezar... **2** (highest point, results), cumbre nf. **3** (highest part of a machine/building), parte nf más alta. **4** (of a container), tapa nf

**top** vb (beat), exceder; **this year profits will top £5m**, los beneficios de este año excederán los 5 millones de libras

**total** n, total nm; **a total of £23,664**; un total de £23.664

**total** adj, total; **total quality management**, gestión nf de calidad total

**total** vb, **1** ascender a; **it totals 373**, asciende a 373. **2** (to add up figures) sumar

**touch, get in touch with** vb, contactar; **please get in touch with our office in . .**, contacte a nuestra oficina en . . .

**tour** n (of factory), visita nf; **tour operator**, agente nm de viajes

**tourism** n, turismo nm

**tourist** n, turista nm/f

**tow** vb, remolcar

**town** n, ciudad nf

**TPND, theft, pilferage, non-delivery** (imp/exp), robo, pequeño hurto, falta de entrega

**TQM** (pers), gestión nf de calidad total

**trackball** n (comp), trackball nm

**track record** n, 1 (gen, pers, CV), historial nm; **have a good track record**, tener un buen historial; **have no track record in . .**, no tener experiencia en . . . 2 (company results), antecedentes nmpl; **the company has a very successful track record**, la empresa tiene muy buenos antecedentes

**trade** adj (professional activity), comercial; **trade balance**, balanza nf comercial; **trade fair**, feria nf de muestras; **trade magazine**, revista nf profesional; **trade mark**, marca nf comercial; **trade press**, publicaciones nfpl profesionales; **trade price**, precio nm al por mayor; **trade show** (mktg, sales), feria nf de muestras; **trade supplier**, vendedor nm al por mayor; **trade union**, sindicato nm

**trade** n (commercial activity), comercio nm; **export trade**, comercio de exportación; **foreign trade**, comercio exterior; **international trade**, comercio internacional

**trade** vb **(in)**, comerciar (en); **the company trades in plastics**, la empresa comercia en los plásticos

**trading account** n (fin), cuenta nf comercial; **the trading account shows a small deficit for the month of . .**, la cuenta comercial arroja un pequeño déficit para el mes de . . .

**trading estate** n, zona nf industrial

**trading profit** n, (fin), beneficios nmpl

**trading year** n, (fin), ejercicio nm económico

**traffic** n, circulación nf; **traffic lights**, semáforo nm

**trailer** n (transp), remolque nm

**train** n (transp), tren nm; **freight train**, tren de mercancías; **goods train**, tren de mercancías; **express train**, rápido nm; **passenger train**, tren de pasajeros

**train** vb (pers), formar

**training** n (pers), formación nf; **training centre** (pers), centro nm de formación

**transaction** n, transacción nf

**transfer** n, transferencia nf; **credit transfer**, transferencia de fondos

**transfer** vb (fin), transferir; **transfer money from account No . . . to account No . .**, transferir dinero de la cuenta Número . . . a la cuenta Número . . .

**transferable** adj (fin, securities), transferible

**transhipment** n (transp), transbordo nm

**transit** n, transito nm; **in transit** (transp, ins), de tránsito; **goods damaged or lost in transit**, bienes dañados o perdidos de tránsito

**translate** vb, traducir

**translation** n (imp/exp), traducción nf

**transmit** vb **(to, from)**, transmitir (a, de)

**transparency** n (OHP),

transparencia *nf*

**transport** *vb*, transportar

**transporter** *n* (company) (transp), transportista *nm/f*

**travel** *n* (mktg, sales), viaje *nm*; **business travel**, viajes de negocios; **regular travel** (pers, job ads), viajes regulares; **travel agency**, agencia *nf* de viajes; **travel agent**, agente *nm/f* de viajes; **travel expenses**, gastos *nmpl* de viaje; **travel insurance** (ins), seguro *nm* de viaje

**travel** *vb*, viajar

**traveller** *n*, viajero(-a) *nm/f*; **business traveller**, viajero(-a) de negocios; **traveller's cheque**, cheque *nm* de viaje

**trend** *n*, tendencia *nf*

**trial** *n* (law), proceso *nm*; **trial period**, período *nm* de prueba

**trip** *n*, viaje *nm*; **to be on a trip to Venice**, estar de viaje en Venecia

**triple** *vb*, triplicar; **profits have tripled**, los beneficios se han triplicado

**true** *adj*, verdadero(-a)

**trust** *n* (gen), confianza *nf*; **we have complete trust in our agent Señor García**, tenemos completa confianza en nuestro agente el Señor García

**trust** *vb*, 1 (place trust in), confiar en; **you may trust Ms Smith completely**, puede confiar totalmente en la Señorita Smith. 2 (hope), esperar; **we trust that this meets with your approval**, esperamos que esto obtenga su aprobación

**try** *vb*, 1 (attempt), intentar; **we will try to find the model you want**, intentaremos encontrar el modelo que desea; **we will try to have the order ready for the end of the month**, intentaremos tener el pedido listo para fines del mes. 2 (sample, try out), probar; **you may try the machine for one week at no expense**, puede probar la máquina sin cargo alguno por una semana

**TT, telegraphic transfer** (fin), transferencia *nf* telegráfica

**TUC, Trades Union Congress**, Confederación *nf* de Sindicatos

**turn down** *vb* **a proposal/an offer**, rechazar (una propuesta/una oferta)

**turn on** *vb* (a machine), encender

**turnover** *n*, 1 (acct), facturación *nf*. 2 (stock), rotación *nf* de existencias

**twice** *adv* dos veces; **twice as high/low as . . .** (figs), dos veces más alto/más bajo que . . .

**type** *n*, tipo *nm*; **a new type of machine**, un nuevo tipo de máquina

**type** *vb*, escribir a máquina

**typewriter** *n*, máquina *nf* de escribir

**typist** *n*, mecanógrafo(-a) *nm/f*; **typist's chair**, silla *nf* de mecanógrafa

**tyre** *n*, neumático *nm*

# U

**UK, United Kingdom**, Reino *nm* Unido

**ultimatum** *n*, ultimátum *nm*

**unadvisable** *adj* (not wise), poco aconsejable

**unanimous** *adj*, unánime

**unanimously** *adv*, por unanimidad

**unanswered** *adj*, sin contestar; **our letter of complaint has remained unanswered**, nuestra carta de reclamación queda sin contestar

**unapproved** *adj*, no aprobado(-a)

**unauthorised** *adj*, no autorizado(-a)

**unavailable, be unavailable** *vb*, 1 (person), no estar libre. 2 (goods), no estar disponible

**unbranded** *adj* (mktg, sales), sin marca

**unchanged** *adj*, sin alterar

**unconditional** *adj*, sin condiciones

**unconfirmed** *adj*, no confirmado(-a)

**uncorrected** *adj*, sin corregir

**undamaged** *adj* (ins), indemne

**undelivered** *adj*, no entregado(-a)

**under** *prep*, 1 (figures), menos de; **under 15%**, menos del 15%. 2 (position), bajo. 3 **under the terms of ...**, según las condiciones de ...

**undercut** *vb*, vender más barato que; **undercut competitors**, vender más barato que los competidores; **undercut the competition**, vender más barato que la competencia

**underdeveloped countries** *npl*, países *nmpl* en vías de desarrollo

**underestimate** *vb*, subestimar

**undersigned** *adj*, abajofirmante; **I, the undersigned, declare that ...**, yo, el abajofirmante, declaro que ...

**understand** *vb*, 1 (grasp), comprender; **I understand the problem**, comprendo el problema. 2 (believe), tener entendido que; **we understand that you are currently dealing with an agent in ...**, tenemos entendido que Vd. trata actualmente con un agente en ...

**understanding** *n*, 1 (gen), comprensión *nf*; **I am grateful for your understanding of the problem**, agradezco su comprensión del problema; **we accept on the understanding that ...**, aceptamos con tal de que ... 2 (an agreement), acuerdo *nm*; **we have reached an understanding ...**, nos hemos puesto de acuerdo ...

**undertake** *vb*, emprender

**undervalue** *vb*, subvalorar

**underwrite** *vb*, 1 (gen), asegurar. 2 (support an idea), aprobar. 3 (fin), garantizar. 4 (ins, share risks), avalar

**uneconomical** *adj*, antieconómico(-a)

**unemployed** *adj*, parado(-a)

**unemployment** *n*, paro *nm*

**uneven** *adj* (results), desigual

**unexpected** *adj*, inesperado(-a)

**unfair** *adj*, injusto(-a); **unfair competition**, competencia *nf* desleal

**unfavourable** *adj*, 1 (judgement against, fin), desfavorable; **the results are unfavourable**, los resultados son desfavorables.

**2** (future), poco propicio; **the outlook is unfavourable**, las perspectivas son poco propicias

**unforeseen** adj, imprevisto(-a)

**uniform** adj, uniforme

**union** n, sindicato nm; **union representative** (pers), delegado (-a) nm/f sindical

**unit** n (of goods), unidad nf; **unit cost**, coste nm unitario; **unit price**, precio nm unitario; **unit trust** (fin), fondo nm de inversión mobiliaria

**unlawful** adj, ilegal

**unlikely** adj, poco probable (que); **it is unlikely that economic conditions will improve in the short term**, es poco probable que las condiciones mejoren a corto plazo; **in our opinion the situation is unlikely to change in the near future**, en nuestra opinión es poco probable que la situación cambie en el futuro próximo

**unload** vb (transp), descargar

**unofficial** adj, no oficial

**unpack** vb, desembalar, desempaquetar

**unpacking** n, desembalaje nm, desempaquetado nm

**unpaid** adj, **1** (bills), impagado(-a); **there is an unpaid bill for £5000**, hay una factura impagada por un importe de £5000; **our invoice No 38382 is still unpaid**, nuestra factura número 38382 queda impagada. **2** (e g charity work), no retribuido; **unpaid work**, trabajo nm no retribuido

**unsaleable** adj, invendible; **we think that the damage has made the goods in question unsaleable**, consideramos que el daño ha hecho los artículos en cuestión invendibles

**unserviceable** adj, inservible; **the equipment is now unserviceable**, el equipo ya es inservible

**unsold** adj (items), sin vender; **according to the agreement unsold items may be returned**, según el contrato los artículos sin vender se pueden devolver

**unsuitable** adj, inapropiado(-a)

**untrue** adj, falso(-a)

**unused** adj (goods), sin usar

**up** adv, **up to (50,000 Ptas)**, hasta (50.000 Ptas); **be up 2%**, subir en un 2%; **be 5000 Ptas up**, subir en 5000 Ptas; **go up**, subir

**upgrade** vb (gen), modernizar

**upswing** n, alza nf

**upturn** n, mejora nf

**upward trend** n, tendencia nf al alza

**urban** adj (gen), urbano(-a)

**USA, United States of America**, EE.UU., Estados Unidos nmpl

**use** n, uso nm

**use** vb, usar

**used** adj (second-hand), usado(-a)

**user** n, usuario nm

**user-friendly** adj, amigable, de uso fácil

**USP, Unique Selling Proposition** (mktg, sales), oferta nf única de venta

**usual** adj, usual

**utility** n (comp), utilidad nf

# V

**vacancy** n, vacante nf

**vacuum-sealed** adj, cerrado(-a) al vacío

**valid** adj, válido(-a); **valid from...** (tickets), valedero a partir de...

**validity** n, validez nf

**valuable** adj, valioso(-a)

**value** n, valor nm; **face value**, valor nominal; **good value for money**, buen precio nm

**value** vb, 1 (appreciate), apreciar. 2 (estimate the value), valorar

**valued** adj, valorado(-a); **valued at £5000**, valorado en £5000

**van** n (transp), furgoneta nf

**variable** adj, variable; **the demand is very variable**, la demanda es muy variable; **the quality of the goods is very variable**, la calidad de las mercancías es muy variable

**variation** n, variación nf

**vary** vb, 1 (change something), modificar; **we can vary the contents according to the customer's needs**, podemos modificar el contenido según la necesidad del cliente. 2 (subject to change), variar; **the price varies according to the season**, el precio varía según la temporada

**VAT**, **value added tax**, IVA, Impuesto nm sobre el Valor Añadido

**VC**, **Vice Chairman**, vicepresidente nm/f

**VCR**, **video cassette recorder**, vídeo nm

**vehicle** n, vehículo nm

**vending machine** n (for drinks), vendedora nf automática

**vendor** n, vendedor(-ora) nm/f

**Venn diagram** n, diagrama nm de Venn

**venture capital** n, capital nm riesgo

**venue** n (gen), lugar nm de reunión

**verbal** adj, verbal

**verify** vb, verificar

**vessel** n (transp), buque nm

**veto** vb, poner un veto

**VGA** n (comp), VGA

**via** prep, por

**vice chairman** n (pers), vicepresidente nm/f

**vice president** n (pers), vicepresidente nm/f

**video** n (film), vídeo nm; **corporate video**, vídeo de la empresa; **promotional video**, vídeo de promoción

**video** vb, hacer un vídeo de

**view** n, vista nf; **in view of..**, en vista de..; **in view of the cost of raw materials we..**, en vista del coste de las materias primas nosotros...

**view** vb, 1 (property), inspeccionar. 2 (film), ver

**virus** n (comp), virus nm; **virus protection**, protección nf antivirus

**visit** n, visita nf

**visit** vb, visitar

**visitor** n, visitante nm/f

**voluntary** adj, 1 (freely chosen), voluntario(-a). 2 (unpaid), no retribuido(-a)

**vote** n, voto nm

**vote** vb, votar

**voucher** n, vale nm

# W

**wage(s)** *n(pl)* (pers), sueldo *nm*, salario *nm*; **wage freeze**, congelación *nf* de salarios; **wage increase**, aumento *nm* salarial

**wagon** *n* (transp), vagón *nm*

**wait** *n*, espera *nf*

**wait** *vb*, esperar; **I will wait for confirmation of...**, esperaré confirmación de..; **I will wait for you at the airport**, le esperaré en el aeropuerto

**waiting room** *n* (gen), sala *nf* de espera

**waive** *vb* (a right, ins), renunciar

**waiver** *n*, (ins), renuncia *nf*

**walk out** *vb* (stop work), declararse en huelga

**walkman** *n*, walkman *nm*

**walkout** *n*, huelga *nf*

**walkway** *n* (between exhibition stands), pasarela *nf*

**wall chart** *n* (offce), diagrama *nm* de planificación de trabajo

**want** *vb*, querer

**warehouse** *n*, almacén *nm*; **warehouse warrant**, certificado *nm* de depósito

**warehouseman** *n* (transp), almacenista *nm*

**warehousing** *n* (transp), almacenaje *nm*; **warehousing charges**, gastos *nmpl* de almacenamiento

**warn** *vb*, avisar; **please warn your driver that there is a strike at the port**, avise a su conductor de que hay una huelga en el puerto

**warning** *n*, aviso *nm*, advertencia *nf*; **receive a warning about...**, recibir una advertencia sobre..; **send a warning letter to...**, enviar una carta de advertencia a...

**warrant** *vb*, autorizar

**warranty** *n*, garantía *nf*

**waste** *n*, desecho *nm*; **waste products**, desechos *nmpl*

**waste** *vb*, desperdiciar

**waterproof** *adj* (imp/exp), impermeable

**waterproof** *vb* (gen), impermeabilizar

**waybill** *n* (imp/exp), carta *nf* de porte

**weak** *adj*, débil

**weaken** *vb*, debilitar

**week** *n*, semana *nf*

**weekly** *adj*, semanal; **weekly deliveries**, entregas *nfpl* semanales; **weekly magazine**, semanario *nm*

**weigh** *vb*, pesar

**weight** *n* (imp/exp), peso *nm*

**weighted** *adj* (calculations), ponderado(-a); **weighted average**, promedio *nm* ponderado

**weld** *vb*, soldar

**well under/over** (gen, fin), mucho menos que/más que

**wet** *adj* (transp), **1** (naturally), húmedo(-a). **2** (accidentally), mojado(-a)

**wharf** *n*, muelle *nm*

**wheel** *n*, rueda *nf*

**white** *adj*, blanco(-a); **white goods** (mktg, sales), electrodomésticos *nmpl*

**whiteboard** *n* (mktg, sales), pizarra *nf* blanca

**wholesale** *adj* (mktg, sales), al por mayor; **wholesale price**, precio *nm* al por mayor

**wholesaler** n (mktg, sales), mayorista nm

**wholly-owned subsidiary** n, filial nf en propiedad absoluta

**wide** adj, ancho(-a); **the box is 16 cm wide by 12 cm long**, la caja mide 16 cm de ancho por 12 cm de largo; **a wide selection of..**, un buen surtido de..; **a wide range of..**, una amplia gama de...

**widen** vb (gen), ensanchar

**width** n, anchura nf

**win** vb, ganar

**wind up** vb (a company), liquidar

**with** prep, con; **with particular average** (ins), con avería particular

**withdraw** vb, 1 (money), retirar. 2 (person), retirarse (de)

**without** prep, sin

**witness** n (law), testigo(-a) nm/f; **eye-witness**, testigo(-a) ocular; **act as a witness** (law), actuar como testigo

**witness** vb, 1 firmar como testigo; **witness a document**, firmar un documento como testigo. 2 (law), **witness an accident**, presenciar un accidente

**wood** n, madera nf

**wooden** adj, de madera

**wool** n, lana nf

**woollen** adj, de lana

**word** n, palabra nf

**word** vb (agreement), redactar

**wording** n, términos nmpl; **according to the wording of the agreement...**, según los términos del contrato...

**word processing** n (activity), tratamiento nm de textos; **word processing software**, software nm de tratamiento de textos

**work** n, trabajo nm; **work in hand/work in progress** (acct), obra nf en curso; **work to rule** (pers), huelga nf de celo; **work experience** (pers), 1 (gen, CV), experiencia nf de trabajo. 2 (education), prácticas nfpl de trabjo

**work** vb, 1 (machines, method of operation), funcionar; **the machine will work in all conditions**, la máquina funciona en todas las condiciones. 2 (operate), manejar; **the demonstration will show how to work the machine**, la demostración muestra cómo manejar la máquina. 3 (gen, employees), trabajar; **work for...** (pers), trabajar para..; **work to rule** (pers), hacer huelga de celo; **work under...** (pers), trabajar a las órdenes de...

**work out** vb (calculate), calcular

**workforce** n (pers), plantilla nf; **the company has a workforce of 1200**, la empresa tiene una plantilla de 1200

**working capital** n (fin), capital nm circulante; **working capital turnover** (fin), rotación nf de capital circulante

**working conditions** npl (pers), condiciones nfpl de trabajo

**working day** n (gen), jornada nf

**works manager** n (pers), director (-ora) nm/f de fábrica

**worldwide** adj, mundial

**worth** n, valor nm; **be worth**, valer

**worthwhile, be worthwhile** vb, valer la pena

**WP** (comp), 1 **word processor**, procesador nm de textos. 2 **word processing**, proceso nm de textos, tratamiento nm de textos

**WPA, wpa, with particular average** (ins), con avería particular

**wrap** vb, envolver

**wrapped** adj (imp/exp), envuelto(-a); **wrapped in plastic**, envuelto en

plástico

**wrapping** *n*, envoltura *nf*

**writ** *n*, **issue a writ against someone** (law), demandar a alguien en juicio

**write** *vb*, **1** (act of writing), escribir; **write to someone**, escribir a alguien. **2** (draft a document), redactar; **write a report**, redactar un informe

**write off** *vb*, **1** (acct, progressively), amortizar. **2** (a bad debt), cancelar (una deuda incobrable). **3** (ins), declarar siniestro total

**write off** *n* (ins), siniestro *nm* total; **in our opinion the vehicle is a write off**, en nuestra opinión el vehículo es un siniestro total

**writing pad** *n*, bloc *nm*

**written off** *adj*, amortizado(-a); **be written off** (acct), ser amortizado

**wrong** *adj*, equivocado(-a); **be wrong** (opinion, judgement), estar equivocado; **wrong items** (gen, imp/exp), géneros *nmpl* enviados por error; **wrong price** (gen, imp/exp), precio *nm* incorrecto

**W/W**, **warehouse warrant** (imp/exp), certificado *nm* de depósito

# X

**X-ml**, **X-mll**, **ex-mill** (imp/exp), franco fábrica

**X-ship**, **ex-ship** (imp/exp), franco y sobre buque

**x-stre**, **ex-store** (imp/exp), franco almacén

**x-whf**, **ex-wharf** (imp/exp), franco muelle

**x-whse**, **ex-warehouse** (imp/exp), franco almacén

**x-wks**, **ex-works** (imp/exp), franco fábrica

# Y

**yacht** *n*, yate *nm*

**yard** *n*, **1** (measurement) ≈ 0,914 m. **2** (area outside factory buildings), patio *nm*

**year** *n*, año *nm*

**yearly** *adj* (gen), anual

**yield** *n* (fin), rendimiento *nm*

**yield** *vb*, rendir

**Yours faithfully**, le saluda atentamente

**Yours sincerely**, le saluda cordialmente

# Z

**zero fault** *n* (quality management), cero defectos

# TEACH YOURSELF BUSINESS FRENCH
**Barbara Coultas**

Now that the European market place is truly with us, thousands of business people are finding that they need to be able to say more than just 'Bonjour, Monsieur' if they are to survive. If you are one of them, and you've never learnt French before, or if your French needs brushing up, this is the ideal course.

Barbara Coultas has created a practical course that is both fun and easy to work through. She explains the language clearly along the way and gives you plenty of opportunities to practise what you've learnt. The course structure means that you can work at your own pace, arranging your learning to suit your needs.

The course contains:
- A range of units of dialogues, culture notes, grammar and exercises
- Further units of cultural briefings – in French to give you more practice
- Verb tables
- A quick reference list of key phrases
- An extensive French–English vocabulary

By the end of the course you'll be able to participate fully and confidently in meetings, on the shop floor, on the telephone or in the bar after work.

This title is also available in a book/cassette pack.

# TEACH YOURSELF BUSINESS SPANISH
## Juan Kattán-Ibarra

With 300 million speakers, the Spanish language is the key to some of the biggest markets in the world, and to compete in them you'll need to know more than just 'hola!'.

If you've never learnt Spanish before, or if your Spanish needs brushing up, this is the ideal course. Equally, if you are taking an evening class or a BTEC award, it is the perfect companion.

Juan Kattán-Ibarra has created a practical course that is both fun and easy to work through. He explains the language clearly along the way and gives you plenty of opportunities to practise what you've learnt. The course structure means that you can work at your own pace, arranging your learning to suit your needs.

The course contains:
- Sixteen units of dialogues, culture notes, grammar and exercises
- Eight further units of cultural briefings – in Spanish, to give you more practise!
- A pronunciation guide
- Verb tables
- An English–Spanish glossary of business terms
- An extensive Spanish–English vocabulary

By the end of the course you'll be able to participate fully and confidently in meetings, on the shop floor, on the telephone or in the bar after work.

This title is also available in a book/cassette pack.

# TEACH YOURSELF BUSINESS GERMAN
**Andrew Castley and Debbie Wagener**

Now that the European market place is truly with us, thousands of business people are finding that they need to be able to say more than just 'Guten Morgen' if they are to survive.

If you've never learnt German before, or if your German needs brushing up, this is the course for you.

Andrew Castley and Debbie Wagener have created a practical course that is both fun and easy to work through. They explain the language clearly along the way and give you plenty of opportunities to practise what you've learnt. The course structure means that you can work at your own pace, arranging your learning to suit your needs.

The course contains:
- A range of units of dialogues, culture notes, grammar and exercises
- Further units of cultural briefings – in German to give you more practice
- A pronunciation guide
- Verb tables
- An English–German glossary of business terms
- An extensive German–English vocabulary

By the end of the course you'll be able to participate fully and confidently in meetings, on the shop floor, on the telephone or in the bar after work.

This title is also available in a book/cassette pack.